借地上の建物をめぐる実務と事例

―朽廃・滅失、変更、譲渡―

共著 樅木 良一 （弁護士）
　　　夏目 久樹 （弁護士）
　　　安達 　徹 （弁護士）
　　　林 　友梨 （弁護士）

新日本法規

は し が き

　平成4年8月1日に借地借家法が施行され、25年ほどが経過しました。借地借家法の施行とともに旧借地法と旧借家法は廃止されましたが、従前の契約には旧借地法及び旧借家法の一部規定が依然として適用されることになったため、我が国の建物所有を目的とする賃貸借契約等においては、その成立時期により、異なる法律が適用される状況となっています。

　このような複雑な適用関係となっている賃貸借契約ですが、本書は、賃貸借関係のうち、借地上の建物や借地契約に焦点をあて、それに関する様々な法律関係や判例・裁判例を多角的に説明・紹介したものとなります。

　借地契約は、社会生活においてなじみのある契約であり、そのトラブルも身近に存在しています。

　借地契約のトラブルとしては、賃料額の問題や賃料の不払など賃料に関するものが多いものと思われますが、それ以外にも、借地契約の更新の可否、朽廃による借地権消滅の有無、借主の利用方法、建築した建物についての増改築の可否、さらには貸主自身が借地の更なる有効利用を希望する場合などもあります。

　このような場合において、借地契約はどのように規律され、それに従って当事者はどのように対応するべきなのでしょうか。例えば、借地契約においては、事前に貸主の承諾を要求しているものも多くありますが、借主がその判断を誤り、承諾なく行動を起こしてしまう場合があります。

　また、貸主の事前の承諾が得られない場合には、借地条件変更の裁判や増改築についての貸主の承諾に代わる許可の裁判などを得る必要がありますが、これらは、借地非訟事件であり、判決に比べその内容

を取得し調査することが難しい場合もあります。

　そこで、本書では、借地契約の様々な場面において、特に問題となりうる借地上の建物に焦点をあてて執筆しました。そして、借主貸主がどのような点に注意すればよいのかを解説し、また、一般的な判例・裁判例だけではなく、借地非訟事件における決定についても裁判例として紹介するようにしました。

　本書が法律実務家や不動産賃貸業者・管理業者の方々の業務に少しでもお役に立つことができれば幸甚です。

　平成30年9月

　　　　　　　　　　執筆者を代表して
　　　　　　　　　　弁護士　椛 木 良 一

執 筆 者 一 覧

樅木　良一（弁護士）

名古屋大学法学部卒業　2007年弁護士登録（60期）

もみのき法律事務所

名古屋大学法科大学院非常勤講師

＜著作＞

『〔平成30年度税制改正対応版〕事業承継相談対応マニュアル』（共著、新日本法規出版、2018）

夏目　久樹（弁護士）

名古屋大学法学部卒業　2006年弁護士登録（59期）

オリンピア法律事務所

安達　　徹（弁護士）

名古屋大学法学部卒業　2007年弁護士登録（60期）

せいりん総合法律事務所

林　　友梨（弁護士）

慶應義塾大学法学部法律学科卒業

名古屋大学大学院法学研究科実務法曹養成専攻修了

2007年弁護士登録（60期）

中村・林法律事務所

略　語　表

＜法令の表記＞

　根拠となる法令の略記例及び略語は次のとおりです。

　借地借家法第47条第2項第1号＝借地借家47②一

借地借家	借地借家法	都計	都市計画法
旧借地	〔旧〕借地法	非訟	非訟事件手続法
建基	建築基準法	民	民法

＜判例の表記＞

　根拠となる判例の略記例及び出典の略称は次のとおりです。

　最高裁判所平成21年11月27日判決、判例時報2066号45頁＝最判平
21・11・27判時2066・45

判時	判例時報	新聞	法律新聞
判タ	判例タイムズ	民集	最高裁判所（大審院）民事判例集
下民	下級裁判所民事裁判例集		
金判	金融・商事判例	民録	大審院民事判決録
裁判集民	最高裁判所裁判集民事		

目　　次

第1章　借地上建物の朽廃・滅失

第1　Q＆A
ページ

第2　事　例

1　建物の朽廃と借地権の消滅

第2章　借地上建物における条件の変更

第1　Q&A

第2　事　例

1　堅固建物と非堅固建物の判断基準

8　借地条件変更申立てにおける財産上の給付

第3章　借地上建物の増改築

第1　Q&A

第2　事　例

1　増改築・修繕の意義

2　信頼関係破壊の判断基準

3　増改築許可の要件

第4章　借地上建物の賃貸・譲渡

第1　Q&A

第2　事　例

1　借地の無断転貸と解除

第5章　建物の買取請求

第1　Q&A

第2　事　例

1　建物買取請求権の成否

索　引

第　1　章

借地上建物の朽廃・滅失

2

第1　Q & A

Q1　建物の朽廃による借地権消滅

Q 　父が昭和の中頃に借主に貸した土地を相続しましたが、現在その土地には借主が借地契約直後に建てたぼろぼろの木造建物があり、借主はこれを倉庫として利用しているようです。借地期間の定めはないようです。建物は、多少の地震でも倒壊しそうな状態であり、土地を返してほしいのですが、できるでしょうか。

　仮に、借主が、無断で建物の大修繕を行った場合、違いがあるのでしょうか。

A 　旧借地法の適用のある借地契約においては、借地上の建物が朽廃した場合にはその時点で借地権が消滅します。この規定は、期間を定めた合意更新でなければ、契約更新後においても適用がありますので、建物が朽廃していれば、借地権の消滅を理由として建物収去土地明渡請求ができることになります。

　また、借主が貸主に無断で建物を大修繕した場合、大修繕がなければ朽廃したであろう時期に借地権が消滅することになります。

解　　説

1　建物の朽廃とは

　旧借地法にいう建物の「朽廃」（旧借地2①但書）とは、建物が自然の経過に伴い腐朽頽廃し、全体として観察した場合に建物としての社会的経済的効用を失った場合をいい、修理よりも新築の方が有利だという経済的理由だけではなく、建物の利用価値から判断すべきものとなり

ます（大判昭9・10・15民集13・21・1901、最判昭33・10・17判時165・25、最判昭35・3・22民集14・4・491）。自然の経過によりもたらされるものという点で、旧借地法においては、「滅失」(旧借地7)とは別個の概念となります。なお、他方で、借地借家法においては、法文上「朽廃」という文言が使われなくなっており、滅失は朽廃をも包含する概念となっています。

2　建物朽廃による借地権の消滅

　旧借地法では、借地期間について当事者間にて定めがない場合（この場合、借地期間は、堅固建物所有目的であれば60年間、非堅固建物所有目的であれば30年間になります（旧借地2①本文)。)、建物が借地期間満了前に朽廃すると、その時点で借地権は消滅することになります（旧借地2①但書)。これに対し、借地期間を法定期間よりも長期に定めた場合には、この建物朽廃による借地権の消滅はありません。

　なお、当事者間において、借地期間について法定のものよりも短期の合意をした場合には、かかる合意は無効となる（旧借地11）ため、上記の借地期間の定めがない場合と同様の取扱いになります。

　この建物朽廃による借地権消滅の規定は、借地契約の更新後であっても、借地期間についての合意がなければ適用があります。すなわち、

① 　合意更新をしたが更新後の借地期間を定めなかった場合（旧借地5①後段）

② 　更新後の借地期間について法定期間（堅固建物所有目的であれば30年間、非堅固建物所有目的であれば20年間（旧借地5①前段)）よりも短期の合意をした場合

③ 　借主の更新請求による更新の場合（旧借地4③）

④ 　借地権消滅後の土地の使用継続による法定更新の場合（旧借地6①後段）

⑤　建物滅失後の再築による更新（延長）の場合（旧借地7）（明文はあ
りませんが、この場合であっても解釈上旧借地法2条1項を準用すべ
きだとされています。）
においては、更新後の借地期間内に建物が朽廃すれば、借地権が消滅
することになります。

3　適用関係

建物朽廃による借地権の消滅規定については、旧借地法下での設定
（平成4年7月31日までの設定）であれば、借地借家法施行後であって
も、なお旧借地法の適用があります（借地借家附則5）。

4　借主が無断で大修繕を行った場合の朽廃の認定時期

借主が借地上の建物について、大修繕を行い、結果として建物の朽
廃時期が先送りされた場合、建物朽廃による借地権の消滅にはどのよ
うな影響があるでしょうか。

この点、貸主が借主による大修繕を承諾するなどして許容していた
場合は、借地権が大修繕前の建物の朽廃したであろう時期をもって消
滅することはないと解するべきです。

しかし、借主による大修繕が貸主に無断で行われ、貸主がこれに反
対していた場合には結論を異にすべきです。このような場合にまで、
大修繕後の建物の朽廃時期を基準として借地権の消滅を判断してしま
うと、借主は大修繕を強行することで旧借地法2条1項但書の規定を事
実上空文化できることになってしまいます。

そのため、このような場合には、大修繕が行われなかったのであれ
ば当該建物が朽廃したであろう時期をもって借地権が消滅すると解す
るのが相当です。最高裁昭和42年9月21日判決（判時498・30【事例7】）に
おいても、同様の判断が示されています。

Q2　建物朽廃と賃借権譲渡許可

Q　借主から、借地上の建物を第三者に譲渡したいので賃借権譲渡について承諾してほしいと言われました。建物は非常に老朽化しており、第三者がこれを取得した場合、建て直そうとすることは明らかなので、譲渡を認めたくありません。借主は、裁判も視野に入れているようですが、裁判では賃借権の譲渡が許可されてしまうのでしょうか。

A　旧借地法の適用がある借地契約において、借地上の建物が朽廃に近い状態であり、今後短期間のうちに朽廃の状態に到達して借地権も消滅する可能性が高い場合には、裁判所が承諾に代わる許可をしない可能性があります。

解　説

1　借地上の建物譲渡に関する貸主の承諾

借地契約について、借主が賃借権を第三者に譲渡する場合、貸主の承諾が必要となります（民612①）。借主が借地上の所有建物を第三者に譲渡しようとする場合には、賃借権も従たる権利（民87②準用）として一緒に移転しますので、この場合にもやはり、借主は、賃借権の譲渡について、貸主の承諾を得ることが必要になります。

2　貸主が賃借権譲渡の承諾をしない場合の承諾に代わる許可

賃借権譲渡について貸主が承諾をしない場合、借主は、裁判所に対して、承諾に代わる許可を求めることができます（借地借家19①）。

この場合、裁判所は「賃借権の残存期間、借地に関する従前の経過、賃借権の譲渡又は転貸を必要とする事情その他一切の事情を考慮し」て、許可の裁判をすることになります（借地借家19②）。

　なお、賃借権譲渡許可の裁判は、旧借地法の時代に成立した借地契約であっても、借地借家法が適用されます（借地借家附則4）。

3　建物が朽廃に近い状態である場合

(1)　朽廃による消滅

　旧借地法では、借地期間について当事者間にて定めがない場合、借地期間の途中で建物が朽廃すれば、その時点で借地権は消滅することになります（旧借地2①但書）。

(2)　裁判への影響

　それでは、旧借地法の適用のある借地契約において、借地上の建物が朽廃に近い状態にある場合、賃借権譲渡許可の裁判にはどのような影響があるのでしょうか。

　この点、借地上の建物が朽廃に近い状態にある場合、賃借権の譲渡が許可されたとしても、その後、短期間で建物が朽廃に至り、借地権は消滅する可能性が高いことになります。また、借主（建物買受人）が朽廃を阻止するための大修繕等（通常、増改築禁止特約があり、貸主の承諾が必要）を行おうとしても、朽廃が間近である場合には、貸主や（増改築許可等の申立てを受けた）裁判所はその承諾（又は許可）に消極的であるのが通常です。

　そうすると、買受人は、このような建物及び賃借権を譲り受けたとしても、実際には建物の利用が困難な状況に陥ります。

　賃借権譲渡許可制度の趣旨は借地をめぐる紛争の予防にあるところ、上記のような売買の目的の達成が困難な状況において裁判所が賃借権の譲渡を許可すると、かえって制度趣旨に反する結果を招くおそれがあります。

　そのため、借地上の建物が朽廃に近い状態である場合には、裁判所は、賃借権の譲渡を許可しない可能性があります。実際の裁判例においても同様の判断が示され、許可されなかったものがあります（東京高決平5・11・5判タ842・197【事例10】）。

Q3　建物滅失の場合の借地契約更新

Q　借地上に建物を所有していましたが、地震で倒壊してしまいました。建物を建て直そうとしたところ、貸主から強硬に反対され、そのまま借地期間が満了となりました。
　借地契約を更新することはできるのでしょうか。

A　旧借地法の適用がある借地契約においては、使用継続による借地契約更新であれば、建物が存在する必要はありません。しかし、それ以外の更新方法においては、建物が存在しなければ、借地契約を更新することはできません。
　ただし、建物の不存在について、貸主に帰責性が認められる場合には、請求による更新等が認められる余地はあります。

解　説

1　建物の滅失とは

　建物の滅失とは、建物が自然災害や事故によって倒壊し不存在になること又はその物理的効用を喪失することをいいます。旧借地法では、「滅失」と「朽廃」を使い分けていますので、両者は別の概念ですが、借地借家法では、後者の概念がなくなりましたので、前者には後者を含んでいるものと考えられます。

　滅失は、その原因を限定しておらず、自然力によるもののほか、人為的な取壊しによるものも含みます（最判昭38・5・21判時345・31）。なお、借地借家法7条1項では、借主等による取壊しを含むことが明示されています。

2　借地契約の更新方法

　旧借地法及び借地借家法においては、借地期間が満了する場合、次の3つの方法により、借地契約を更新することができます。

　1つ目は、当事者の合意による更新です（合意更新）。

　2つ目は、借地期間満了に当たり、借主から更新請求がなされた場合の更新です（旧借地4①、借地借家5①）。借主から更新請求があった場合、貸主が遅滞なく異議を述べない限り、借地契約は更新されます。なお、異議には正当事由が必要です。

　3つ目は、契約期間満了後も、借主が土地の使用を継続した場合の更新です（旧借地6①、借地借家5②）。更新請求による更新と同じく、貸主から遅滞なく異議がなければ、借地契約は更新となります。なお、異議には正当事由が必要です。

3　建物が滅失している場合の更新の可否

　それでは、借地期間満了時に建物が滅失している場合、借地契約の更新は可能でしょうか。

　この点、合意更新は、当事者の合意に基づくものであるので、建物がない場合の更新も当然可能です。

　しかし、旧借地法及び借地借家法における更新請求による更新については、建物の存在が要件となっており、建物が滅失している場合には適用がありません。また、使用継続による更新についても、借地借家法においては、建物の存在が要件となっており、同様です。

　他方、旧借地法における使用継続による更新では、建物の存在は要件ではなく、建物が滅失している場合であっても、更新が可能です。ただし、建物が存在しない場合には、貸主の異議に正当事由が不要であり（旧借地6②参照）、借主保護は相対的に弱まっています。

4　建物の不存在について貸主の責めに帰すべき事由がある場合

　上記のとおり、旧借地法における使用継続による更新を除いては、更新時に建物が存在していることが必要です。

　もっとも、最高裁昭和52年3月15日判決（判時852・60【事例13】）は、建物が火災によって滅失した後に建物を再築しようとした借主に対し貸主がこれを妨害をした事案において、貸主が建物不存在を理由として借主に更新請求権がないと主張することは信義則上許されないとし、更新請求権行使の余地を認めました。

　そのため、建物の不存在について貸主に帰責性が認められる場合には、更新請求等が認められる可能性があります。

5　適用関係

　借地契約の更新規定については、旧借地法下での設定（平成4年7月31日までの設定）であれば、借地借家法施行後であっても、なお旧借地法の適用があります（借地借家附則6）。

Q4　建物滅失の場合の再築と借地期間

Q 借地上に建物を所有していましたが、先般火事で焼失してしまいました。借地期間はまだ残っていますが、建物を建て直すことはできるのでしょうか。またその場合、借地期間には何か影響があるのでしょうか。

A 旧借地法の適用がある借地契約においては、借地条件の変更等に当たらない限り、自由に建物を再築することができます。借地契約の残存期間を超えて存続すべき建物を再築した場合、要件を満たせば、借地期間が延長されます。

　借地借家法の適用がある借地契約においても、建物滅失が当初の借地期間内であれば、旧借地法の場合と同様です（細かな要件や延長期間は異なります。）。他方で、建物滅失が借地契約更新後であった場合には、再築に貸主の承諾等が必要になり、これを得ずに再築した場合には、貸主から借地契約を解約される可能性があります。

解　説

1　旧借地法における建物滅失時の再築と借地期間の延長

　旧借地法の適用のある借地契約において建物が滅失した場合、再築する建物が借地条件の変更や増改築禁止特約に抵触しない限り、自由に再築することができます。なお、建物滅失後に残存借地期間を超えて存続すべき建物を再築することを禁止する特約は無効とされています（最判昭33・1・23判時140・14）。

　再築する建物が残存借地期間を超えて存続すべきものである場合、新建物が非堅固建物であれば旧建物滅失時から20年間、堅固建物であれば同30年間借地期間が延長されます（旧借地7）。ただし、従前の残存借地期間の方が長期の場合には、借地期間は従前のままとなります。

　もっとも、貸主が再築に対して遅滞なく異議を述べた場合には、借地期間は延長されず、残存借地期間は従前のままとなります。この異議において、正当事由の存在は要件とされていません。

2　借地借家法における当初借地期間内の建物滅失時の再築と借地期間の延長

　借地借家法の適用のある借地契約においては、建物の滅失が、当初の借地期間内か更新後の借地期間内かで、扱いに違いがあります。

　建物の滅失が当初の借地期間内である場合、旧借地法と同じく、借地条件の変更や増改築禁止特約に抵触しない限り、自由に再築することができます。再築する建物が残存借地期間を超えて存続すべきものである場合、貸主の承諾があれば、承諾又は再築時のいずれか早い時期から20年間借地期間が延長されます（借地借家7①）。ただし、従前の残存借地期間の方が長期の場合には、借地期間は従前のままとなります。

　貸主の承諾が得られない場合であっても、借主が再築の通知をして2か月以内に貸主が異議を述べない場合には、上記の承諾があったものとみなされます（借地借家7②）。なお、この異議において、正当事由の存在は要件とされていません。

　貸主の承諾が得られず、また再築の通知に対して貸主から遅滞なく異議があった場合には、借地期間は延長されず、残存借地期間は従前のままとなります。

3　借地借家法における更新後借地期間内の建物滅失時の再築と借地契約解約

　借地借家法の適用のある借地契約において建物の滅失が更新後の借地期間内である場合には、上記とは扱いが異なります。

　借主は、建物が滅失した場合、更新後の借地期間満了前であっても、借地契約について解約申入れをすることができ、この場合、申入れから3か月の経過で借地契約は終了します（借地借家8①・③）。なお、滅失には借主が自ら建物を取り壊す場合も含まれます（借地借家7①）ので、借主は、建物を取り壊した上で借地契約を終了させることができることになります。

　これに対し、借主が、残存借地期間を超えて存続すべき建物を再築したい場合、貸主の承諾を得る必要があります。

　借主が貸主の承諾を得ないで建物を再築した場合、貸主は、更新後の借地期間満了前であっても、借地契約について解約申入れをすることができ、この場合も、申入れから3か月の経過で借地契約は終了します（借地借家8②・③）。なお、貸主が承諾をしない場合には、借主は、裁判所にて承諾に代わる許可を求めることができます（借地借家18①）。

Q5　建物滅失と対抗要件

借地上に建物を所有していましたが、先日火災が起き、建物は全焼してしまいました。建物の登記はまだ残してあります。建物を再築しようと考えていますが、予算の都合上、工事の開始は少し先になりそうです。

何か気を付けた方がよいことはありますか。

A　借地権について登記がなされていない場合、借地上に借主が登記されている建物を所有していることが、借地権の対抗要件となります。そして、当該建物が滅失した場合、借地権の対抗力を維持するためには、建物の特定に必要な事項等を掲示する必要があります。

再築の工事が少し先になるような場合には、土地に権利変動があった場合でも借地権を主張することができるように、看板を設置するなどして対抗要件を具備しておく必要があります。

解　説

1　借地権の対抗要件（建物がある場合）

借地権については、物権である地上権だけではなく、債権である賃借権についても登記をすることができ、かかる登記がその対抗要件となります（賃借権につき民605）。

もっとも、賃借権の登記について、借主は登記請求権を有しておらず（大判大10・7・11民録27・1378）、借主には単独で対抗要件を具備する方法がありませんでした。

そこで、借地借家法10条1項（その前身として「建物保護ニ関スル法律」）は、借地上に借主が登記されている建物を所有する場合には、借

地権に対抗力を認め、借主が単独で借地権の対抗要件を具備する方法を規定しました。

2　借地権の対抗要件（建物が滅失した場合）

(1)　掲示による対抗力の維持

上記のとおり、借地上に登記されている建物が存在する場合には、借地権に対抗力が認められますが、他方で、当該建物が滅失した場合には、当然ながら借地借家法10条1項による対抗力は消滅します。

もっとも、建物の滅失は、借主の意思によらない場合もあり、かかる場合にまで借地権の対抗力が直ちに消滅することは必ずしも妥当ではありません。そこで、借地借家法では、建物が滅失したとしても、一定の場合には借主が対抗力を維持できる方策を規定しました。

すなわち、借地借家法10条2項では、借主は、建物が滅失した場合であっても、滅失建物を特定するために必要な事項、建物滅失日及び建物を新たに築造する旨を借地上の見やすい場所に掲示した場合には、借地権の対抗力を主張することができるとされました。建物を特定するために必要な事項については、第三者が当該建物の登記を調査できる程度の具体性をもって記載することが必要だとされています。

期間について、掲示による借地権の対抗力は、建物の滅失があった日から2年の間に、建物の再築及び登記具備をしなければ、それ以後の第三者に主張することができなくなります。なお、2年を経過した時点で建物が再築中であった場合には、借地借家法10条2項の要件を満たさないことになりますが、事案によっては、権利濫用法理や背信的悪意者排除論等によって借主が保護されることはあり得ます。

(2)　適用関係

借地借家法10条2項は、借地借家法施行後に建物の滅失があった場合には適用がありますので、旧借地法の下で成立した借地契約におい

ても、適用されることになります。

　なお、当然ですが、旧借地法の規定に従い建物の朽廃により借地権自体が消滅する場合には、適用はありません。

　（3）　掲示の撤去と対抗関係

　対抗力を維持するための掲示は、明認方法であるため、借地について物権変動があった時点において、それが維持されている必要があります。

　この点、建物滅失後に一旦掲示をしたものの、その後掲示が撤去された場合、借主は、掲示撤去後に権利を取得した新所有者に対して、借地権を対抗できないとした裁判例があります（東京地判平12・4・14金判1107・51【事例15】）が、これは対抗関係の原則に従ったものといえます。

　なお、この裁判例の事案では、掲示を実力で撤去したのが第三者（借地の前所有者）であり、複数回にわたり掲示及び撤去が繰り返されたという事情がありましたが、裁判所は、その点は新所有者が背信的悪意者に該当するかの判断要素にはなり得るとしながらも、それ以上の考慮要素としては扱いませんでした。

Q6　更新後の再築許可の裁判

Q　借地上に自宅用の建物を建築し住んでいましたが、先日、火事で滅失してしまいました。そこで、新しい建物を建てて居住しようと思うのですが、貸主が承諾してくれません。借地契約（借地借家法が適用）は更新され、残りは28年あります。建築する方法はないでしょうか。

A　借地借家法が適用される平成4年8月1日以後の借地契約において、更新後に滅失し、再築を行う場合で、借主が残存期間を超えて存続すべき建物を新たに建築するのにやむを得ない事情があるにもかかわらず、貸主がその建物の建築を承諾しないときは、裁判所に申立てを行い、貸主の承諾に変わる許可を受けることができます。

解　説

1　借地契約の更新と再築

(1)　旧借地法における再築

ア　更新前

借地権消滅前に建物が滅失した場合、残存期間を超えて存続すべき建物を再築し、土地所有者が遅滞なく異議を述べなかったときは、借地権は建物滅失の日から起算して、堅固の建物につき、30年間、その他の建物につき、20年間存続するとされていました。もっとも、残存期間がこれよりも長いときは、借地契約期間となるとされていました（旧借地7）。

イ　更新後

旧借地法では、更新後の借地契約も更新前と同様と考えていたので、

更新前と更新後とで再築については変わるところはありませんでした。

(2)　借地借家法における再築

　ア　更新前

借地権の存続期間が満了する前に建物が滅失し、借主が残存期間を超えて存続すべき建物を再築した場合、その建物の再築につき貸主の承諾があれば、借地権は、承諾があった日又は建物が築造された日のいずれか早い日から20年間存続するとされ、残存期間がこれより長いとき、又は当事者がこれより長い期間を定めたときは、その期間となります（借地借家7①）。また、借主が再築する旨を貸主に通知した場合、貸主が通知を受けた後、2か月以内に異議を述べなかったときは、再築について承諾したと擬制されます（借地借家7②）。

　イ　更新後

借地借家法は、旧借地法と異なり、更新後の借地契約を更新前の借地契約と同じものとはせず、当初の借地契約期間において、借地権の目的は達成し、借地契約は終了するとの前提に立つために、更新自体、契約満了時に建物が存続する場合に限り例外的に当初の契約を延長するとしています。したがって、当初契約で存在した建物が更新後に滅失した場合には、その延長の基礎を失うことから、借主からは、解約の申入れの権利が認められます（借地借家8①）。貸主の承諾を得ないで、残存期間を超えて存続すべき建物を再築した場合には、貸主の解約申入れの権利が認められます（借地借家8②）。なお、更新前に規定されている再築の通知による承諾の擬制は、更新後の再築には認められません（借地借家7ただし書）。

2　建物再築の承諾及び許可

建物を再築する場合、土地所有者や貸主の承諾が必要とされている場合があります。

　しかし、借主が再築を希望しても貸主が承諾しない場合もあります。この場合には、旧借地法の再築の場合や借地借家法における更新前の再築の場合には、増改築許可の裁判や借地条件の変更の裁判を申し立てることとなります（旧借地8ノ2、借地借家17）。

　また、借地借家法での更新後の場合においては、建物の滅失により延長の基礎を失っていますが、借主が再築するのに相当な場合もあり得ますので、その場合は、建物再築許可の申立てを行うことになります（借地借家18）。

3　更新後の再築許可の要件

(1)　要　件

　建物再築許可の裁判の要件は、管轄、当事者及び申立て時期等の形式的要件のほかに「やむを得ない事情」（借地借家18①）が必要となります。

(2)　「やむを得ない事情」

　この「やむを得ない事情」の判断は、「建物の状況、建物の滅失があった場合には滅失に至った事情、借地に関する従前の経過、借地権設定者及び借地権者（転借地権者を含む。）が土地の使用を必要とする事情その他一切の事情を考慮しなければならない。」とされています（借地借家18②）。

　具体的にこれらの要素をもとにどのような判断をするかは、借地借家法が施行されてからいまだ契約更新の時期を迎えていない現在では、裁判の集積がなく、類型化できません。しかし、借地借家法18条で判断すべきとして列挙されている事情が、借地契約における更新拒絶の正当事由を判断する際に考慮すべき事情に非常に類似していることから、更新拒絶の際の正当事由が参考になるとされていますが、今後、裁判の集積が待たれるところです。

第2　事　例
1　建物の朽廃と借地権の消滅

【事例1】　構造部分に全面的な補修を必要とする借地上の建
物は朽廃しているか

（東京高判平5・8・23判時1475・72）

判　旨

　本件建物は、建築後約40年が経過しており、全体的に経年による劣化が進んでいるほか、無人のまま長年放置され、保守管理も不十分であったことから、その構造部分にほぼ全面的な補修を行わなければ使用できない状況であり、その補修には新築同様の費用が必要であると推認される。そうすると、本件建物は、既に建物としての社会的、経済的効用を失っており、朽廃が認められる。

事案の概要

　貸主Aは、昭和43年12月31日に、本件土地を借主Bに賃貸し、Bは本件土地上に本件建物を所有していた。本件借地契約は、昭和63年12月30日に法定更新された。Xらは平成4年8月5日にAの貸主の地位を相続し、Yらは昭和61年4月10日に本件建物及びBの借主の地位を相続した。

　平成5年6月30日（控訴審口頭弁論終結時）の本件建物の状況は次のとおりであった。

現在までの経過	本件建物は、昭和20年代の中頃に建築され、建築後約40年を経過した木造の平屋建居宅であり、現在までに部分的に補修・修理がされた形跡はあるものの、土台・柱などの構造部材については修理が行われていない。
外　観	正面から向かって右側が沈んで傾斜している。これを4畳半の和室の敷居で実測すると、南東の角の柱が約

	5cm沈んでおり、また、南西の角の柱及び4畳の和室の南東の角の柱が約4cm東側に傾き、南北方向にも軽微な傾斜が存する上、柱の沈みなどの影響により屋根の棟が変形している。
基礎、柱	基礎は立方体のコンクリート製であり、多少の不同沈下が存する。この基礎の上に角材の土台を乗せ、その上に柱を立てているが、外回りの土台の中には、土に接している部分があり、これが腐食しているほか、他の土台も取替時期に来ている。柱は、全般的には損傷の程度は大きくないものの、腐食している部分があり、特に4畳の和室の東側の柱は外部に露出して雨ざらしの状態であり朽廃が進んでいる。内部の床組みは基礎の上に束を立てて大引きを架け、根太を渡して荒床板を張ったものであり、比較的損傷は少ないが、床下の束は傾いたものがあり、床束、大引き及び根太の一部は朽廃している。
屋　　根	屋根は、北側が生子鉄板張りとなっており、南側がセメント瓦葺きになっているが、全般的にセメント瓦の劣化が著しく、厚さが薄くなり、割れやずれなどが見られ、屋根瓦としての機能は限界にきていて、雨漏りが発生している。
外　　壁	外壁は下見板張り一部プラスター塗りとなっているところ、下見板は、地盤に近い部分が劣化して腐食が見られ、北側では一部が外れて内部の小舞壁が見えている。
内　　部	本件建物の平面は4畳半及び4畳の各和室、2畳の台所、便所及び廊下となっており、玄関脇に約1畳の物置、台所回りに生子板葺きの下家が増設されている。4畳の和室は、もと6畳の和室の一部が解体撤去されたもので、撤去部分の外壁は生子鉄板となっており、内壁の仕上げは行われておらず、屋根も撤去されたままで、雨仕舞いに対して特別な配慮はなく、畳は損傷している。内部は耐用年数の経過による通常の劣化が見られ

	る。4畳の和室及び南側玄関回りの内壁は、雨漏りにより汚れ一部剥落しており、廊下及び玄関の天井は、雨漏りにより汚れ一部腐食している。建具は、一部開閉不良の窓があるほか一部朽廃したものがある。流し台、ガスコンロ、照明器具及び外部からの引込線は撤去されており、給水管、ガスカランの継手及び電線は経年劣化が生じている。
管理状況等	無人のまま長年放置されていたことから保守管理が不十分であり、上記のような状況で建築年数に比べて全体的に部材の劣化が激しく、使用するためには、早期に、①基礎の補修及び土台の全面取替えによって建物の傾斜を直し、②柱の一部を根継ぎし、③屋根瓦を全部取り替え、④4畳の和室の東側壁を新設し、⑤下見板を補修し、⑥電気、ガス、給排水設備を全面的に取り替えるなどの補修を行うことが必要である。

　このような状況の下、Xらは、本件建物は朽廃しており、借地権は消滅しているとして、Yらに対し建物収去土地明渡しを求めて訴えを提起した。

　第一審が明渡しを認めなかったため、Xらが控訴した。

　なお、本件では、本件土地上の工作物を購入した買主も訴訟当事者（第一審被告）となっており、また、当該買主に対する賃借権の無断譲渡も問題となっている（否定）が、朽廃とは直接の関係がないので割愛している。

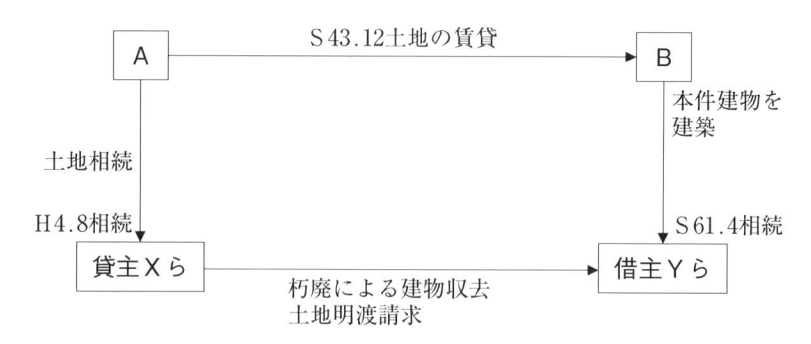

裁判所の判断

　本判決はおおむね以下のとおり判示し、借地権の消滅を認めた。

　本件建物は、建築後約40年という長期間が経過しており、全体的に経年による劣化が進んでいるほか、無人のまま長年放置され、さらに、元6畳の和室の一部を解体撤去して4畳の和室にした際の補修が十分されないなど保守管理が不十分であったことから、基礎、土台、柱及び屋根といった構造部分にほぼ全面的な補修を行わなければ使用できない状況に至っていることを考慮すると、その補修には新築同様の費用が必要であると推認される。

　そうすると、本件建物は、遅くとも当審における口頭弁論終結時までには、既に建物としての社会的、経済的効用を失うに至り、朽廃しているので、本件借地権も消滅したと認められる。

コメント

　本判決は、建物の「朽廃」（旧借地2①但書）に関し、建物の状況を子細に検討し、建物の現況（劣化状態）、管理状況（無人で長年放置）、使用のために必要な修繕内容（構造部分の全面的な修繕が必要であり、新築同様の費用が必要）の観点から、建物の社会的経済的効用の有無を判断し、朽廃を認めています。

　借地上の建物の朽廃について、裁判所は厳格に判断しているところ、本判決は、朽廃の肯定事例として、実際の主張立証のポイントを考えるに当たり有用であると思われます。

【事例２】　①　借地上にある数棟の建物のうち主たる建物の
　　　　　　　　みが朽廃した場合に借地権の消滅はどのように
　　　　　　　　なるか
　　　　　　②　借地上にある1棟の建物のうち独立の効用を
　　　　　　　　有する一部分が朽廃した場合に借地権の消滅は
　　　　　　　　どのようになるか

（東京地判昭45・10・28判時624・50）

判　旨

　1箇の契約に基づく1筆の土地の借地契約において、借地上に数
棟の建物が存在し全体として一の効用を全うするものである場合
には、主たる建物が朽廃すれば、借地権は消滅するものと解すべ
きである。
　1箇の契約に基づく借地上に存在する1棟の建物が、数個の独立
効用を有する部分に分かれている場合において、その一部分が朽
廃した場合の借地権の帰趨は、朽廃部分の主従性、敷地の独立性、
区分利用可能性等を考慮して判断されるべきである。

事案の概要

　貸主Aは、本件借地に本件建物を所有していたところ、昭和24年10
月頃に、借主Yに対し、本件建物を譲渡するとともに、本件借地を賃
貸した。Aは、昭和33年6月23日に死亡し、本件借地の所有権及び貸主
の地位はXらに移転した。
　本件建物は主たる建物（大正12年頃建築の居宅。木造瓦、亜鉛メッ
キ鋼板交葺2階建）と附属建物（物置。木造亜鉛メッキ鋼板葺平家建。
④部分）からなっており、主たる建物は①～③部分（建物のおおむね
北半分の1階部分が①部分、①部分の上階に当たるのが③部分、主たる
建物のおおむね南半分の平家部分が②部分。少なくとも②部分は独立

して賃貸の対象となっていた。）に分かれていた。本件建物は、全般的
に腐朽損傷していたが、昭和44年11月25日当時の具体的な状況は次の
とおりであった。

①③部分	数年間使用されずに空家となっていたため、その損傷が著しい。基礎は部分的に下がり、建物が不安定になっている。土台は相当腐朽し、特に建物の主要構造部分である土台と柱との接合部分の腐朽が著しい。根太、板走りなどは部分的に腐朽し、接合部分が外れている部分もあり、床板も破損している。柱、桁なども、基礎が下がり、土台が腐蝕しているので、柱は下がり、柱と桁との接合部分に間隙を生じ建物全体が傾いている。瓦葺部分は、瓦が破損し、雨漏りがしている。内壁には、至る所に亀裂が生じ、脱落している部分が多い。外壁、横羽目板は破損脱落し、壁部分は亀裂を生じ脱落している部分が多い。建具、戸、窓、襖などは損傷が甚だしく、柱、敷居、鴨居なども傾いており、開閉は困難である。 　腐朽が著しく、強風、強震などがあれば容易に倒壊するおそれがあり、人体に危険なく居住使用し得ない状況である。
②部分	屋根は波トタン葺で、使用資材は①③部分より劣る。腐朽の程度は、①③部分と大差はないが、引き続いて居住者がおり、維持管理がなされているため、荒廃の状態ではない。 　従来から居住者が維持管理しており、平家建部分であるから倒壊の危険性も少なく、現状のままでも今後5〜6年、適切な補修、修繕を施せば今後10〜12年の居住使用は可能である。
④部分	使用資材が悪く全般的に腐朽している。ただし3畳間部分は、後日改造なので、腐蝕の程度も比較的軽微である。 　腐朽は著しいが建物が軽いため、倒壊の危険はなく、今後3〜4年、適切な補修、修繕を施せば今後6〜7年は物置として使用可能である。3畳間部分についても、同等程度の使用は可能である。

　上記の事実経過の下、Xらは、本件建物の朽廃による借地権消滅を理由として、Yに対して建物収去土地明渡しを求めて訴訟を提起した。

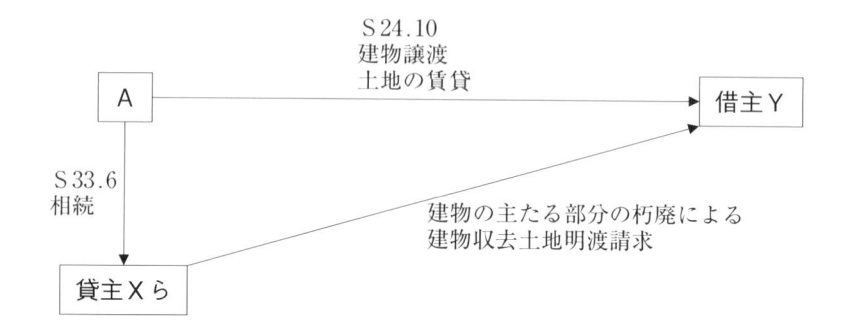

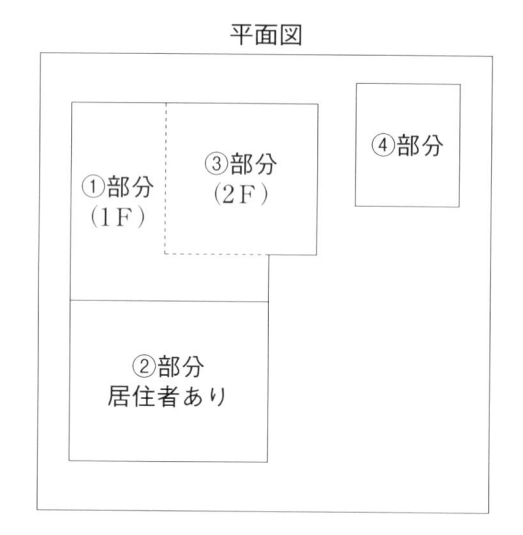

平面図

裁判所の判断

　本判決は、以下の認定の下、本件借地のうち、北側土地部分上の借地権は、①③部分の朽廃によって消滅したものと認め、南側土地部分上の借地権は②部分がいまだ朽廃していないから、依然として存続していると判断し、請求のうち一部のみを認容した。

①③部分については、柱、土台など主構造を変更しない程度の修繕を施せば今後10～12年は居住使用ができる。しかし、その修繕には多額の支出を要し、補修するよりも、むしろ取り壊して新築する方が経済的である。

旧借地法2条にいう建物の朽廃とは、建物が腐朽、廃頽することによって社会通念上建物としての効用を全うすることができない程度に、その価値を喪失したものと認められるに至った状態を指称するものであり、また旧借地法の立法趣旨も、建物が社会通念上その使用目的に適する価値を保持している限りにおいて、その存続を保護するところにあるから、かかる価値の維持が、当該建物に対して通常相当と認め得る範囲の経費を支出することによって確保される限りにおいて、その保護に価するが、その限度を超えて、新築に類する、ないしは新築する方が経済的である程度の修繕、改造をするのでなくては、その価値を保持できないような状態に達している場合は、当該建物はその保護に価せず、したがって同建物は旧借地法2条にいう朽廃に至ったものと称すべきである。

この立場で本件建物の朽廃の存否を考えると、①③部分は昭和44年11月25日当時において朽廃の状態に立ち至っていたが、②部分及び④部分は、現在においてもいまだ朽廃の状態に立ち至ってはいないといわなければならない。

1箇の契約に基づく1筆の土地の借地契約において、借地上に数棟の建物が存在する場合において、その一部のみが朽廃したときでも、数棟の建物が全体として一の効用を全うするものである場合には、主たる建物が朽廃した以上、従たる建物が朽廃していなくても、借地権は消滅するものと解すべきであるところ、本件建物のうち④部分は主たる建物部分である①③部分に付属するものであり、①③部分が朽廃し

た以上、④部分の敷地につき特に借地権を存続させることを相当とする事情が何ら認められないので、①③④部分の敷地上の借地権は、①③部分の朽廃によって、一括消滅に帰したものといわなければならない。

　次に同じく1箇の契約に基づく借地上に存在する1棟の建物が、数個の独立効用を有する部分に分かれている場合において、その一部分が朽廃した場合、その敷地借地権が全体として消滅するか、あるいは消滅しないか、ないしは朽廃建物敷地部分のみにつき借地権が消滅するかについては、朽廃した当該建物部分が主たる部分か否か、あるいは各建物部分の敷地が各独立して、各別に敷地としての利用関係を維持することが可能であるか否か、借地契約において、ないしは地形上からみて、当該土地の一体的利用の確保が図られているかあるいは分離区分して利用することの可能性が留保されているか、等を考慮して判断されるべきである。

　本件建物においては、②部分は機能的にみて1箇の建物としての独立の効用を有し、実際にも1戸の独立の建物として居住者（賃借人）がいる。②部分の居住者において、①③部分の敷地を利用する必要はなく、その他にも、①③部分の敷地と②部分の敷地を分割区分して使用されることを不可とする特段の事情はないので、朽廃建物（①③部分）敷地部分のみについて借地権が消滅する。

コメント

　本判決は、まず建物の朽廃の有無について、子細な事実認定を行っており、事例判断として参考となります。

　その上で、論点として、まず、借地上に複数建物（主従関係あり）があり、主たる建物のみが朽廃した場合において、従たる建物の敷地部分についても借地権は消滅する旨の判断を示しています。従たる建

物の利用のみでは借地契約の目的は通常達成できないことから、妥当な判断だと思われます。なお、借地上の複数建物に主従関係がない場合には、全ての建物が朽廃しなければ借地権は消滅しないとの裁判例（東京高判昭54・11・22判時951・53【事例3】）があるところ、実務上は複数建物の主従関係の有無を十分に検討することが重要になります。

　次に、本判決は、1個の建物のうち、独立の効用を有する一部分のみが朽廃した場合には、当該部分の敷地部分の借地権のみが消滅し得るとの判断を示しています。区分して賃貸の対象となっているような建物の朽廃を判断するに当たっては、本判決と同様の判断があり得ることを念頭に朽廃箇所を検討することが必要になります。

【事例3】　①　借地上の建物に大修繕がなされた場合の朽廃
　　　　　　　　時期はどのようになるか
　　　　　　②　借地上にある複数の建物に主従がなくその一
　　　　　　　　部のみが朽廃した場合に借地権は消滅するか

（東京高判昭54・11・22判時951・53）

> 判　　旨
>
> 　諸事情に照らし、当該大修繕がなければ建物は既に朽廃したで
> あろうことが確実に推測され、かつ、大修繕がなければ朽廃した
> であろうと思われる時期に建物は朽廃したと擬制して借地権の法
> 定存続期間満了前に借地権消滅の効果を認めることが妥当な場合
> には、当該大修繕がなければ朽廃したであろうと思われる時期に
> 借地権は消滅したとみなすことができるものと解すべきである。
> 　本件のように借地上の建物が数個あり、しかもその間に主従の
> 差が認められない場合には、全建物が朽廃しなければ、旧借地法
> 2条1項但書による借地権消滅の効果は生じないと解される。

事案の概要

　借主Yは、A（X、Yの父）から本件借地を無償で借りていたが、Aの婿養子（Xの夫、後に離婚）であるBとの間で、昭和17年9月1日に、借地契約を締結した。なお、賃貸借契約書はなく、借地上の建物について増改築禁止特約もなかった。その後、本件借地の所有権は、AからBに、BからXに移転し、貸主の地位もBからXに移転した。

　本件借地上にはいずれも木造亜鉛メッキ鋼板葺平家建の建物4棟(本件建物①～本件建物④) が建っており、もともとAが所有していたが、順次Yに贈与され、昭和22年4月5日までにはいずれについてもYが登記を具備するに至った。

　Yは、昭和10年、Cと結婚後、本件建物③に居住していたが、その

後、本件建物①に移り、本件当時は本件建物④に住み、他の建物は賃貸していた。

　本件建物をめぐる状況は次のとおりであった。なお、共通の状況として、Ｃが建物保存のため、自ら本件建物について、屋根を塗り替えたり、土台柱に防腐剤を塗ったりしていた。

本件建物①	昭和6年頃建築された。その後、Y（又はC）は、風呂桶を取り替え、昭和31年頃には、Xの紹介で知った大工を使って、北側土台の取替え、風呂場、台所、部屋（2帖を4.5帖へ変更）の改造を、昭和42年には洗面所、便所の改築を、昭和43年には腐った東側濡れ縁の補修をした。
本件建物②	大正末頃又は昭和初期に建築された。その後、Yは、昭和39年には、台所、玄関下の土台の取替えを、昭和40年頃には台風により雨漏りが生じた屋根の葺き替えをした。
本件建物③	大正末頃又は昭和初期に建築された。その後、Y（又はC）は、玄関部分を2帖の部屋に改造する工事や二世帯に賃貸するための間仕切工事をし、昭和38年頃には、大工に注文して北側の土台を取り替え、廊下、台所、便所の改築をした。
本件建物④	大正末頃又は昭和初期に建築された。その後、Yは、昭和42年頃には、北側の土台を取り替え、昭和45年頃には、娘と同居することになったため7帖居間、台所、廊下の一部の改造を、昭和49年には、工務店に注文して廊下を広くし、壁の塗り替え、外部下見板の張り替えなどの内外装工事をした。

　上記の各工事等を経て、本件当時、本件建物①、本件建物③、本件建物④はほとんど傾斜がなく、敷居、鴨居などのゆがみもなく、建具の開閉も良好であった。他方で、本件建物②には若干の傾斜がみられ、建具の開閉も不良となっていた。

　ＸとＹは姉妹であり、当初は仲は悪くなかったが、その後関係が悪

化し、昭和39年、昭和42年、昭和45年、昭和49年の本件建物修繕について、ＸはＹに対し、抗議の意思を表明していた。

　上記事実経過の下、Ｘは、本件建物の朽廃による借地権消滅などを理由として、Ｙに対し、建物収去土地明渡しを求めて訴訟を提起した。

　第一審は、請求を棄却したようであり、Ｘが控訴した。

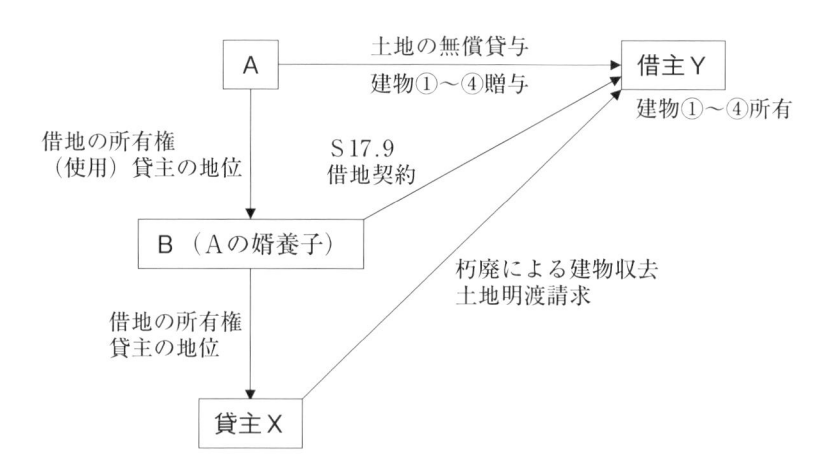

裁判所の判断

　本判決はおおむね以下のとおり判示して、控訴を棄却した。

　借地上の建物の朽廃による借地権消滅（旧借地2①但書）について、借主が通常の修繕の程度を超える大修繕をなしたため地上建物の朽廃が避けられた場合でも、建物の建築時期、自然の命数、修繕時における建物の老朽化の程度、修繕の具体的理由、その程度、修繕に対する貸主側の反応などの諸事情に照らし、当該大修繕がなければ建物は既に朽廃したであろうことが確実に推測され、かついろいろな事情に照らし、大修繕がなければ朽廃したであろうと思われる時期に建物は朽廃したと擬制して借地権の法定存続期間満了前に借地権消滅の効果を認めることが妥当な場合には、当該大修繕がなければ朽廃したであろう

と思われる時期に借地権は消滅したとみなすことができるものと解すべきである。

　本件では、本件建物の建築時期、修繕内容、修繕後の現状などによれば、本件建物①、本件建物③、本件建物④に加えられた修繕は大修繕といえるものの、本件建物②については大修繕が加えられたとみるのは困難である。したがって、本件建物②は大修繕を加えられることなしに現在まで命数を長らえていることになる。本件のように借地上の建物が数個あり、しかもその間に主従の差が認められない場合には、全建物が朽廃しなければ、旧借地法2条1項但書による借地権消滅の効果は生じないと解されるので、Xによる抗議が姉妹の不和にも原因があると思われることなどからすると、本件借地契約がX主張の朽廃すべかりし時期に上記法理により終了したとみることは妥当ではない。

コメント

　最高裁昭和42年9月21日判決（判時498・30【事例7】）は、貸主が反対しているにもかかわらず借地上の建物に大修繕が加えられた事案について、大修繕がなければ当該建物が朽廃すべかりし時期において借地権が消滅する旨を判示しています。

　本判決は、上記判例の考え方に沿いつつも、大修繕がなければ当該建物が朽廃すべかりし時期に借地権が消滅するための判断基準として、「朽廃したであろうことが確実に推測され」ることや、「法定存続期間満了前に借地権消滅の効果を認めることが妥当」であることを示しており、要件を加重しているようにも見えます。

　また、本判決は、借地上に主従のない複数の建物がある場合には、全建物が朽廃しなければ、旧借地法2条1項但書による借地権消滅の効果は生じないとの判断も示しています。そもそも朽廃認定自体が厳格に行われている中、本判決は、この点においても、建物朽廃による借地権消滅に慎重な姿勢を示したものといえます。

【事例4】　借地上の建物が朽廃し新築禁止特約違反の建物の みが残っている場合に借地権は消滅するか

（東京地判平2・9・27判時1391・150）

判　旨

　貸主の承諾等の特段の事情のない限り、当事者間で借地契約の目的として合意されていた建物が朽廃すれば借地権も消滅するものと解すべきである。また、かかる特段の事情のない限り、新築禁止特約に違反して建築された建物は、旧借地法6条2項の「建物」にも含まれないと解すべきである。

■ 事案の概要

　貸主Aは、大正15年8月5日に、借主Bに本件借地を賃貸し、まもなく、Bは本件借地上に建物（旧建物）を建築した。Bは、昭和4年10月12日には、Aに対し、貸主の承諾なく本件借地上に他の建物を新築しないことを約した（本件新築禁止特約）。

　その後、本件当時までの間に、いずれも相続を理由として、Aから、Cを経て、Xに本件借地の所有権及び貸主の地位が移転し、BからYに旧建物の所有権と借主の地位が移転した。なお、本件借地契約は、その後、昭和31年と昭和51年に更新されている。

　Yは、昭和44年5月頃には新建物②（床面積約9.9㎡の子供の勉強部屋で台所や便所もない。本件当時は物置となっていた。）を、昭和47年5月頃には新建物③（床面積約14.9㎡の居住用建物で、本件当時もY夫婦が居住していた。）を本件借地上に建築したが、その際、当時の貸主Cの承諾は得なかった。

　Yは、平成2年3月に、Xに対して、旧建物の建替えを申し入れたが、

　Xはこれを拒否して本件借地の返還を要求し、4月11日には、建物の朽廃による借地権消滅を理由として、建物収去土地明渡しを求めて訴訟を提起した。

　これに対し、Yは、平成2年5月24日頃には、旧建物を取り壊し、6月6日頃には、新建物①を新築した。

　取壊し前の旧建物の状況は次のとおりであった。

　すなわち、旧建物は、もともと中級以下の建物であって、昭和44年〜45年の段階において、倒壊のおそれは当面ないものの、柱が細く歪んでおり、柱と建具の間が少なくとも2〜3cm開いている上、外側は薄板で打ち付けているのみであって、下見板等もかなり傷んでいる状態であった。昭和44年に当時の貸主Cが新建物②の無断建築を理由として提起したYとの間の建物収去土地明渡訴訟の鑑定において、旧建物の当時の耐用年数は3〜5年と評価されていた。取壊し直前の時期には、旧建物は、壁も床面もなく、屋根も雨を凌げる状態ではなく、建物全体が傾いていて、一見して、人が居住できる状態ではなく、Yも10年程前からそこには居住しておらず、警察からは危険であるから取り壊すようにとの勧告も受けていた。

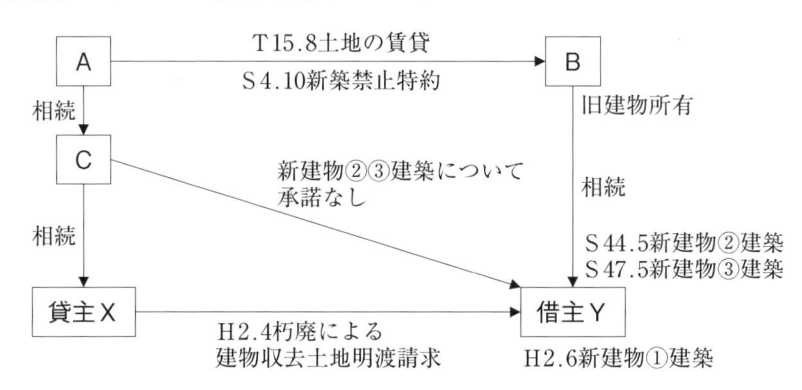

裁判所の判断

　本判決は、おおむね次のとおり判示して、旧建物朽廃による借地権消滅を認め、請求を認容した。

　前記の状況からすれば、旧建物は、Yがその建替えをXに申し入れた平成2年3月には、時の経過により既に建物としての効用を完全に失っていたというべきであるから、遅くともその時期には朽廃していたものと認められる。

　もっとも、この場合であっても、本件借地上にはYの所有する新建物①～③があり、Yによる本件借地の使用が継続していることから、旧建物の朽廃により本件借地権が消滅するのか、消滅するとしても、Yの本件借地使用継続に対するXからの異議において、建物が存在することを前提に考えるべきか（旧借地6②）を検討する。

　まず、本件新築禁止特約は契約自由の原則の範囲内のものとして有効である。

　そうすると、建物の朽廃による借地権の消滅の成否は、当該借地契約において借主が貸主に対し借地契約の目的ないし基礎として主張することができる建物についてこれを判断すべきである。すなわち、建物の新築についての貸主の承諾、その他新築建物を借主が貸主に対し借地契約の目的として主張し得る特段の事情のない限り、借地権は、当事者間で借地契約の目的として合意されていた建物が朽廃した場合には消滅するものと解すべきである。

　また、借地の使用継続による法定更新に関しても、かかる特段の事情のない限り、新築禁止特約に違反して建築された建物は、旧借地法6条2項の「建物」に含まれないと解すべきである。

　本件では、新建物①の新築は、Xの明確な異議を無視してなされたものであり、YがXに対しこれを借地契約の目的として主張することができる特段の事情は存在しない。また、新建物②及び③についても、

Ｙは貸主の承諾を受けていないことを十分承知の上で建築したものと推認することができ、借主であるＹが貸主に対しこれを借地契約の目的として主張し得る特段の事情は認められない。

そして、ＸはＹからの旧建物の建替えの申入れ後直ちに本件訴訟を提起しているから、ＸはＹの土地使用の継続に対し遅滞なく異議を述べたと認められる。

したがって、Ｙの本件借地に対する借地権は、旧借地法6条にて更新されることはなく（「建物」がないのでＸの異議に正当事由は不要）、旧建物の朽廃により消滅したものというべきである。

コメント

本件では、借主により借地上に複数の建物が建てられていますが、旧建物以外はいずれも本件新築禁止特約に反するものとなっています。

本判決は、旧建物が朽廃した場合において、新建物①〜③が存続していたとしても借地権が消滅するのか、について判断を示しています。

本判決は、建物の朽廃による借地権の消滅の成否は、当該借地契約において借主が貸主に対し借地契約の目的ないし基礎として主張することができる建物についてこれを判断すべきであるとした上で、貸主の承諾等の特段の事情のない限り、当事者間で借地契約の目的として合意されていた建物を基準とするべきであるとしています。

そして、また、借地権消滅後の借地使用継続による法定更新（旧借地6）の成否を考えるに当たっても、「建物」の有無（建物がある場合には、貸主からの異議において正当事由が必要）は同様の基準で考えるべきだとしています。

新築禁止特約に違反して建てられた建物の存在により、貸主が不利益を被るべきではなく、本判決の判断は妥当なものだと思われます。

【事例5】　①　貸主の反対にもかかわらず増改築工事が行われ借地上の建物が実質的に滅失した後に滅失建物の朽廃時期が到来した場合に借地権は消滅するか

②　将来の建物朽廃時期における土地明渡判決が認められるか

（東京高判昭58・2・10判タ495・105）

判　旨

　借地上の旧建物は、貸主が反対を明示したが借主によって実施された2度の増改築工事で滅失したとみるのが相当であるところ、旧建物の朽廃時期が到来すれば、その借地権は消滅することになる。本件では、訴訟における借主の態度などからすれば、借地権消滅時期においても借主が土地を明け渡す事態は容易には起こり得ないと推認できるので、将来の建物収去土地明渡判決を得ておくことが必要である。

事案の概要

　借主Yは、Aが昭和23年5月頃に本件借地上に建築した旧建物（木造平家建、床面積約33㎡）をAから相続し、居住していた。Yは、昭和42年には、旧建物のうち正面玄関に向かって左側のおよそ半分に当たる部分を取り壊して改築し、また、昭和51年6月又は7月頃には、残りの右側の部分を取り壊して（ただし、隣地にある後記のXの所有建物と接している部分の土台、柱等は残された。）大幅な増改築工事を施工した。その結果、本件建物（木造日本瓦葺2階建居宅、床面積1階54.51㎡、2階52.42㎡）が出来上がった。

　貸主Xは、Bが昭和25年1月21日に前所有者から購入した本件借地

の所有権及び貸主の地位をBから相続したところ、Yによる旧建物の改築工事のいずれの際にも、これに抗議し、異議を述べていた。Xは、Yによる昭和51年の旧建物改築工事の際には、工事禁止の仮処分申請をもしている。なお、Xは、本件借地の隣地にて、旧建物とほぼ同時期に同様の資材を用いて建てられた建物を所有している。

〔編注〕　このような状況の中、Xが旧建物の朽廃による借地権消滅を理由として建物収去土地明渡しを求めて訴えを提起したが、第一審はこれを認めなかったと推測される。

　　　　そのため、Xが控訴した。

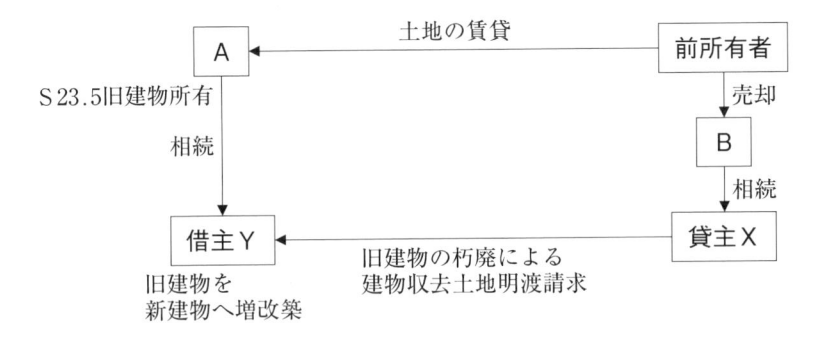

裁判所の判断

　本判決はおおむね以下のとおり判示し、第一審判決を変更して、将来における建物収去土地明渡請求を認めた。

　Yによる旧建物の増改築工事は、旧建物の土台や柱等のごく一部を残すものとはいえ、昭和51年の増改築の時点では、旧建物を取り壊し滅失させたものとみるのが相当である。

　そうすると、本件借地権は、昭和51年以降においては、旧建物が取り壊されないで存在していたとすれば朽廃すべかりし時期までの期間のみ存続し、その時点の到来にて消滅するというべきである。

　それを前提に、旧建物の朽廃時期を検討する。

　旧建物は、戦災復興事業として農林省から割当を受けた木材等の資材を用いて建築されたものであって、玉石の上に角材を乗せて土台とし、屋根はルーフィングを敷いた上にトタンを葺いたもので、外壁は杉板張り、内壁はベニヤ板張りであり、通常、この種の建物の建築当時に予想される物理的及び社会経済的側面からの耐用年数（朽廃までの年月）は約35年である。そして、昭和51年に旧建物の残存部分を取り壊した際の状況からは、旧建物は、その後10年くらいは住居としての使用に耐えるものであった。さらに、旧建物とほぼ同じ時期に同様の資材を用い、旧建物に隣り合って建てられたX所有の建物を資料とした旧建物の朽廃の時期の鑑定では、旧建物の朽廃の時期は昭和54年12月1日を基準にして、6年ないし8年後となっている。

　そうすると、旧建物は、これが取り壊されないで存在していたとした場合、遅くとも昭和54年12月1日を基準として7年後となる昭和61年11月末には朽廃し、その社会経済的効用を喪失すると認めるのが相当である。

　そのため、本件の借地権は、昭和61年11月末をもって、地上建物の朽廃により終了するものというべきである。

　なお、本件においては、旧建物の朽廃の時期を証拠によって確定することが可能であり、その時期は現在の時点からはさほど遠いものではないこと、及び本件審理に顕れたY側の態度からすると、借地権消滅時期が到来してもYがXの請求に応じて本件土地を明け渡すという事態は容易に起こり得ないと推認できること、からすれば、Xにはあらかじめその請求をして判決を得ておく必要があり、将来給付判決が認められる。

コメント

　本判決は、貸主が明確に反対し、一部工事禁止仮処分の申立てまでしていたにもかかわらず、借主による建物の増改築が強行され、実質的に旧建物を取り壊し新たな建物が建築された事例において、旧建物が存在し続けた場合の朽廃時期を認定し、将来の一定時期における借地権の消滅を認めたものとなります。

　本判決は、旧建物は滅失したとみることが相当であり、旧建物の朽廃時期において借地権が消滅するとしていますが、その理由については特に言及していません。この点は、貸主の承諾を得ずに借主が借地上の建物を大修繕した場合の判例（大修繕がなかったと仮定した場合の朽廃時期において借地権が消滅する（最判昭42・9・21判時498・30【事例7】）。）と同様の考え方をしたものといえます。

　また、本判決では、旧建物の朽廃時期の認定材料として、旧建物の建築材料や構造等から予想される耐用年数、旧建物を取り壊した際の取壊部分の状況、増改築工事を担当した大工の耐用年数の見立て、隣地に立つ同時期に同様の材料で建築された建物を資料とした鑑定結果などを用いており、実務における立証活動の参考となります。

　さらに、本判決では、借地権の消滅時期を確定した上で、将来（おおむね4年後)における明渡しを命じています。その理由の1つとして、本判決は、審理に顕れたＹ側の態度（ＹがＸの明示の反対を無視して2度にわたって増改築を強行したことを指すものと思われます。）を指摘しています。この場合、将来の明渡しまで認めなければ、Ｘが借地権消滅後に再度訴訟をせざるを得ない可能性が高いため、裁判所の判断は、紛争の一回的解決の観点から相当なものだと思われます。

2　大修繕がなされた場合の朽廃の認定時期

【事例6】　借地上の建物が朽廃しているといえるか。また、
貸主の承諾を得て借地上の建物に大修繕がなされ
た場合の朽廃時期はどのようになるか

（札幌高判昭39・2・25下民15・2・376）

判　旨

　昭和34年7月当時の本件建物は、建物全体としては丸太支柱に
よる補強と相まってなお数年間は存立を全うし得る状態にあり、
その当時店舗兼住居として使用されていたのであるから、いまだ
建物としての社会経済上の効用を失っておらず、朽廃していたと
はいえない。

　借主が、借地上の建物の朽廃すべかりし時期以前に、貸主の承
諾を得て、これに大修繕を加え、そのため建物の命数が延長され
た場合には、当該借地権は修繕後の建物が現実に朽廃するまで消
滅しないものと解するのが相当である。

事案の概要

　Aは本件土地を所有し、Bにその処分及び管理の権限一切を委任し
ていたところ、昭和元年には本件土地をCに賃貸し、Cは本件土地上
に本件建物を建築した。Cは昭和11年に死亡し、Yが相続により本件
建物及びCの借主の地位を承継した。

　Xは、本件建物（3戸に区切られていたうちの1戸）の借主であり、
これを店舗兼住居として利用していたところ、昭和34年6月29日には、
Bを通じて本件土地をAから購入し、登記を具備し、Aの貸主として
の地位を承継した。

　昭和34年7月の本件建物の状況は次のとおりであった。

増改築の経過	昭和元年に木造2階建下見板張の建物として建築され、昭和10年頃道路に面する西側奥行約2.7mの部分を3階建とし、この部分をモルタル塗に改装した。建築からは約30年が経過している。
屋根、壁、2階部分、3階部分	著しい廃損部分はない。
1階部分	階下土台の部分の腐蝕、老朽化は甚だしく、ほとんどその用に堪えず、1階柱の一部は土台との接合部附近において腐蝕して耐力が減退し、土台と柱、柱と梁の接合に緩みを生じた箇所もある。
建物全体	上記1階部分の状況により、やや北側に傾斜している。
補強の状況	昭和25年頃以降に、正面及び両側面に末口20cm、長さ約9.7mの3階軒下に達する合計7本の丸太電柱材を立て、建物の柱にボルト締めして建物の補強支柱としてきたが、丸太支柱には特別な基礎がなく、かつ格別防腐処置を講じていないので、数年内には補強効果が失われ、建物全体が倒壊の危険にさらされる状態にある。
使用状況	本件建物は3戸に区切られ、X外2名が賃借しているところ、それぞれ店舗や住居として各別の支障なく使用を継続している。

　Yは昭和34年2月頃、本件建物の保安上早急に修理が必要であると考え、Aの代理人であるB及び本件建物の借主であるX外2名から工事の承諾（Xらについては、一旦退去した後、工事後に再入居させることを約束）を得て、本件建物の修繕工事（建物全体を持ち上げて地下に割栗石を入れ、コンクリートの束石を約40本立てて新しい土台石を置いた上、旧土台の木部を全部取り替え、柱の腐蝕の著しいものは新材と取り替え又は添え木を当てて補修し、内部の梁の落ちかかったところを補修して建物の傾斜を矯正したほか、屋根の一部葺き替え、

外部モルタル補修等の工事）を行い、結果、本件建物の耐用年数は以後20年以上になった。工事後には、約束どおりXらが再入居した。

　なお、Xは、本件建物の借主としての自己の立場を強固にするために本件土地をAから購入しているところ、BがYによる修繕を承諾したことに異議は述べず、買受け後も本件借地契約を維持する旨をBに約していた。

　このような事実経過の下、Xは、本件建物が昭和34年2月1日頃には朽廃していたこと、仮にそうでなかったとしても、昭和37年7月30日頃には朽廃すべかりしものであったことから借地権は消滅しているとして、Yに対し建物収去土地明渡しを求めて訴訟を提起した。

　第一審が請求を棄却したため、Xが控訴した。

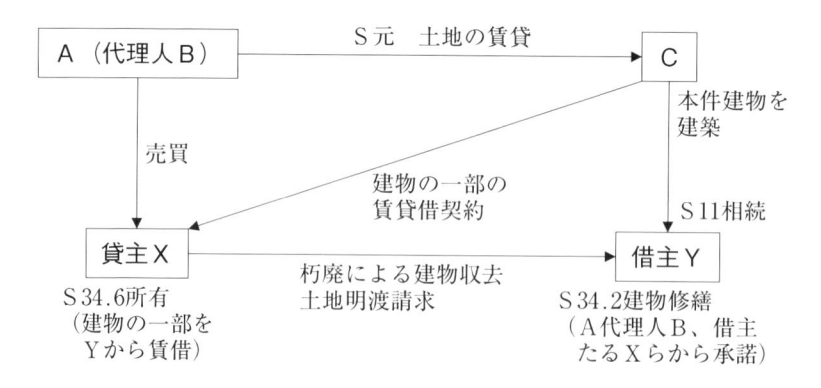

裁判所の判断

　本判決はおおむね以下のとおり判示して、控訴を棄却した。

　旧借地法2条1項但書にいう「朽廃」とは、建物の構造の各部における材料そのものに浸透した物質的腐朽のみを指すものでなく、建物の要部に生じた腐蝕状態によって建物全体がもはや構造上の意義を失った場合換言すれば建物としての社会経済上の効果を失った場合を指す。昭和34年7月当時の本件建物は、その主要構成部分である土台が

ほとんど全面的に廃損し柱の一部も腐蝕老朽化しこれに基因して建物に傾斜を生じていることが明らかではあるが、建物全体としては丸太支柱による補強と相まってなお数年間は存立を全うし得る状態にあり、その当時店舗兼住居として使用されていたのであるから、いまだ建物としての社会経済上の効用を失っておらず、本件建物が昭和34年2月1日の時点で朽廃していたとはいえない。

　本件建物にはその後大修繕が施されており、昭和37年7月30日当時現実に朽廃していなかったことは明白であるところ、借主が借地上の建物の朽廃すべかりし時期以前に、貸主の承諾を得た上で建物に大修繕を加えた場合には、当該借地権は修繕後の建物が現実に朽廃するまで消滅しないものと解するのが相当である。貸主の承諾がなされたときは、大修繕により命数延長された建物が現実に朽廃するまで借地関係を存続させることの暗黙の合意が当事者間に成立したものと推認することが相当であるからである。

　本件では、Yによる大修繕について貸主Aの代理人Bが承諾しており、貸主の地位を承継したXは承諾の効果も承継する。また、Xは、本件建物の借主として本件建物の修繕を了解しており、本件土地購入時には、Bに対し、引き続きYに対して本件土地を賃貸する旨確約しているのであるから、承諾の効果を承継したとしても不測の損害を被ることはない。

　そうすると、本件では、昭和37年7月30日の時点で現実に本件建物が朽廃していないのであるから、借地権が消滅することはなく、Xの請求は認められない。

コメント

　旧借地法の適用のある借地契約（法定存続期間のもの）において、借地上の建物が朽廃した場合には借地権は消滅する（旧借地2①但書）ところ、本件では、大修繕前の本件建物が朽廃に至っていたのかという

点と、大修繕後に朽廃判断の対象となる建物は大修繕前後のいずれに
なるのかという点について、判断が示されています。

　まず、大修繕前の本件建物の状態については、主要構成部分である
土台の全面的な廃損、柱の一部の腐蝕老朽化などにより傾斜が生じて
いることまで認めながらも、補強により数年の存立が全うし得る点や
店舗兼住居として使用されていた点を踏まえ、朽廃を否定しました。
借主が保安上の観点から大修繕が必要であると考えている状態であっ
たとしても、実際の使用には供されており、本件建物はいまだ社会経
済上の効果を失っていないという判断だと思われます。裁判所は、借
地権消滅という重大な効果の伴う「朽廃」の認定を厳格に行っている
ところ、本判決ではその傾向を読み取ることができます。

　次に、大修繕がなされた場合の朽廃判断の対象となる建物について、
本判決は、貸主が大修繕を承諾した以上は、当事者間において大修繕
後の建物が現実に朽廃するまで借地関係を存続させることの暗黙の合
意が成立したと推認できるとして、朽廃判断の対象は大修繕後の建物
となる旨示しています。この点は、当事者の合理的意思解釈としても
妥当だと思われます。なお、本判決よりも後になされる最高裁昭和42
年9月21日判決（判時498・30【事例7】）では、貸主が大修繕に反対の意思
表示をしていたことを重視して、大修繕前の建物を基準に朽廃の判断
をしています。

≪参考判例≫
○借地上の建物について、借主が、残存借地期間を超えて存続させるよう
　な改築同然の大修繕を行う場合、貸主は、旧借地法7条の法意を類推して、
　異議を述べることができると解すべきであるが、その反面、遅滞なく異
　議を述べずに修繕工事が完成した場合、その後に、当該修繕がなければ
　建物が朽廃すべかりし時期における借地権消滅を主張することは許され
　ない。（札幌高判昭39・6・19判時390・36）

【事例7】　貸主の反対にもかかわらず借地上の建物に大修繕がなされた場合の朽廃時期はどのようになるか①

（最判昭42・9・21判時498・30）

判　旨

　本件建物築造後の経過、本件建物の修繕前の状況、本件修繕の実態、修繕当時の老朽の度合などや、特に貸主が大修繕工事反対の意思表示をしていたことに鑑みると、本件借地権は、大修繕工事がなければ本件建物が朽廃すべかりし時期において消滅したと解することができる。

事案の概要

　借主Yは、貸主Xからの借地である本件土地上に、本件建物（アパート）を建築し、第三者に賃貸していた。

　本件建物は、昭和14年に古材を用いて建築され、昭和29年に台風の被害により屋根の約3分の2を修理したものの、昭和33年6月頃には、次の状態であった。すなわち、周囲の土地の地盛と家屋の新築・改築により本件建物のみが他より低くなり、いわゆるくぼ地に建てられたような状態となり、床下に水がたまり、便所の汚水が床下に流れ、極めて不衛生で、柱の下の部分は床板すれすれのところまで浸水し、水に漬かっていた柱の部分はほとんど腐蝕し、屋根もかなり傷み、壁は下見板が腐り、南西側の非常階段は腐朽破損して使用不能の状態で、玄関の土台石も腐蝕して戸の開閉ができず、建物を支える柱の下部の腐蝕により、建物が北東及び北西側に傾き倒壊防止の支え棒がされていた。そして、消防署からは建物の改修を要望されている状況であった。

　そこで、Yは、昭和33年6月から7月までの2か月間にわたり、本件建物に次の修繕を行った。すなわち、くぼんで水のたまっている土地部分に砂を埋め布コンクリートの基礎にブロックを積み上げてセメント

で固めて基礎を約2尺上げ、その上に家屋の土台を据え付け、支柱の腐蝕部分を切りとって継ぎ足し、増築部分には新しい柱を入れ、内壁の破損部分には新しいベニヤ板を補い、外壁部分をラス・モルタル塗りとし、軒裏・屋根を板張・柾葺から亜鉛鍍金張りとし、玄関を板張土間から腰モルタル仕上げコンクリート土間とする等であった。

　Xは、Yによる本件建物の修繕について、工事開始の1か月余り前である4月24日にはがきにて、土台直しなどの根本的な修繕をしないように申し入れ、修繕工事完成前の7月10日には大改修を理由として借地契約を解除する旨の意思表示をして異議も表明した。

　かかる事実経過の下、Xが、本件建物の朽廃による借地権消滅を理由として、Yに対して、建物収去土地明渡しを求めて訴えを提起した。

　第一審は、「朽廃」（旧借地2①但書）の意義について、現実に当該建物がその建物としての効用を全うし得ない程度に腐朽頽廃した場合のみをいうとする立場を採り、建物の同一性が維持されるのであれば、大修繕という経過があったとしても、現に建物が腐朽頽廃の状態に達していない以上は借地権が消滅することはないとして、Xの請求を棄却した。

　しかし、控訴審は、貸主が大修繕を積極的に承諾していた場合や、何ら異議を述べずに工事の完成を許した場合などには、大修繕後の建物の現実の朽廃状況を基準にすることもあるとする一方で、貸主が大修繕に対し、その着手前から反対の意図を表明し、あるいは工事中に遅滞なく異議を述べているのに、これを無視して改築同様の大修繕工事を完成したような場合には、借主が大修繕を繰り返して建物が永久に朽廃しないという事態（旧借地法の規定の空文化）を避けるために、民法施行法44条3項の法意を類推して、当該借地権は、大修繕前の建物が朽廃すべかりし時期において消滅するものと解すべきだとした。そして、本件では、大修繕がなければ本件建物が朽廃したと考えられる時期に借地権は消滅する、との判断を示した。

　これに対し、Yが上告した。

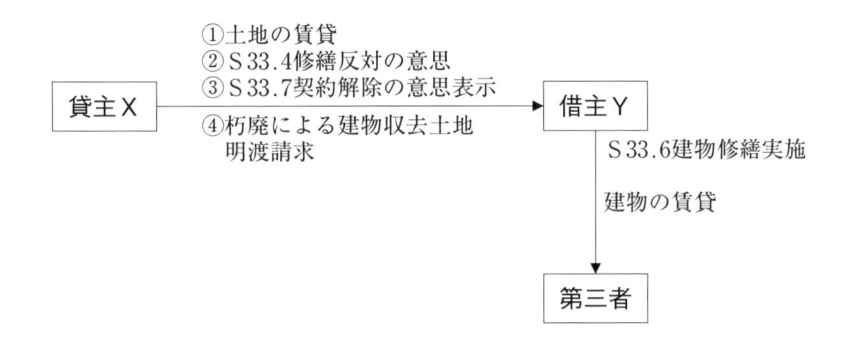

裁判所の判断

　本判決は、おおむね以下のとおり判示して、上告を棄却した。

　控訴審にて認定された事実関係における本件建物築造後の経過、本件建物の修繕前の状況、本件修繕の実態、修繕当時の老朽の度合など、とくに土地所有者であるXがYに対し工事前に反対の意図を表明し、かつ、工事完成前にも異議を表明していたことに鑑みると、本件借地契約は、本件修繕工事がなければ朽廃すべかりし時期である昭和36年7月末日には遅くとも終了したと解することができる旨の控訴審判決の判断については、当審も正当として是認することができる。

コメント

　旧借地法の適用のある借地契約（法定存続期間のもの）においては、借地上の建物が朽廃した場合には借地権は消滅します（旧借地2①但書）。借地上の建物について、借主が通常の修繕をすることは許されますが、大修繕は特約で禁止されていることが多くあります。

　本件は、借地上の建物の朽廃の判断をするに当たり、大修繕前後のいずれの状態を基準とするかについて、判断を示したものとなります（なお、控訴審では、大修繕禁止特約がなかったとのYの主張は認め

られていませんが、当該特約違反の有無や効果についての直接の判断
は示されていません。）。

　本判決は、一般的な規範を立てることはしておらず、事例判決では
ありますが、判断に当たり、本件建物築造後の経過、本件建物の修繕
前の状況、本件修繕の実態、修繕当時の老朽の度合などを要素としつ
つ、「とくに土地所有者の被上告人が上告人に対し工事前に反対の意
図を表明しかつ工事完成前にも異議を表明していたこと」を指摘して
おり、特に貸主の姿勢を重視しているように思われます（なお、控訴
審では、貸主が異議を述べず工事を許容していた場合には、貸主が大
修繕前の建物を基準として朽廃を主張することは許されない、との言
及があります。）。

　この点は、借主が大修繕を強行しようとした場合の貸主側の対応と
して参考になります。

　また、本判決では、朽廃判断のための具体的な基礎事実が詳細に指
摘されています。「朽廃」は借地権消滅という重大な効果が伴うもの
であり、裁判所は、その認定を厳格に行っています。本判決は、朽廃
の肯定事例として、どのような要素が指摘されているのかを把握する
点でも参考になるものと思われます。

≪参考判例≫
○旧借地法2条1項但書の「朽廃」について、借地上の建物が通常の修繕を重
　ねても自然の推移により朽廃すべき時期に達したときは、借主が大修繕
　を加えたがために現在いまだ朽廃していないとしても、同規定に該当し、
　借地権は消滅する。（大判昭9・10・15民集13・21・1901）
○旧借地法附則17条1項の「但シ建物カ此ノ期間満了前朽廢シタルトキハ借
　地権ハ之ニ因リテ消滅シ云々」との規定における建物の朽廃について、
　借主がその建物に大修繕等を加えた場合には原建物が朽廃すべかりし時
　において借地権が消滅する。（大判昭13・2・9民集17・3・193）

【事例８】　貸主の反対にもかかわらず借地上の建物に大修繕がなされた場合の朽廃時期はどのようになるか②

（神戸地判昭60・5・30判タ562・134）

判　旨

　本件のように借主が貸主の反対表明を無視して大修理を完成させた場合における本件建物が朽廃すべかりし時期は、本件工事前の本件建物に、何らの修繕をも加えないで放置しておいた状態ではなく、これに通常加えられるべき補修、修繕をした状態を基準として、それでもなお朽廃すべき時期と解するのが相当である。

事案の概要

　借主Ｙは、貸主Ｘから賃借した借地上に本件建物を所有していたところ、昭和57年5月頃の本件建物の状況は次のとおりであった。

現在までの経過	明治41年頃旧租借地に建築され、大正11年頃本件土地上に移築され、70年以上が経過している。移築後、数回にわたって必要に応じた補修、修繕はなされている。
建物全体	全体的に老朽化が進み、柱、梁等の軸組、大引、根太、床板等の床組の各一部に腐蝕損傷個所があり、しかも建物全体が2階軒先で少なくとも35cm南側に傾き、鴨居等も下り、そのため窓と壁との間に隙間ができたり、窓や戸の開かない部分や開き難い部分がある。また、1階天井がきしんだり、壁がふくれるなどしているので、通常時はともかくとしても、地震、台風等の災害時には倒壊の危険もあり、建物全体の修理が必要とされている。
使用状況	建物中央に間仕切りがあって東側と西側に区分され2世帯が居住していた。東側の借主は、昭和56年2月末

> 頃に立ち退き、以後空室となっている。西側の借主は、家族と共に昭和57年3月頃まで居住していたが、Yから修繕のための退去を求められ、退去している。

　Yは、昭和57年4月末より4か月間にわたり本件建物の修繕工事を行った。

　本件工事は、屋根瓦、内外壁、間仕切り及び1階床組等を全部取り払い、2階サンルーム、物干場、台所及び風呂場等も全部撤去し、多数のジャッキで建物全体を支えながら、また、数多くのチェーンを使用して崩壊を防止しながら、本件建物の傾きを矯正しつつ行われた。

　内容についても、従来の基礎にコンクリートブロックを積み上げて補強し（40個所くらい）、その上に新しい土台を置き、少なくとも全体の約20％の柱を取り替え、補修補強等の必要な柱は全て補修補強し、中央の間仕切り壁を取り除いた後に新しく通し柱の間柱を入れた。また、床組についても、大引、根太、床板等の大部分と、2階床の根太の一部を取り替え（その際床組の組替えもした。）、2階床板を全部ベニヤ板に張り替え、2階床梁のうち、重要個所の少なくとも2個所をH型鋼で、その他の少なくとも4個所を補強用の梁木を取り替えて補強した。他方で、数年前に補修した2階梁、垂木、野地板等の小屋組についてはごく一部の補修に留まった。

　本件工事後には、天井は漆喰天井からボード張り天井に、また、内外壁も竹下壁からプラスター壁にそれぞれ取り替え、屋根瓦も新しく葺替え、開口部等も新しいものに取り替えられた。

　本件建物は、居住用建物から「異人館」としての観光用建物に使用目的を変更し、その用途に応じて内部構造も大幅に改造された。

　本件工事について、XはYに対してその着手前から反対の意図を表明し、また、本件工事中にも遅滞なく異議を述べたり本件工事禁止の仮処分決定まで得たが、Yは、それに先がけて自身の主張に基づく仮

処分決定を得て本件工事を続行完成させた。

　このような事実経過の下、Xは、本件建物は昭和59年5月頃には朽廃すべかりし時期にあり、借地権は消滅しているとして、Yらに対し建物収去土地明渡しを求めて訴えを提起した。

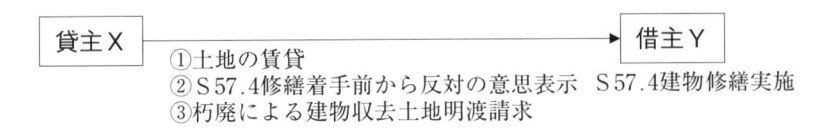

貸主X
①土地の賃貸
②S57.4修繕着手前から反対の意思表示　S57.4建物修繕実施
③朽廃による建物収去土地明渡請求
借主Y

裁判所の判断

　本判決はおおむね以下のとおり判示して、請求を棄却した。

　本件建物は、本件工事着手前の昭和57年5月当時、上記の状況にはあったものの、骨格等の構成部分により自力で地上に存立し、普通の修理加工を加えれば建物としての機能効用をなお相当期間維持存続し、従前の居住用建物としての使用にも耐え得る状況にあった。本件建物は、全体的にみてまた社会通念に照らし、もはや建物としての構造上の意味機能と効用を消失した朽廃状態にあったものとは到底解されない。

　本件工事は、規模内容、期間費用、本件建物の工事前の状況と老朽の度合等に鑑みると、本件建物について通常行われる修繕の域を超えた改築工事とも解される。他方で、使用目的の変更や観光用建物「異人館」として神戸市の指導の下安全性確保の観点から普通の修繕以上に念入り慎重頑丈に補強修繕工事が行われたことなども総合考慮すると、本件工事は、補修、修繕工事の域を出ていないとしても、これが本件建物のかつての居住用建物の修理としては通常の修理の域を超えた大修理であることは否定できない。

　本件のように借主が貸主の反対表明を無視して大修理を完成させた

場合における本件建物が朽廃すべかりし時期は、本件工事後の本件建物の現状により決すべきではなく、また、本件工事前の本件建物に何らの修繕をも加えないで放置しておいた状態で決すべきでもない。本件工事前の本件建物に、通常加えられるべき補修、修繕をしたとしてもなお朽廃すべき時期と解するのが相当である。

　本件工事前の本件建物に通常程度の修繕を加えると、本件建物はなお相当期間（証拠上はその期間までは具体的に明らかにされていないが、X主張のような短期間でないことは明らかである。）建物としての機能効用を維持存続しその使用に耐え得るものであることが明らかであるから、本件建物はX主張の時期や本件口頭弁論終結時（昭和60年3月19日）においても、朽廃すべかりし時期にはなく、Xの請求は認められない。

コメント

　本件では、貸主が反対しているにもかかわらず、借主が通常の修繕を超えた大修繕を強行した場合において、朽廃すべかりし時期の判断対象となる建物をどう考えるかについて、判断が示されています。

　この点、判例（最判昭42・9・21判時498・30【事例7】）は、貸主が大修繕工事に反対しているなどの事情がある事案において、大修繕前の建物を基準として、それが朽廃すべかりし時期に借地権が消滅するとしています。

　本判決は、当該判例と同様に、大修繕前の建物を基準とした上で、大修繕前の当該建物に通常加えられるべき修繕をしたとしてもなお朽廃すべき時期と解するのが相当であるとの判断を示しており、その点が注目すべき部分になっています。

【事例9】　貸主の容認なく借地上の建物に大修繕がなされた場合の朽廃時期はどのようになるか

（大阪地判平10・12・18判タ1001・239）

┌ 判　旨 ┐

　借主が借地上の建物に大修繕をした場合、当該建物がその自然の推移により朽廃すべかりし時期に達したときは、たとえ大修繕の結果現実にはいまだ朽廃しているとはいえないときでも、旧借地法2条1項但書により、借地権は消滅する。

　ただし、借主による大修繕を貸主が容認したと認められる事情が存する場合には、当事者の合理的な意思解釈として、借地期間は大修繕により延長された建物の耐用年数ないし当初の存続期間の満了時まで延長されるものと解するのが相当である。

事案の概要

　本件借地契約は、貸主Aと借主Bとの間において、非堅固倉庫所有目的で、昭和15年頃ないし昭和20年頃に締結された。Bは、昭和20年の末ないし昭和25年頃には、本件借地上に本件建物を建築した。

　その後、数次の相続により、本件借地の所有権及び貸主の地位はXらに移転した。他方、Bは、昭和28年に法人成りし、本件建物の所有権及び借主の地位はYに移転した。

　本件建物については、修繕が行われているところ、修繕内容や当初建物の残存具合は次のとおりであった。

基礎、柱	建築当初の柱（旧柱）は基礎石を置くことなく、直接土の中に埋め込んで立てられていたところ、その埋込み部分が腐蝕し荷重を支える本来の機能を果たせないため、旧柱を残置したままその内側に補強のための添柱（新柱）が立てられている。

	旧柱の外側には杉板が鎧張りされていたところ、この建築当初の杉板は一部分しか残っておらず、ほとんどが張り替えられている。 　杉板の外側及び新柱の内側には、波鉄板が土中に20～30cmまで差し込んだ状態で張られている。 　旧柱の補強添柱として新柱が立てられるとともに、旧柱と新柱は、外側からは杉板と波鉄板で、内側からは波鉄板でサンドイッチ状に挟み込まれ、柱の補強がなされている。
屋　　根	屋根部分は、旧柱の上に載せた建築当初の軒桁はそのままにして、新柱の端面に切込みを入れて新たな梁が設けられ、その上に新たな母屋が設けられ、その上に新たな波鉄板が張られ、梁の随所にほうづえ等の補強材が設けられている。建築当初のものは、小屋組の軒桁のほか、建物のごく一部分の梁、束柱しか残っていない状態である。
床	建築当初、床組は存在しなかったが、床にコンクリートブロック束石が配置され、束柱、大引、根太が設けられ、床板が張られて、床組が新設されている。これら床組の床材が新柱と金具で結合され、新柱の補強がなされている。

　上記のとおり、本件建物は、建築当初にはなかった柱、壁体補強、新設屋根組と新設床組との接合により、耐力を持たせ、倒壊を防いでいる状態にある。構造体の大部分が修理により新しい材に替わっていなかったとすれば、建築当初の本件建物は、柱の埋込み部分の腐蝕、波鉄板屋根の夏期の熱さ及び湿気による下部屋根材（母屋等）の腐蝕により、耐用年数が20年ないし25年であったと推認されるところである。

　Ｘらは、昭和58年8月に本件建物が朽廃していることを理由としてＹに対し、建物収去土地明渡調停を申し立て、これが不調となると、昭和59年1月には同内容での訴訟を提起した（本件前訴）。しかし、当

時の本件建物は朽廃状態ではなく、現況の補修状態を維持すればその後の耐用年数は10年程度であるとされ、請求は棄却された。

　その後、平成8年になって、Xらは、本件建物は遅くとも平成7年12月末頃には朽廃すべかりし時期に至り借地権が消滅したことなどを理由として、Yに対して、建物収去土地明渡しを求めて訴訟を提起した。

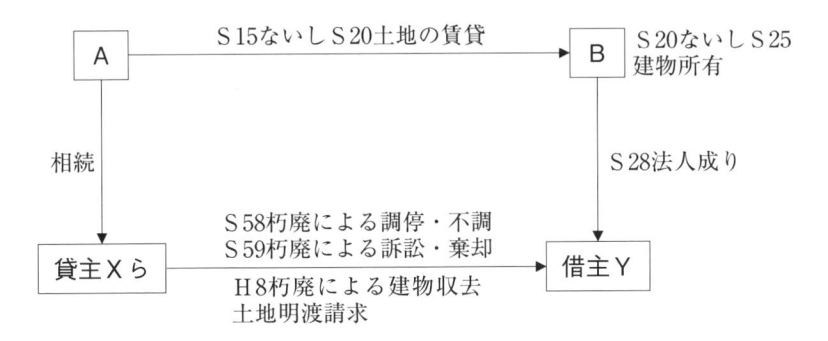

A ── S 15ないしS 20土地の賃貸 ── B　S 20ないしS 25 建物所有

相続　　S 28法人成り

貸主Xら ── S 58朽廃による調停・不調／S 59朽廃による訴訟・棄却／H 8朽廃による建物収去土地明渡請求 ── 借主Y

裁判所の判断

　本判決はおおむね以下のとおり判示して、明渡請求を認容した。

　本件建物の現在の状況は、柱、壁、屋根、床に修繕が加えられており、朽廃に至ってはいないが、Yがした修繕は、本件建物の命数を大幅に延長するもので、通常の修理の域を超えた大修繕に当たる。本件建物は、大修繕がされていなければ、遅くとも平成7年12月末日には、その自然の推移により朽廃するに至っていたということができる。

　借主が、借地上の建物に大修繕をした場合であっても借地権が消滅するのは建物が現実に朽廃したときであると解するとすると、借主は大修繕を繰返し行うことにより建物を朽廃に至らないようにすることができるから、旧借地法2条1項但書は事実上空文になりかねない。

　したがって、同規定は、借主が借地上の建物につき通常の修理の域を超えた大修繕をした場合、当該建物がその自然の推移により朽廃す

べかりし時期に達したときは、たとえ大修繕の結果現実にはいまだ朽廃しているとはいえないときでも、借地権は消滅することを定めたものである。ただし、借主による借地上建物の大修繕を貸主が容認したと認められる事情が存する場合には、当事者の合理的な意思解釈として、借地期間は大修繕により延長された建物の耐用年数ないし当初の存続期間の満了時まで延長されるものと解するのが相当である。

　本件では、Yによる大修繕は本件建物内部に入らなければ認識し得ないところXらの先代が内部に入ったことはなく、Yが大修繕内容をXらの先代に通知したこともない。また、本件前訴での鑑定結果でもXらは大修繕を認識することはできなかった。そのため、Xらが大修繕を容認していたとはいえず、本件借地権は、前記の建物朽廃時期に消滅したというべきである。

コメント

　本判決は、借地上の建物に大修繕がなされた場合について、判例（最判昭42・9・21判時498・30【事例7】）と同様に、大修繕がなければ当該建物が朽廃すべかりし時期に借地権が消滅するとしています。

　もっとも、同判例では、貸主の意思以外に、本件建物築造後の経過、本件建物の修繕前の状況、本件修繕の実態、修繕当時の老朽の度合などの判断材料にも言及しているのに対し、本判決では特にこの点には触れていません。他方で、本判決では、借主が大修繕を容認していた場合には、当事者の合理的な意思解釈を根拠として、借地期間が、大修繕により延長された建物の耐用年数又は当初の存続期間の満了時まで延長されるとしており、具体的な延長期間にまで言及しているところに特徴があります。

　なお、結果として、（大修繕前の建物を基準として）建物朽廃を認定した事案としても参考になるものと思われます。

3　朽廃における賃借権譲渡許可

【事例10】　借地上の建物が朽廃に近い場合に賃借権譲渡許可
にはどのような影響があるか

（東京高決平5・11・5判タ842・197）

> **判　旨**
>
> 　借地上の建物が朽廃に近い状態であり、今後短期間のうちに朽
> 廃の状態に到達し、それに伴い借地権が消滅する可能性が高い場
> 合には、譲渡を許可したとしても、通常、貸主が修繕その他改築
> について承諾する可能性は低く、裁判所もその許可をすることが
> 適当ではない場合が多いので、譲受人は建物買受けの目的を達成
> できない可能性が大きく、このような場合には、譲渡承諾に代わ
> る許可をすることは相当ではない。

事案の概要

　借主Xは、昭和47年に貸主Yから本件土地を約定借地期間20年で賃
借し、借地上に本件建物を所有していたが、これを第三者に譲渡する
に当たり、Yの承諾を得られなかったため、賃借権譲渡承諾に代わる
許可の裁判を求める申立てをした。

　本件建物の状況は次のとおりであった。

築年数	築57年が経過している。
管理状況	平成2年半ば（原審申立ての2年ほど前）から空き家であり、通常の維持修繕もなされず放置されている。
屋根の状態	日本瓦で葺かれた屋根は、大棟の中央が沈下し全体にゆがんでいる。瓦は一部欠損や剥がれたりしているだけでなく、屋根全体においてずれがあり、瓦を支える葺土、野地板、ルーフィングの老朽化、腐朽化も激し

	い。
内部の状態	建物全体が雨漏りし、各部屋の天井、内壁のベニヤ板の剥がれ、腐朽、畳の腐り、壁のひび、剥がれなど、腐朽破損が進行している。内部の6畳間については、天井に穴があき、空が見える状態であり、畳は、腐って液状化している。
外壁の状態	外壁のトタンは、腐食、腐朽し剥がれており、一部の戸袋は腐朽してもげそうな状況にある。
戸の建て付けの状態	雨戸の建て付け、ガラス戸の開閉は固く悪い。
基礎や床の状態	基礎についても、浅いところが多く、土台の一部は、完全に腐食し、残りも腐食が入り始めている。床の一部は、根太、床板が損傷して、弱くなっている。
柱の状態	柱には傾斜がみられる。

　第一審は、本件建物が老朽化している（朽廃に至ったとまでは認めていないようである。）ことや約定借地期間が満了しXからYに対して本件土地の明渡訴訟が提起されていることなどを考慮し、鑑定委員会の意見を増額した財産上の給付（借地権価格の13%）を条件としたものの、譲渡自体は許可した。

　これに対し、Yが抗告した。

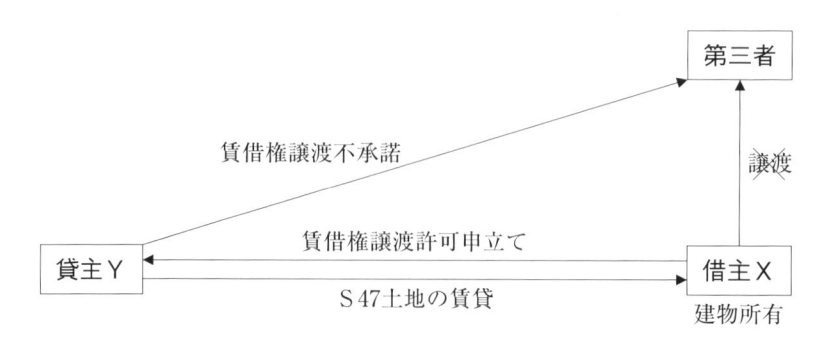

裁判所の判断

　本決定はおおむね次のとおり判示し、本件での賃借権譲渡許可については、第一審の結論を変更して、Xの申立てを棄却することが相当であるとした。

　上記の状況からすると、本件建物は、既に朽廃に近い状態であり、今後短期間のうちに朽廃の状態に到達し、それに伴い借地権が消滅する可能性が高いものと認められる。このように借地権が今後短期間のうちに消滅する可能性が高い場合、借主が建物の修繕や改築を希望しても、貸主がこれを承諾しない可能性が高く、この場合、裁判所が承諾に代わる許可をすることが適当でない場合も多いため、譲受人が借主からかかる建物や賃借権を譲り受けても、その建物を利用することができず、買受けの目的を達成することができない可能性が高い。

　そして、このような売買の目的を達成することが困難な事情があるにもかかわらず賃借権譲渡を許可してしまうと、借地をめぐる紛争の予防を目的として制定された賃借権譲渡許可の制度の趣旨に合致しないことになる。

　そうすると、本件では、賃借権譲渡を許可することは相当ではない。

コメント

　借地借家法19条は、賃借権の譲渡について、貸主の承諾が得られない場合には、裁判所において、承諾に代わる許可を与えることができる旨を規定しています。

　そして、承諾に代わる許可に当たって、裁判所は、「賃借権の残存期間、借地に関する従前の経過、賃借権の譲渡又は転貸を必要とする事情その他一切の事情を考慮しなければならない」とされています（なお、具体的に摘示されている3要素は、例示ではなく、常に考慮される

べき事項だとされています。）。

　本決定は、承諾に代わる許可の裁判に当たり、借地上の建物が朽廃
に近い状態にあること、すなわち、今後短期間のうちに、建物朽廃に
より借地権が消滅する（旧借地2①但書）可能性が高いことを考慮し、こ
のような場合には、賃借権譲渡の許可をすることは相当ではないとの
判断を示したものとなります。

　本件では、約定借地期間である20年が経過しています。契約更新に
関する詳細は不明であるため、本決定が、本件建物が短期間のうちに
朽廃し借地権が消滅するであろうことを「賃借権の残存期間」として
考慮したのか、「その他一切の事情」として考慮したのかは明確には分
かりませんが、いずれにせよ、借地上の建物が朽廃し賃借権が消滅す
る可能性がある場合には、仮に譲渡を許可したとしても、譲受人が、
当該建物を利用することは困難である（そのままでの利用が困難であ
ることはもちろん、多くの場合増改築禁止特約があり、朽廃が近い建
物について、貸主や裁判所が増改築の許可をする可能性も低いと思わ
れます。）ため、結論として、承諾に代わる許可をしなかったことは妥
当であると思われます。

　なお、本件では、第一審は、本件建物が老朽化していることは認め
つつも、朽廃が近いことまでは認定しなかったようです。旧借地法の
適用のある借地契約（法定存続期間のもの）において、建物朽廃は借
地権消滅という重大な効果を伴うものであるため、朽廃の有無は、非
常に厳格に判断されています。本決定が第一審と結論を異にした最も
大きな理由は、建物朽廃の有無という事実認定にあるともいえますの
で、裁判所が建物のどのような状態を踏まえて朽廃の認定をしたかと
いう点も、実際の事件処理において参考になります。

4　建物滅失の場合の借地契約更新

【事例11】　使用継続による借地契約の法定更新前に滅失した
　　　　　　借地上の建物の朽廃すべかりし時期が更新後に到
　　　　　　来した場合に借地権は消滅するか

（最判昭47・2・22判時662・36）

判　　旨

　借地期間満了前に借地上の建物が滅失し、借主が建物を再築し、貸主が遅滞なく異議を述べた場合において、借地期間の満了に伴い旧借地法6条による更新があった後に、当該滅失建物の朽廃すべかりし時期が到来したとしても、更新後の借地権は、これにより消滅するものではないと解するのが相当である。

事案の概要

　借主Y₁は、昭和7年から昭和12年の間に、貸主Aから本件借地（3筆）を木造建物所有目的で賃借し、旧建物を建てていたが、昭和26年に旧建物は火災により焼失した。

　そのため、Y₁は、本件借地上に、本件建物を再築した。本件建物は、借地権の残存期間を超えて存続すべきものであったことから、Aは、遅滞なく再築に対する異議を通知した。

　Aは昭和34年に死亡し、本件借地の所有権及び貸主の地位はXらが承継した。Y₂はY₁から本件建物を賃借した者である。

　その後、本件借地の借地期間は満了となったところ、XらはYらの使用継続について、遅滞なく異議を述べた。

　上記の事実経過の下、Xらは、借地期間満了又は旧建物の朽廃による借地権消滅を理由として、Yらに対し、建物収去土地明渡しを求め

て訴えを提起した。

　本件訴訟は、Xらによる請求のうち賃料請求の一部を除いては棄却され上告審まで進んだが、賃料に関する点で判断遺脱があったとして、控訴審判決が破棄差戻しとなった。

　差戻後控訴審判決は、借地契約の使用継続による法定更新（旧借地6）について、Xらの異議には正当事由がなく、借地契約は更新されたとの判断を示した。その上で、Xらが主張する、旧建物が滅失することなく存続したとすれば、その朽廃すべかりし時点すなわち昭和43年8月31日に本件借地の借地権は全て消滅したとの点について、本件借地の借地権はそれぞれ期間満了後本件建物が存在するものとして旧借地法6条により法定更新され、更に新たな存続期間が進行中であるのであるから、その途中において旧建物が朽廃したとしてもその時点において本件借地の借地権が消滅するいわれはない、として旧建物を基準とした朽廃による借地権消滅を認めなかった。

　これに対し、Xらが上告した。

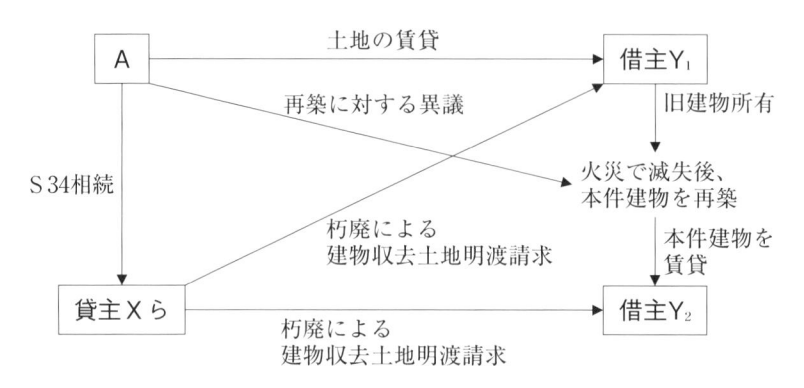

裁判所の判断

　本判決はおおむね以下のとおり判示して、上告を棄却した。

　旧借地法2条1項所定の存続期間を有する借地権につき、借地期間満

了前に建物が滅失し、借主が建物を再築し、貸主が遅滞なく異議を述べた場合において、残存期間の満了に伴い同法6条による更新があった後に、当該滅失建物の朽廃すべかりし時期が到来したときには、更新後の借地権は、これによって消滅するものではないと解するのが相当である。

　一旦借地契約が更新された以上は、更新後の借地権は、現実には、当該滅失建物ではなく、再築された建物を保持するために設定されたものとみなされるのであり、更新後の借地権の存続期間は、当該借地権に基づき存置される建物のために保障される必要がある。この場合、同法6条1項後段、5条1項後段によって準用される2条1項但書にいう建物は、更新後の借地権に基づき存置される再築された建物を指称するものと解すべきである。

　建物の再築に対し貸主が異議を述べた事情や滅失建物の朽廃すべかりし時期等は、旧借地法6条による更新につき貸主の述べた異議の正当事由の存否を判断するに際して考慮されるべきことがらである。

コメント

　本判決は、借地期間内に借地上の建物の滅失及び再築があり、再築について貸主が異議を述べたので、再築による借地期間の法定更新（旧借地7）はなかったものの、その後に、使用継続による法定更新（旧借地6）が認められた場合において、滅失前の建物（旧建物）が朽廃すべかりし時期が到来すれば、更新後の借地期間の途中であっても旧借地法2条1項但書により、借地権が消滅するかという点について、これを否定する判断を示したものとなります（この場合、旧借地法2条1項但書の判断対象となるのは、再築建物となります。）。

　本判決は、使用継続による法定更新（旧借地6）が認められている以

上、更新後の借地期間は、再築建物のためにあると考えるべきだということを理由としています。

　本判決の考え方を前提とすると、借主は、借地期間満了前に、自ら旧建物を取り壊して建物を再築する（「滅失」には、借主による任意の取壊しの場合も含むとされています（最判昭38・5・21判時345・31）。）ことにより、無制限に借地期間を延長できてしまうとも考えられます。もっとも、本判決では、再築に対し貸主が異議を述べた事情や滅失建物の朽廃すべかりし時期は、使用継続による法定更新の異議の正当事由存否を判断するに当たって考慮することになるので、貸主がいたずらに不利益を被ることはないと指摘しており、実際の事例については、適切な利益衡量を行った結論が導かれるものと思われます。

≪参考判例≫

○貸主の反対にもかかわらず借主によって借地上の建物に大修繕工事がなされたなどの事情がある場合、本件借地権は、大修繕工事がなければ本件建物が朽廃すべかりし時期の到来により消滅する。（最判昭42・9・21判時498・30【事例7】）

〔編注〕　本判決にて、借地上の建物が滅失及び再築になり、貸主が再築に異議を述べた場合において、残存期間の満了前に滅失建物の朽廃すべかりし時期が到来したときは、借地権は、その時期において消滅する、との判断の際に参照されている。

【事例12】　借地上の建物が借地期間満了までわずかの時期に
　　　　　　滅失し貸主が借主による再築に異議を述べた場
　　　　　　合、更新時の正当事由判断にはどのような影響が
　　　　　　あるか

（名古屋高判昭51・9・16判タ346・211）

判　旨

　建物滅失時に残存期間を超えて存続すべきものを再築する場
合、あらかじめ貸主の承諾が必要である旨の特約に効力はない。
　借主が借地期限まで残りわずかの時期に残存期間を超えて存続
すべき建物を建築したとしても不法ではなく、建築時期等を考慮
しても、借主の本件土地使用の必要性は貸主よりも高く、貸主の
更新拒絶及び土地使用継続に対する異議に正当事由はない。
　借主が仮処分を無視して建物を建築した点についても、借主が
仮処分を受けるいわれはなかったのであるから、これを貸主に不
利な事情とし、貸主の異議に正当事由を認めるのは相当ではない。

事案の概要

　Ｙは、昭和7年6月1日に、本件借地を本社所在地として、スレートブ
ロックタイルの製造販売を目的として設立された会社である。Ｙが利
用していた建物は、昭和20年に戦災で焼失したが、その後再建された。
　本件借地の借主は昭和7年の頃はＹ以外であったが、昭和26年5月14
日からは、Ｙとなった。他方、貸主は当初Ｘの先代であったが、その
後、Ｘとなった。本件借地契約の終期は昭和46年5月13日であった。
また、本件借地契約には、建物滅失時の再築に関し、残存期間を超え
て存続すべきものである場合には、あらかじめ貸主の承諾が必要であ
る旨の特約（本件特約）があった。
　Ｙが使用していた建物は、昭和44年3月23日に原因不明の出火によ

り、焼失した。

　Yは、建物焼失の約2か月後に本件借地の周囲にコンクリート塀を建てた。Yは、一旦本件借地の隣地にある焼け残った建物で業務を行うことにしたが、昭和45年夏頃には、一時期Aが利用することを前提に本件借地上に本件建物（事務所）を建て、昭和46年4月頃からは、これを自身で使用するようになった。また、Yは本件建物と同時期に物置（ただし、所在地番は本件借地ではない。）を、昭和46年4月末頃には作業場兼倉庫を建てた。

　Xは、昭和46年4月30日付内容証明郵便通知で、Yに対し、借地期間を超えて存続すべき建物の建築に異議を述べ、本件借地契約について更新拒絶の意思表示もした。また、その後まもなく、Xは、現状変更禁止、占有移転禁止仮処分の申請を行った。仮処分は認められたが、本件借地にてその執行が行われた当日、Yは、従前から契約していたセメントサイロ設備の搬入を受け、本件借地上に設置した。ただし、設置後に使用はしていない。

　上記の事実経過の下、Xが、Yに対して、更新拒絶による借地権消滅などを理由として建物収去土地明渡を求めて訴えを提起した。

　第一審の詳細は不明であるが、Yが控訴した。

S 26.5.14	借主Yが借地権を取得
S 44.3.23	出火により建物焼失
S 44.5	借地の周囲にコンクリート塀を設置
S 45夏	本件建物建築、Aが使用
S 46.4	本件建物をYが使用、作業場兼倉庫建築
S 46.4.30	貸主Xが借主Yに対し借地契約更新拒絶の意思表示
S 46.5.13	借地契約の終期

裁判所の判断

　XがYの再築に異議を述べたことによって、旧借地法7条による更新は生ぜず、残存期間だけ借地権が存続することになり、借地期間の満了によって借地権は消滅するが、この場合、借主は用法違反にならない限り、建物を再築することができ、残存期間を超えるというだけでは、再築を禁じたり、工事を中止させたり、借地契約を解除することはできない。したがって、本件特約（「本件土地上の建物が火災その他の事由により滅失したため、さらに借地権の残存期間を超えて存続すべき建物を築造しようとするときは、借主は予め貸主の承諾を得ることを要する」）は、旧借地法7条に反する契約条件であり、旧借地法11条によりこれを定めなかったものとみなすべきである。Yが借地期限まで残りわずかの時期に残存期間を超えて存続すべき建物を建築したからといって、これを不法ということはできない。

　そして、Yによるその事実を考慮しても、Yの本件土地使用の必要性（会社設立時たる昭和7年以来工場用地等で利用）は、Xのそれ（まだ具体的ではないものの、将来、勤務している会社を退職したら、本件土地を利用して生活の基礎にしたいというもの）に比して大なるものがあると認められるので、Xの更新拒絶及び本件土地の使用継続に対する異議には、正当事由がないものといわざるを得ない。また、Yが仮処分を無視して本件建物を建築したとの点についても、Yには仮処分を受けるいわれはなかったのであるから、同仮処分は違法であり、この点をYに不利な事情として、Xの異議に正当事由を認めることは相当ではない。

コメント

　本判決は、滅失後の再築建物が残存期間を超えて存続すべきものである場合には、あらかじめ貸主の承諾が必要である旨の特約（本件特

約）について、旧借地法7条、11条に反するものとしてその効力を否定しています。そして、その上で、Yが借地契約満了の1年ほど前から建物の再築を開始したとの事情は、借地契約更新の際の正当事由にて考慮する旨の判断を示しています。

　借主が滅失建物を再築した場合、貸主が旧借地法7条による異議を述べていたとしても、その後の更新に当たっての異議に正当事由がなければ借地契約は更新されることになります（滅失建物の再築について異議を述べた場合であっても法定更新があることを前提として朽廃に関する判断をしたものとして最高裁昭和47年2月22日判決（判時662・36【事例11】）があります。）。本判決でも同様の判断が前提とされています。

　また、本判決では、Yが現状変更禁止の仮処分を受けたにもかかわらず、執行の当日に、セメントサイロ設備を搬入、設置した点について、そもそも仮処分は（上記更新判断に反するものであり）違法であるので、これを無視したことをYに不利な事情とすることは相当ではない、ともしています。本件では仮処分自体は適正に行われていると思われるところ、結果的には誤った仮処分であったのだから、当時それに違反していたとしても更新に際しては不利な事情にはならない、ということなのでしょうが、仮処分の実効性の観点からすれば、その判断で全く問題がないのか、悩ましいところではあります。

≪参考判例≫
○借地上の建物の滅失再築について、貸主が旧借地法7条の異議を述べた場合であっても、借地期間満了に伴い旧借地法6条による更新があった後は、当該滅失建物の朽廃すべかりし時期が到来しても、更新後の借地権がこれにより消滅することはない。（最判昭47・2・22判時662・36【事例11】）

【事例13】　貸主の責めに帰すべき事由によって借地上の建物が不存在である場合に借主は借地契約の更新請求ができるか

（最判昭52・3・15判時852・60）

> **判　旨**
>
> 　貸主が借地期間満了前から借主による滅失建物再築を妨害していたような場合、借地期間満了時に借地上に建物が存在しないとしても、貸主が、それを理由として、借主には旧借地法4条1項に基づく借地権の更新請求権がないと主張することは、信義則上許されない。

事案の概要

　借主Aは、貸主Bからの借地（期間満了日は昭和48年10月12日）である本件土地上に、2棟の建物（甲建物、乙建物）を建築し、それぞれ第三者に賃貸していたところ、A、Bいずれにも相続が発生し、それぞれY、Xがその地位を承継した。

　Yは昭和39年頃、2棟の建物を改築することを考え、Xにも話していたところ、昭和45年には本件土地が区画整理の対象となったため、この機会に改築計画を実行に移すことにし、Xから一応の内諾を得た。

　そのため、Yは、借家人に対する立退交渉を進めたところ、甲建物（区画整理により道路になることが予定されていた土地部分に所在）の借家人はこれに応じ、退去したため、昭和46年のうちに甲建物を取り壊した。しかし、乙建物の借家人は立退きに応じなかったため、Yは、乙建物をそのまま本件土地の仮換地先である本件仮換地上に移築した。甲建物の取壊しや乙建物の移築について、XY間での正式な話合いはなかったが、Xが特に異議を述べるということもなかった。

　本件仮換地へ移築後の乙建物は、昭和48年5月頃に、第三者の失火により焼失し滅失した。

　そうしたところ、Xは乙建物焼失の2日後に、借地期間内であるにもかかわらず、Yに対して、本件仮換地上への建物建築禁止を通告するとともに、本件仮換地の明渡しを求めた。さらに、Xは昭和48年6月11日には、Yに対して、本件仮換地明渡しの調停を申し立てた。本件借地契約は、調停中の昭和48年10月12日に期間満了を迎えたが、合意が成立することなく、昭和49年3月25日に調停は不成立となった。

　Yは、乙建物焼失後、本件仮換地上に建物を建築しようとしたが、Xから建築確認申請等に必要な地主の承諾書を得られず、借地期間満了までの間に建築は実現しなかった。

　調停不成立後、Xは、期間満了による借地契約終了を理由として、本件仮換地の明渡しを求めて訴えを提起した。

　第一審はXの請求を認容したが、控訴審は、次の理由から、Yは借地上の建物がない状態でも更新の請求をすることができるとして、Xの請求を棄却した（なお、更新の請求に対するXの異議には正当事由がないとの判断も示している。）。

　すなわち、本件では、甲建物の取壊しは、敷地が道路予定地であり、早晩移築又は取壊しが避けられない状態にあったのであるから、取壊しをもって更新に関する規定の適用上建物が存在しない場合と同視することは正当ではない。また、Yは、乙建物滅失後も、当然に建物を再築することができ、これについてXの承諾も必要ではなかったのであるから、XがYによる再築を禁止したり本件仮換地の明渡しを求めることは許されなかったはずである。にもかかわらず、Xは借地期間満了前から、再築禁止通告、明渡請求、調停申立て、再築協力拒否をしており、賃貸人としての義務に反するばかりでなく、積極的にYの賃借権を争い再築を妨害したとみざるを得ない。これらの事情からす

ると、本件では、Yには信義公平の見地からXに対して更新を請求し得る権利があるものと解するのが相当である。

　控訴審の判断について、Xは上告した。

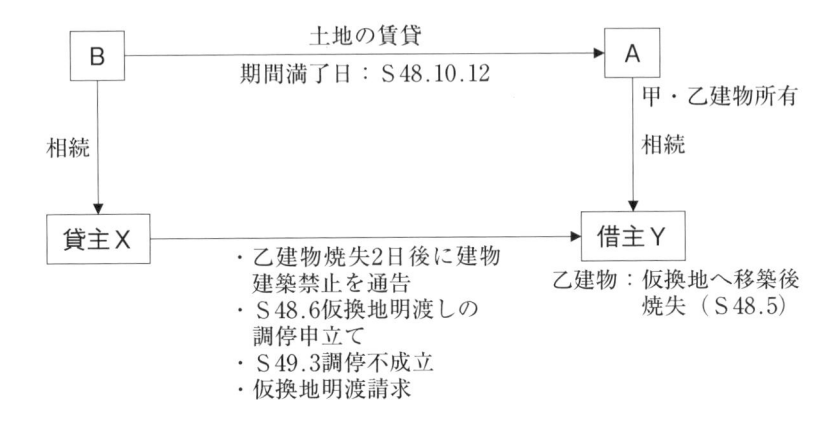

裁判所の判断

　本判決はおおむね以下のとおり判示して、上告を棄却した。

　控訴審が適法に確定した事実関係によれば、Yは、乙建物が火災によって滅失した後に本件仮換地上に建物を再築しようとしたにもかかわらず、Xの建築禁止通告及びこれに続く本件仮換地明渡調停の申立てによって建物の築造を妨げられ、その結果、借地期間満了の際に本件仮換地上に建物を所有することができない状態となっている。このような場合、Xが借地上の建物の不存在を理由として、Yには旧借地法4条1項に基づく借地権の更新を請求する権利がないと主張することは、信義則上許されないものと解するのが相当である。

　これと同旨の見地に立って、Yの更新請求権を認めた控訴審の判断は正当である。

コメント

　旧借地法及び借地借家法では、借主が借地契約の更新を請求する場合、借地上に建物が存在していることが要件となっています（旧借地4①、借地借家5①）。

　建物の存在について、条文上の例外はありませんが、本判決では、貸主が建物の再築を妨害したような場合において、貸主が建物の不存在を理由として借主が更新請求をすることができないと主張することは信義則上許されない、との判断を示し、結論として、建物不存在の場合における借主の請求による借地契約更新を認めています。なお、控訴審は、借主に更新請求権があると認定しているところ、本判決は控訴審の理論構成をそのまま採用したわけではないようですが、結論的には正当だとしていています。

　借地契約の更新の場面において、建物が存在しない場合、通常、借主には借地利用の高い必要性まではなく、それゆえに旧借地法及び借地借家法は、更新請求権を認めていないものと思われます。もっとも、個別事案において、貸主の責めに帰すべき事由により、借主が希望しているにもかかわらず建物が不存在となっている場合、借主が貸主に対して債務不履行に基づく損害賠償請求をすることはできるにしても、それだけでは借主救済に十分とはいえません。

　そのため、本判決のように、貸主に帰責事由がある場合には、建物が不存在であったとしても、借主による更新請求を認めることが相当であるといえます。

≪参考判例≫

○借地契約の更新の請求に当たり、借地期間満了時に借地上に建物が存在しないことについて貸主に責任はないのであるから、建物存在の要件を満たしていない借主による更新請求には理由がない。（東京地判平13・5・30判タ1101・170）

5　旧借地法7条における建物の滅失の時期

【事例14】　旧建物を完全に取り壊す前に新建物の建築を進め
た場合であっても旧借地法7条の適用はあるか

(最判昭50・9・11判時795・47)

判　　旨

　旧借地法7条にいう建物の滅失とは、必ずしも、建物を一時に全
部取り壊し、あるいは、解体して借地の大部分が更地となった状
態が現出したときに限るものと解すべきではなく、建物の取壊し
と並行してこれとは別個の建物の新築工事を進め、新築建物完成
時には旧建物が全部取り壊されたような場合をも含むものと解す
るのが相当である。

事案の概要

　借主Yは、昭和22年11月1日に、貸主Xから、普通建物所有目的、借
地期間昭和42年11月1日までとして本件土地を賃借した。本件土地上
には、昭和21年8月頃から、Y所有の旧建物が建っていた。

　旧建物は、いわゆるバラック建築の平家建住宅であったところ、Y
は、昭和30年7、8月頃、旧建物を取り壊して、本件土地上に、新たに
本件建物（コンクリート基礎工事を行い、土台を回し、少なくとも2本
の通し柱を入れ、壁はモルタル仕上げ（一部分は耐火モルタル板使用）
をし、屋根はトタン板葺である木造2階建居宅兼工場）の建築を開始し
た。工事に当たり、旧建物は、まず本件建物の新築に支障とならない
部分約2坪を残して取り壊され、その後も新築工事の進行程度によっ
て順次取り壊され、最後にはその全部が取り壊された。本件建物は、
昭和30年9月15日頃完成したが、旧建物の部材の全部又は一部を利用

することはなかった。本件建物は、借地期間の終期を超えて存続するようなものであった。

　本件借地契約には、「賃貸人の書面による承諾あるにあらざれば賃借物の原状を変更せざること」との約定（本件特約）があったが、Yは、本件建物の新築工事についてXの承諾を求めたり、Xに通知したりはしなかった。もっとも、Xは本件土地の隣地で映画館を営んでおり、少なくとも通常の注意を払えば工事を知ることはできた。Xは、本件建物築造後も、本件訴訟に至るまでの12、3年の間、本件建物に関しYに異議を述べることはなかった。

　上記の事実経過の下、Xは、借地期間満了後に、借地契約の終了を理由として、Yに対して建物収去土地明渡しの訴えを提起した。

　第一審は、本件建物が、借地権の残存期間を超えて存続すべき建物であり、Xはその築造に遅滞なく異議を述べなかったのであるから、旧借地法7条により借地期間は法定更新されているとして、請求を棄却した。Yの本件特約違反の点については、Xは本件建物の工事を知ることができながら、遅滞なく異議を申し入れなかったのであるから、旧借地法7条の適用に関しては不利益を免れないとした。

　Xが控訴したところ、控訴審は、Xが主張する旧借地法7条の建物の「滅失」とは、「建物を一時に全部取毀し、ないし、解体して借地の大部分が更地となった状態が現出したとき」をいうものと解すべきであるとの点について、同法条の法意は、新築建物の耐用年数に見合う借地権の存続が保障されることを願う借主の立場と建物新築という借主の一方的な行為によって借地権の存続期間が当然に延長されることによる貸主の不利な立場との調整を図るため、貸主の異議の有無によって法定更新の成否を決しようとすることにある、とした上で、旧建物が全部取り壊され、別個の本件建物が築造されている本件では、「滅失」がある、とした。Yの本件特約違反の点については、Xが本件訴訟ま

で異議を申し出ておらず、Xは本件建物の築造を黙示的に承諾していた、とした。

　Xは、控訴審には旧借地法7条の「建物の滅失」等の解釈に誤りがあるとして、上告した。

裁判所の判断

　本判決はおおむね以下のとおり判示して、上告を棄却した。

　旧借地法7条にいう建物の滅失とは、Xが主張するような、必ずしも、建物を一時に全部取り壊し、あるいは、解体して借地の大部分が更地となった状態が現出したときに限るものと解すべきではなく、建物の取壊しと並行してこれとは別個の建物の新築工事を進め、新築建物完成時には旧建物が全部取り壊されたような場合をも含むものと解するのが相当である。

　本件事実関係によれば、控訴審が、既存建物である旧建物の取壊しは旧借地法7条にいう建物の滅失に当たるとした認定判断は、正当として是認することができる。

コメント

　本件は、旧借地法7条の建物の「滅失」の時期（新建物建築との時間的先後）について、直接判断したものです。

　本判決では、「滅失」は必ずしも新建物の工事開始に先行する必要はなく、本件のように、新建物の完成までに旧建物が取り壊された場合をも含むとされました（なお、「滅失」については、その原因が、借主による任意の取壊しである場合をも含むとされています（最判昭38・5・21判時345・31）。）。

　旧借地法7条の制度（借地上の建物滅失後、借主が、借地期間の残存

期間を超えて存続すべき新建物を築造した場合、貸主から遅滞なく異議がなければ、借地期間が一定期間延長される法定更新制度）は、控訴審がいうように、新建物の存続期間を通じて借地利用を継続したい借主の利益と、借主の一方的な行為により借地権の存続期間を延長される貸主の不利益との調整を図ったものだといえます。

　そうすると、同条において重要なのは、借地権の残存期間を超える新建物が築造されたことであり、必ずしも、旧建物の完全な滅失が新建物の建築着手に先行することまでは必要ないといえます。

　本判決は、かかる観点から、上記の判断を示したものと思われます。

≪参考判例≫

○旧借地法7条の趣旨からは、同条にいう建物の滅失した場合とは、建物滅失の原因が自然的であると人工的であると、借地権者の任意の取壊しであると否とを問わず、建物が滅失した一切の場合を指す。（最判昭38・5・21判時345・31）

6　建物滅失と対抗要件

【事例15】　建物滅失後の借地借家法10条2項所定の掲示を第三者が撤去した場合に借地権の対抗力はどのようになるか

（東京地判平12・4・14金判1107・51）

判　旨

　借地上の建物滅失後、借主が一旦借地借家法10条2項所定の掲示を行ったとしても、当該借地の新所有者が所有権を取得した時点で当該掲示が撤去されている場合には、当該撤去が借主の意思に反してなされたものであっても、新所有者が背信的悪意者でない限りは、借地権を対抗することはできない。

事案の概要

　Xらは、昭和24年にAから本件土地（実際には2回の分筆を経ているが本件には直接の影響がないので割愛）を賃借したB（昭和61年死亡）の相続人であり、Bが本件土地上に建築した本件建物も相続し登記を具備していた。Y社は、本件土地の新所有者である。

　Xらは、以下の経過をたどった後、Y社に対して借地権の確認を求めて訴えを提起した。

H9.11.26	C社（Aからの譲受人）→D社　本件土地を売却
H10.12.30	火災により本件建物が滅失
H11.3.18	Xらが本件土地上に看板①（建物の所在・構造・面積を記載し、かつ建物を新しく築造する旨を記載したもの。なお、日付は滅失日ではなく設置日を記載）を設置

H11.3.25	看板①が何者かにより外されており、D社が本件土地を所有している旨の記載のある看板（以下「D社看板」という。）が設置されていた。
H11.3.25午後	Xらがd社看板の上に貼り付ける形で看板②（内容は看板①と同じ）を設置
H11.3.26午前	看板②が何者かにより剥がされていたため、Xらが再度D社看板の上に貼り付ける形の看板③及び周囲の塀等数か所に貼り付ける形の看板④（いずれも内容は看板①と同じ）を設置
H11.3.26夕方	看板③④が何者かにより剥がされていた（D社看板は復活）。Xらは、再々度看板を設置しようとしたが、D社従業員数名に取り囲まれ「看板を貼るな。貼ってもまた剥がしてしまう。実力行使に出るならこちらも力で対抗してやる。」などと脅されたため、以降看板の設置を断念した。
H11.4.16	Y社従業員が現地確認
H11.4.22	Y社従業員が現地確認（ビデオ撮影。本件土地上にはD社看板のみ存在）
H11.4.23	D社→Y社　本件土地を売却

裁判所の判断

　本判決はおおむね次のように判示し、Xらの請求を棄却した。

　借地借家法10条2項は、建物が滅失したとしても、滅失建物を特定する事項を記載した掲示があれば、建物登記を調べて借地権の存在を知ることができることから、かかる場合には、掲示上の表示と滅失した建物の登記とが一体となって暫定的に借地権の対抗力を維持し得るものとした規定である。

　したがって、建物の滅失により、掲示がなされるまでの間一時的に
その借地権の対抗力は消滅するのであり、その間に、第三者が当該借
地に権利を取得した場合には、その後、要件を満たす掲示がなされた
としても、借地人は当該第三者に借地権を対抗することはできない。

　また、掲示は一旦なされただけでは不十分であり、第三者に対して
借地権を対抗するためには、当該第三者が権利を取得する当時にも掲
示が存在することが必要であり、掲示が一旦なされたとしても、第三
者の権利取得前に掲示が撤去された場合には、借地権を対抗すること
はできない。

　ただし、10条2項の趣旨からは、一旦なされた掲示が撤去された場合、
第三者が権利取得時に掲示の存在を知っていたか、従前建物が存在し
ていたことを知っていた場合には、土地利用権が設定されていること
を推測し、建物登記の調査により借地権の存在を知ることが可能であ
るので、この場合、当該第三者は借地権の対抗力の欠缺を主張し得な
い背信的悪意者に該当する。

　もっとも、本件ではＹ社が掲示又は滅失建物の存在を知っていたこ
とやＤ社と共謀していたなどの事実を認める証拠は存在しないので、
Ｙ社は背信的悪意者ではなく、Ｘらは、掲示のない状態で本件土地の
所有権を取得したＹ社に対して借地権を対抗することはできない。

コメント

　借地借家法10条は1項で、借地上に借主が登記されている建物が存
在する場合に、これをもって借地権の対抗力を認めています。

　そして、2項では、1項を前提に、借地上の建物が滅失した場合であ
っても、建物を特定するために必要な事項、建物滅失日及び建物を新
たに築造する旨を記載した掲示が土地上の見やすい場所になされた場

合には、滅失日から2年間、借地権の対抗力を認めています。

　本判決は、2項について、掲示により第三者が滅失建物の登記やその借地権を知り得、これにより借地権が公示されている旨を示した上で、借主が対抗力を維持するためには、第三者に対する物権変動時に掲示が継続していることが必要である旨を判断したものです。掲示は明認方法の一種であるため、本判決の判断は対抗関係の原則に従ったものであるといえます。

　本件では、掲示がD社従業員により実力で撤去されたという事情があるところ、本判決は、新所有者が掲示や従前建物が存在していたことを知っていた場合には、背信的悪意者として借地権の対抗要件の欠缺を主張できない旨も示していますが、事案の結論としては、Y社は背信的悪意者には該当しないと判断しています。

　本件のように、掲示が実力で撤去された場合、撤去行為者の行為自体は不法行為になり得ます（貸主が行った場合には債務不履行責任も生じ得ます）が、借主としては、かかる撤去を完全に防ぐ方法はありません。そうすると、建物滅失後の掲示による対抗力の維持には一定の限界があるといわざるを得ず、借地権の維持を望む借主としては、貸主に借地権の登記を依頼したり、可及的速やかに建物の再築をするなどの対応も併せて行うことが望ましいといえます。

第　2　章

借地上建物における
条件の変更

84

第1　Q&A

Q7　借地条件の変更とは

Q　借地契約の目的を木造建物の所有としているのですが、借主が建物を建て直してビルにしたいと言って、勝手に建物の建て直しを始めています。このまま見過ごしてよいのでしょうか。

A　借地契約における借地上建物の種類の設定も借地条件の一つです。旧借地法でいう非堅固建物から堅固建物への建て直しですので、借地期間も変わってきます。そのまま放置すれば、借地契約につき堅固建物所有目的とする黙示の合意が成立する可能性もあります。建て直しを承諾しないのであれば、異議を申し出るべきです。

解　説

1　借地条件の有効性と限界

　借地条件とは、借地期間、借地上建物の種類・構造・規模・用途、借地上建物の増改築の可否、地代等の額、支払方法、借地権譲渡の可否など、借地契約の一切の内容を指します。借地契約の締結時や存続期間中に、当事者間の合意によって定められるのですが、必ずしも借地契約の要素ではなく、特約として定められています。

　いわゆる「契約自由の原則」からすれば、どのような借地条件をも定めることができるように思いますが、建物所有のため土地の安定した利用を図るという目的を有する旧借地法及び借地借家法には、その

規定に反する特約で借地権者又は転借地権者に不利なものは無効とする片面的強行規定が定められています（旧借地11、借地借家9・16・21）。

　この点、土地の利用に関して、借地上の建物の種類や増改築を制限する借地条件が有効か問題となり得ますが、どのような建物を築造するかは土地の利用方法に大いに影響があるため、通常の修繕を禁止する等、著しく借地権者の権利を制限する特約ではない限り、当事者間の特約により制限することも一般的に許されています。

2　堅固建物か非堅固建物かの違い

(1)　旧借地法が適用される借地契約の存続期間

　旧借地法では、堅固な建物の所有を目的とする借地権とその他の建物の所有を目的とする借地権とでは存続期間が異なります（旧借地2・5①・7）。借地契約において約定存続期間より短い期間を定めていた場合、期間を定めていなかったと考え、法定存続期間となります（最判昭44・11・26判時578・20）。

(2)　他の借地条件への影響

　上記のとおり、堅固建物所有目的となることで借地期間が延びることから、一般的には借地権価格が高まり、地代も高く評価されます。さらには、建物買取請求の価格にも影響があり得ます。

(3)　堅固建物と非堅固建物の判断基準

　堅固建物は、条文上、石造、土造、煉瓦造又はこれに類する堅固な建物とありますが、これには鉄筋・鉄骨コンクリート造りの建物が該当します。これに対し、非堅固建物といえば、木造建物や軽量鉄骨・鉄筋造の建物が含まれます。その区別は、建物の耐久性、耐震性、耐火性、解体の容易性等を総合考慮して判断されるとされています。

(4)　借地上の建物の変更

　非堅固建物所有から堅固建物所有への変更をする場合を含め建物の種類、構造、規模又は用途を制限する旨の借地条件の変更については、当事者間での協議が調わなければ、借地条件変更の裁判をすることができます（借地借家17①）。

　この点、非堅固建物所有目的の借地上の建物が、堅固建物へ改築された際、何らの異議も申し出なかった事案において、堅固建物所有目的への黙示の合意が認定されたこともあります（東京地判平4・10・29判タ833・228【事例17】）。

Q8　借地条件の違反

Q　借地契約に木造建物所有に限る旨の記載があったのですが、当分の間、建物を建てずに駐車場として利用していました。その後、利用しやすいコンクリート造りの建物を建てたところ、貸主から用法違反に基づき契約を解除する旨の通知が届きました。このような解除は認められるのでしょうか。

A　借地契約に木造建物所有に限る旨の条件があるところ、コンクリート造りの建物を建てたことは借地条件に違反しており、用法違反に当たります。さらに、建物の構造自体の変更は、重大な契約違反と考えられ、信頼関係が破壊されたものとして契約解除が認められる可能性が高いと思われます。なお、従前の駐車場利用については、これだけでは用法違反にはならない可能性が高いと考えられます。

解　説

1　用法違反の有無

　借主は土地を契約又は目的物の性質により定まった用法に従いその使用収益をする義務、つまり用法遵守義務を負います（民616・594①）。そのため、借地契約において用法について有効な借地条件が規定され、借主がそれに違反した場合には、用法遵守義務違反に当たります。

　借地の用法違反の態様としては、保管義務違反、土地の使用方法の違反、建物の種類・構造等の特約違反、増改築禁止特約違反などがあります。

　実際の事案においては、当該借地条件の有効性やその解釈が争点となり、用法違反の有無が検討されます。

　この点、旧借地法における堅固建物所有借地権とする借地契約において非堅固建物を築造した場合は、貸主にとって不利益となるものではないことから、特段の事情のない限り、用法違反にはならないと考えられます。

2　解除の可否

(1)　信頼関係破壊の法理

　借地条件の違反を理由に、当然に借地契約の解除が認められるわけではありません。借主に借地条件の違反があったとしても、それが貸主との信頼関係を破壊するおそれがないとき、ないし、信頼関係を破壊したとは認めるに足りない特段の事情があるときは、貸主による解除は許されません（いわゆる「信頼関係破壊の法理」、無断増改築に関する最高裁昭和41年4月21日判決（判時447・57【事例35】）参照）。

(2)　信頼関係破壊の判断要素

　借地契約の解除の可否を決める際には、借地条件の違反によって信頼関係が破壊されたかについて、検討されることになります。

　旧借地法下において非堅固建物借地権と堅固建物借地権の区別は借地期間の違い等の重要な意味を持ったことからすれば、非堅固建物借地権である場合に無断で堅固建物を築造することは、一般的には重大な用法違反に当たると考えられます。

　そのため、借地借家法施行後も同様に、建物の種類や規模を制限する旨の条件の違反については、重大な用法違反に当たります。

　これに対し、建物の用途を制限する旨の条件については、その変更も比較的容易ですので、一般的にはその違反による背信性は低いと考えらます。

　また、信頼関係破壊の法理が示された最高裁昭和41年4月21日判決（判時447・57【事例35】）以降、旧借地法下にて非堅固建物借地権から堅

固建物借地権への変更の裁判（旧借地8ノ2①）について規定され、借地借家法施行後には借地条件の変更の裁判（借地借家17①）が規定されていることからすれば、同裁判の申立てをしていないという事実も背信性を高める事情と評価されると考えられます。

3　建物を建てずに駐車場利用をしていた点について

（1）　建物を建築しないこと

まず、借地契約において建物の所有を目的としているとしても、借主に建物を建築する義務を負わせるものではなく、貸主に不利益を負わせるものでもないことから、建物を建築しないこと自体は、特段の事情のない限り、土地の用法違反には当たりません。

（2）　駐車場の利用

次に、借主の用法違反の裁判例には、駐車場利用に関するものも多くあります。

借主が、建物に附属する設備として、土地の一部を借主自身の用に供する駐車場として利用することも用法違反になりません。

次に、駐車場を第三者に使用させる場合でも、例えば飲食店の利用客用の駐車場など、建物の利用目的に応じて当初から予定されているのであれば、用法違反になりません。

しかし、土地の全部又は相当割合を有料貸駐車場として利用することは用法違反に当たり、解除が認められるのか問題となります。

この点に関しては、契約内容や土地の形状変更の程度、貸主からの異議の有無など事案ごと個別の判断であり、結論が分かれています。用法違反自体を認めなかった裁判例（東京地判昭48・3・20判時724・50など）、用法違反を認めても信頼関係破壊を認めなかった裁判例（東京地判平4・7・16判時1459・133など）、用法違反を理由に解除を認めた裁判例（東京地判昭50・6・30判タ327・233など）がそれぞれあります。

Q9　借地条件と増改築禁止特約の関係

Q　借地契約において「居住用平屋建てに限る」との文言に加えて、増改築禁止特約が定められている場合、現状の建物を3階建てに建て替えることはできないのですか。建替えに必要な手続はありますか。

A　建物の構造を制限する借地条件の定め及び増改築禁止特約がある以上、貸主の承諾がなければ3階建て建物に建て替えることはできません。貸主の承諾を得られない場合には、借地条件変更の裁判（借地借家17①）及び増改築許可の裁判（借地借家17②）をする必要があります。

解　説

1　借地借家法制定以前（旧借地法時代）の取扱い

　旧借地法では、借地上の建物に関する借地条件のうち、増改築禁止特約が存在する場合における増改築許可の裁判は規定されていました（旧借地8ノ2②）が、それ以外には、非堅固建物所有目的から堅固建物所有目的への借地条件の変更のみを裁判の対象としていました（旧借地8ノ2①）。しかし、実際の借地契約では、建物の種類、構造、規模又は用途などに関して種々の特約がなされる場合がありました。そのため、建物の種類、構造、規模に関する制限特約や用途制限特約を変更しようとする場合、借地非訟手続としては、「所定外の規模、構造となるような増改築はしない」という増改築禁止特約の一種と解することとして、非堅固建物所有目的とする借地条件以外の借地条件の変更については、増改築許可の裁判を利用して処理されていました。

2　借地借家法施行以降の取扱い

　借地借家法では、上記事情を考慮し、非堅固建物から堅固建物への所有目的の変更以外の建物の種類、規模、構造に関する制限や用途制限などの条件変更（以下「建物の種類等の条件変更」といいます。）についても裁判の対象となり（借地借家17①）、旧借地法上の便宜的な取扱いは、立法により解決されました。

　なお、借地借家法施行前に設定された借地権であっても、借地条件の変更等の裁判は借地借家法が適用されるため、借地権設定の時期による適用法令の違いはありません（借地借家附則4）。

3　借地条件の変更と増改築禁止特約の関係

　借地借家法では、建物の種類等の条件変更の裁判（借地借家17①）と増改築許可の裁判（借地借家17②）が区別して規定されています。

　そこで、建物の種類等の条件と増改築禁止特約との区別が問題となりますが、建物の種類等の条件変更の裁判は抽象的な条件を対象としており、従来とは異なる内容の借地条件に変更するための手続です。これに対し、増改築許可の裁判は、規定された借地条件の枠の中で建てられた建物の変更に関する具体的な条件を対象としたものとなります。

　さらに、建物の種類等の条件変更の裁判は、認められた場合には借地条件自体が変更するのに対し、増改築許可の裁判は予定している増改築が許可されるだけであり、借地条件の一つである増改築禁止特約自体が変更されるわけではありません。その後、別の増改築を行う際には、再度、増改築の承諾若しくは増改築許可の裁判を受ける必要があります。

4　建物の種類等の条件変更を伴う増改築の場合

　建物の種類等の条件変更を伴う増改築の場合、増改築許可の裁判だけを申し立て、裁判所が「他の借地条件の変更」（付随処分）として、建物の種類等の条件変更をすることができるのでしょうか。旧借地法とは異なり、借地借家法では建物の種類等の条件変更を独立の制度とした以上、付随処分の範囲を超え、許されないと解すべきでしょう。

　では、建物の種類等の条件変更の裁判だけを申し立てれば、増改築禁止特約の裁判は不要と考えてよいのでしょうか。

　この点、旧借地法下では、増改築禁止特約がある非堅固建物所有目的の借地契約の場合に、堅固建物に増改築をしようとする場合には、堅固建物所有目的への条件変更は当然に増改築を予定していることを理由に、非堅固建物借地権から堅固建物借地権への変更の裁判（旧借地8ノ2①）のみで足りると考えられていました。そのため、借地借家法施行後も建物の種類等の条件変更のみで足りると解する見解もあります。

　しかし、建物の種類等の条件変更をする場合、当然に増改築を予定しているとは限らないことからすれば、借地条件の変更を伴う増改築の場合には、借地条件変更の裁判と増改築許可の裁判の双方が必要となると思われます。

Q10　借地条件変更の裁判手続

Q　親から相続した建物は平成4年8月1日の借地借家法施行前から借地上に建っているのですが、契約書の目的部分に居宅用木造平屋建てに限る旨の記載があります（増改築禁止特約はありません。）。この度、3階建てコンクリート造りの建物に建て直したいのですが貸主が了解してくれません。どうしたらよいでしょうか。

A　木造平屋建てに限るとする借地条件を、3階建てコンクリート造りの建物に変更するためには、貸主の承諾を得られない以上、借地条件変更の裁判（借地借家17①）をする必要があります。

解　説

1　借地非訟手続の概要

(1)　借地非訟手続

建物の種類、構造、規模、用途を制限する特約は有効であり、これらの借地条件の変更について、貸主と借主間で協議が調わないときは、当事者はどちらからでも裁判所に借地条件の変更を求めることができます（借地借家17①）。

この裁判手続では、非訟事件手続法が適用され（借地借家42）、職権探知主義（非訟49・53）が採られ、その審理は非公開とされます（非訟30）。

借地非訟事件は、借地権の目的たる土地の所在地を管轄する地方裁判所が管轄します（借地借家41本文）。ただし、当事者の合意に基づき、簡易裁判所が管轄することもできます（借地借家41ただし書）。

(2)　鑑定委員会

　裁判所は、借地非訟事件の裁判をする前に、特に必要がないと認める場合を除き、鑑定委員会の意見を聴かなければならないとされています（借地借家17⑥）。また、実際の手続において、鑑定委員会の意見に沿った裁判がなされることが多いようです。

　また、裁判所は、鑑定委員会の意見を聴いたときは、その旨を当事者及び利害関係参加人に通知し、その陳述を聴かなければならないとされています（借地非訟事件手続規則8③）。

(3)　裁判とその効力

　借地非訟事件の裁判は決定によってなされます（非訟54）。借地条件変更の裁判は、借地条件を形成的に変更するものであり、条件変更を「許可」するものではありません。さらに、条件変更を認容する裁判において、一定の給付を命じることができますが、給付を命じる裁判は確定すれば裁判上の和解と同一の効力を有します（借地借家58）。

(4)　不服申立て

　非訟事件手続における終局決定は告知によって効力を生じますが（非訟56②）、借地条件変更等の申立てに対する裁判については確定しなければ効力が生じず（借地借家55②）、この裁判に対して、告知を受けた日から2週間以内に即時抗告をすることができます（非訟66・67）。

2　借地条件変更の裁判の当事者

　借地条件変更の裁判は、貸主、借主いずれかの申立てにより、他の一方当事者を相手方とします。

　転借人がいる場合、転借人の申立てによって、転借地権の条件変更と合わせて借地権の条件変更の裁判をすることもできます（借地借家17⑤）。

3　借地条件変更申立ての形式的要件

（1）　借地条件変更申立てをするための形式的要件としては、借地権が存在すること及び「建物の種類、構造、規模又は用途を制限する旨の借地条件」があることです。

なお、当事者間に協議が調わないことは、消極的要件にすぎず、申立時に積極的な主張は不要です。

（2）　ここでいう「建物の種類」とは、居宅、店舗、倉庫など、建物の主たる用途からみた建物の種別です。

「建物の構造」は、建物の主たる部分の構成材料、屋根の種類及び階数による種別です。旧借地法における非堅固建物か堅固建物かの違いはここに含まれます。

「建物の規模」は、建物の高さ、床面積等、建物の大きさによる種別です。

「建物の用途」は、建物の用法に関する種別です。

Q11　借地条件変更の裁判における判断要素

Q　亡くなった親が住んでいた借地上の実家建物を相続しましたが、私の自宅は別にあります。借地契約上、居住用木造建物所有目的と記載されているのですが、借地を有効活用するため、商業用ビルに建て直したいと考えています。多少の金員は支払うつもりですが、変更自体認められるのでしょうか。

A　貸主との協議が調わない場合には、借地条件変更の裁判を得る必要があります。そして、借地条件の変更が認められるのは、「法令による土地利用の規制の変更、付近の土地の利用状況の変化その他の事情の変更」があり条件変更が相当である場合です（借地借家17①）。ここでの事情とは原則的には客観的事情に限られると解されるため、借地周辺の客観的事情が重要な判断要素となります。

解　説

1　事情変更による借地条件変更の相当性

　裁判所が借地条件を変更することができるのは、「法令による土地利用の規制の変更、付近の土地の利用状況の変化その他の事情の変更により現に借地権を設定するにおいてはその借地条件と異なる建物の所有を目的とすることが相当である」場合です（借地借家17）。

　「法令による土地利用の規制の変更」とは、都市計画法による防火地域又は準防火地域の指定（都計8①五）に伴う建築規制（建基61以下）の変更が主な例ですが、都市計画法による用途地域、景観地区、風致地区等の指定やその変更（都計8①一・六・七）も該当し得ると思われます。

　「付近の土地の利用状況の変化」とは、目的土地の付近において、高層ビルの建築がなされているとか、工場地域から商業地域になった

という変化が考えられます。

さらに、ここでの「事情」とは、客観的な事情に限定されるという考え方が一般的ですが、主観的事情を含むことも許容されると解する考え方もあります。

2 裁判所が考慮すべき事情

裁判所は、「借地権の残存期間、土地の状況、借地に関する従前の経過その他一切の事情」を考慮しなければなりません（借地借家17④）。

「借地権の残存期間」が短いことは、一般的には条件変更を認めない方向に働く要因と解されています。しかし、借地契約は、更新を拒むための正当事由は容易には認められず、事実上更新されることが多いですので（借地借家5・6）、期間の延長を含む条件変更を認めても貸主への不利益が必ずしも大きいとはいえないことから、借地権の残存期間の短いことは、条件変更を認めない要因としては大きなものであると解することはできないでしょう。

「土地の状況」とは、土地の広さや形状等の目的土地に関する個別事情です。

「借地に関する従前の経過」とは、借地権設定の経緯、経過した契約期間、更新料授受の有無、目的土地の利用状況とその推移等、借地に関する従前の事実関係を指します。

「その他一切の事情」とは、条件変更の必要性の有無、程度、条件変更をした場合の両当事者の利益等、一切の事情を指します。

3 付随的裁判

裁判所は、条件変更申立てを認容する場合、当事者間の利益の衡平を図る必要があるとき、条件変更の決定に付随して、「他の借地条件を

変更し、財産上の給付を命じ、その他相当の処分」ができます（借地借家17③）。

　付随的裁判において、財産上の給付の裁判を申立認容の主文から独立した主文とすることも可能ですが、条件変更申立事件においては認容の効力発生を財産上の給付に係らせる方法を採ることが多いようです。

　旧借地法における非堅固建物所有目的から堅固建物所有目的への変更の際には、目的土地の価格の10％相当額を借主が貸主に支払うことを裁判の条件とすることが通例です。また、借地権の存続期間を上記条件変更の効力が生じた日から30年に延長することも同様です。さらに、非堅固建物所有目的よりも堅固建物所有目的である場合の方が土地の利用効率が上がることから、地代が高いことも多いので、上記条件変更の効力が生じた日からの地代等の一定の増額を命じることが多いようです。

第2　事　例
1　堅固建物と非堅固建物の判断基準

【事例16】　特定の規格建物建築を特約とした借地契約につき
　　　　　　堅固建物の建築による用法特約違反を理由として
　　　　　　解除が認められるか

（東京地判平元・12・27判時1361・64）

判　旨

　非堅固建物所有目的の借地契約において、軽量鉄骨造プレハブ
の建物を建築する特約に反して堅固建物を建築したことは背信行
為であり、貸主、借主間の信頼関係は破壊されたというべきであ
る。

事案の概要

　Xらは本件土地を共有しているところ、昭和60年2月28日、Y₁との
間で本件土地を普通建物所有目的にて借地契約を締結した。その際、
訴外会社の規格建築総合カタログ8頁記載のHD型ハイデラックス（以
下「HD型」という。）を建築すること、かかる用法に違反したときは、
催告なくして本件借地契約を解除し得る旨の特約（以下「本件特約」
という。）が確認されていた。本件特約は、本件土地上に建築される建
物を明確にするために弁護士立会いの上、公正証書によってなされた。
なお、HD型とは、鉄筋コンクリート布基礎軽量鉄骨造、土台は木製及
び鉄骨で、支柱及び梁も細い、いわゆるプレハブである。

　Y₂は、同年8月頃から、本件土地上にHD型ではない建物の建築を開
始した。この建物の基礎は地表から約105cm掘り下げられて根切工事
を施し、割栗石を約15cmの厚さに敷き、その上に捨てコンクリートを

5cm打った上に鉄筋コンクリート造のベタ基礎を設けており、支柱にはスタッドボルトが工場溶接されている。構造は鉄骨造りである。建物の支柱には鋼材が使用され、これら鋼材の継手、仕口などの節点は工場溶接による接合がされ、ボルト締めの部分は接合部材接触面の摩擦抵抗によって力を伝える高力ボルトの一種であるハイテンションボルトが用いられ、鉄骨の露出部分には石綿等を吹き付けている。さらに、2階床及び屋上には、デッキプレート上に約10cmの厚さのコンクリートが敷かれているものであった。

　XらはY_2に対し、建築途中である昭和60年11月20日到達の書面で釈明を求め、同月27日に面談し、5日間の猶予を与えた上で対応を求めたが、Y_2からの回答はなかった。

　XらからY_2に対し、同年12月4日到達の書面にて本件借地契約を解除する旨の意思表示をした。

　そして、Xらは本件建物の所有者であるY_2に対して本件建物の収去と本件土地の明渡し、入居者であるY_1及びY_3に対し本件建物からの退去、Y_1に対し本件借地契約の終了に基づき賃料相当損害金の支払を求める訴えを提起した。

　これに対し、Yらは、本件特約はHD型に限る趣旨ではなく、建築確認を得られる最低限度の建物を建築したにすぎず、信頼関係を破壊するものではないと主張した。

S 60.2.28	弁護士立会いのもと、Xら・Y_1間、公正証書による借地契約締結。特約としていわゆるプレハブである特定の規格建物建築
S 60.8頃	Y_2　建築開始
S 60.11.20	Xら→Y_2　釈明を求める
S 60.11.27	Xら・Y_2　面談、Y_2から回答なし
S 60.12.4	Xら→Y_2　解除通知

裁判所の判断

　本判決は、おおむね以下のとおり述べて、Ｘらの請求を認容した。

　まず、本件特約について、Ｘらが本件土地の用法をHD型の建築に限定したことが明らかであること、及び、本件建物について、重量鉄骨造、かつ、堅牢性、耐火性、解体収去の困難性のいずれの観点からも、HD型を大幅に上回る堅固建物であることを認めた。

　そして、堅固建物建築による特約違反を認定し、信頼関係の破壊について以下の事情を指摘した。

　(1)　建物建築までの事情

　Ｘらは、本件特約を含む借地契約締結時において、弁護士を依頼して交渉に当たらせ、Ｙら側申出によるHD型に限定されることを再三確認し、公正証書に明記し、Ｘらにおいて特約を遵守させるために通常採り得る全ての手段を尽くしたものである。これに対し、Ｙらは、Ｘらに対し、HD型を建築しないことを通知せず、HD型では建築確認を得ることが困難であることなどの説明を一切していない。かかる経緯について、Ｙらの本件特約違反は、通常の用法違反と異なり、極めて背信性の高いものといわざるを得ない。

　(2)　特約違反の程度

　本件建物とHD型の差異は軽微なものではなく、その耐久性、堅牢性、解体収去の難易、価格等の点で大幅に異なるものであり、本件特約の違反は、重大な実質的違反といわざるを得ない。

　(3)　承諾料の金額

　訴外借地権譲渡人が、Ｙ₁への本件土地の借地権譲渡時にＸらに対し承諾料を支払っている点については、鉄骨造建物所有目的の借地権の譲渡承諾料に相当するとも、相場よりも高いとも評価することはできないことから、Ｙらの背信性を低めるものではない。

(4)　Yらの違反理由

本件土地の一部が防火地域に指定されていることから、本件土地全体が防火地域として扱われ、防火建築物以外の建物については、原則建築確認が得られない。そのため、HD型では本件土地上での建築確認は取得できない可能性があるものの、Yらが本件建物を建てるほかなかったとまではいえない。

いずれにせよ、契約締結経緯に照らせば、Yらは本件特約の下では建築確認の下りる建物を建築することが困難であることが判明したというのであれば、その段階で、直ちにXらに対して、契約条項の変更を申し入れて協議を尽くし、場合によっては賃貸条件や、承諾料等も改訂すべきである。また、仮に当事者間で合意が成立しなかった場合には、さらに裁判所に借地条件の変更を申し立てる手続等を執ることが信頼関係上当然に期待される。したがって、Yらが、右協議や手続を執ることを怠り、HD型を建てないことの通知さえもせずに、Xらに無断でHD型と異なる本件建物の建築を一方的に強行したことは、重大な背信行為に該当するというべきである。

(5)　違反発覚以降の対応

XらはYらに対し、本件建物解体や借地条件の変更等を含む事後的な解決方法の提示を求めたにもかかわらず、Yらは対応しておらず、事後措置として不適切である。

以上の結果、XらとYらとの間の信頼関係は、Yらの背信行為によって既に破壊されたものというべきであるとした。

コメント

用法を制限する特約違反があっても、貸主と借主間の信頼関係を破壊するおそれがあると認めるに足りない特段の事情がある場合には、

借地契約の解除は認められないところ、本件では、詳細な事情を認定し、「建物保護の理念よりも、契約的正義が優先する結果になるとしても仕方がない」と借主らの用法違反を背信的なものとして指摘し、信頼関係も既に破壊されたものとして契約の解除を認めたものであり、実務上参考となります。

≪参考判例≫

○借地契約の一方の当事者が、契約に基づき信義則上当事者に要求される義務に違反して、その信頼関係を破壊することにより借地関係の継続が著しく困難になったときは、他方当事者は、催告することなく借地契約を解除できる。(最判昭47・11・16判時689・70)

○新築禁止の特約のある借地契約においてプレハブ造り平屋建ての建物を新築したことは賃貸借当事者間の信頼関係を破壊するおそれがあると認められない特段の事情が存する。(東京地判昭51・5・13判時843・79)

2　堅固建物所有目的の合意

【事例17】　非堅固建物所有目的の借地契約にもかかわらず、堅固建物が建築された場合、堅固建物所有目的への変更の合意が成立するか

(東京地判平4・10・29判タ833・228)

判　旨

　非堅固建物所有目的の借地契約において、借主が堅固建物を建築したにもかかわらず、貸主が遅滞なく異議を述べなかったなどの事情を考慮して、非堅固建物所有目的から堅固建物所有目的に変更する旨の黙示の合意が認められる。

事案の概要

　本件土地の当初の所有者はAであるところ、Y社代表者（＝B）は、昭和22年5月頃、本件土地の一部をAから賃借して建物を建築し、Bが経営する別法人（＝C社）の店舗として利用していた。

　Bは、昭和26年6月頃及び昭和35年5月頃など、順次、本件土地の一部の借地権及び土地上の建物を買い受け、土地上の建物はBの住居、C社の店舗・倉庫として利用された。なお、Bは、昭和41年頃、他所に転居し、本件土地上の建物はC社だけが利用していた。

　昭和41年7月、道路拡幅工事に伴う買収に伴い、AとBは、本件土地の一部につき、非堅固建物所有目的であるとする借地契約書を作成した。同時に、Bは、本件土地を含む周辺の土地が、防火地域・商業地域に指定されていたため、本件土地についての借地契約は堅固建物所有目的となり、借地期間は60年になったと理解し、その旨を公言していた。そのため、Bは、昭和42年2月、本件土地上に堅固建物の建築確認を得て、同年10月30日頃、建物（以下「旧建物」という。）は完成し、

昭和43年4月10日、Bのために所有権保存登記がなされた。この旧建物は、登記簿上、鉄骨造陸屋根スレート交葺2階建倉庫作業所会議室となっており、重量鉄骨が用いられ、コンクリートが打たれ、杭も相当深く打ち込まれていた。旧建物は、BがC社に使用させるために建築したものであり、C社が利用し、その後Y社が利用した。

また、Aの娘婿であるDは、昭和40年頃から地代の取立てのために、3か月に1回、本件土地周辺の借地人のもとを訪れていた。本件土地上の旧建物は、昭和59年9月頃まで土地上にあったものの、A側は何らの異議も述べなかった。

昭和59年9月、Y社は本件土地上に新建物を建築するための建築工事請負契約を締結し、昭和60年4月30日頃完成した。

昭和61年、Aは、本件土地をEに売り渡し、その後、昭和62年6月18日、Xが本件土地を買い受け、Bに対する本件土地の貸主たる地位を承継した。

XはY社に対し、本件建物の収去による本件土地の明渡しを求めて訴訟提起した。

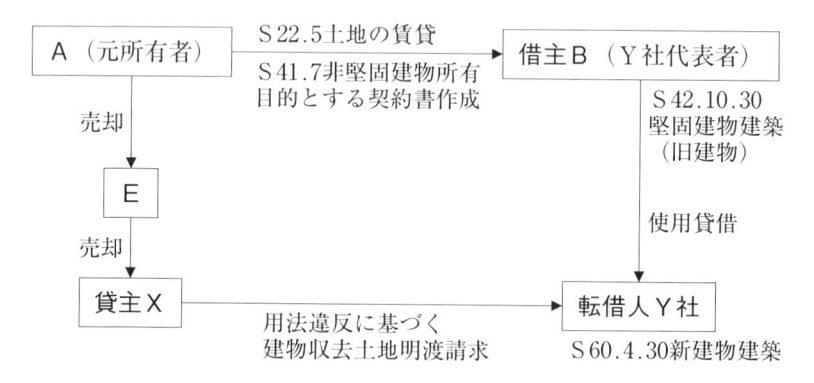

裁判所の判断

裁判所は、非堅固建物所有目的の借地契約において堅固建物の建築をしたという用法違反の有無につき、以下のとおり判断した。

　旧建物は、実質3階建て、重量物の保管や重量物を運搬するクレーンの設置運転にも耐えられるように、建物の基礎や1階部分の床にコンクリートを打ち、重量鉄骨造にするなど、耐久性、堅牢性、解体収去の困難性において、石造、土造などの建物と同程度のものと認められるので、堅固な建物というべきである。

　Ａ側は、Ｙ社代表者Ｂが本件土地上に旧建物のような堅固な建物を建築所有したことを知りながら、多年異議を述べることなく地代を受領してきた事実、Ａ側は、Ｙ社代表者が旧建物建築の頃から本件土地の借地契約について堅固建物所有目的となったと公言していることを知りながら放置してきた事実、昭和42年当時本件土地を含む周辺の土地が防火地域・商業地域に指定されている事実、本件土地上に堅固建物である本件建物が建築されつつあることを知り、しかも昭和60年1月の時点で本件土地の売買の話が決裂状態になった後でも、Ａ側はＹ社代表者に対し本件建物の建築が用法違反であると指摘したことはない事実、旧借地法7条の規定の趣旨からすれば、地主が遅滞なく異議を述べないときは、借地契約が堅固建物所有を目的とするものに変更されると解するのが相当である。

　以上により、ＡとＢとの間において、本件土地の借地契約について非堅固建物所有目的を堅固建物所有目的に変更する旨の暗黙の合意が成立したものと認めることができる。

　　コメント

　本件は、貸主から転借人に対する建物収去土地明渡請求事件であり、その争点の一つとして、非堅固建物所有目的の借地契約において堅固建物の建築をしたという用法義務違反による解除を理由に、借主に対し借地契約の終了の有無が問題となったものです。この点につき、既に取り壊された旧建物が堅固建物であって、そのことについて20年近

く貸主から異議がなかったため、非堅固建物所有目的から堅固建物所有目的への条件変更について黙示的な合意があったと判断されました。

　上記裁判所の判断に関し、本件土地を含む周辺の土地が防火地域・商業地域に指定されているという客観的に堅固建物が建築されることが必然といえる状況や、本件土地上に堅固建物である旧建物が建っていることを、当時「貸主側」において十分知る機会があったことを指摘しており、建築当時に条件変更の申立てをしていたとしても認められる可能性が高い状況であるというのも、当時の当事者間の認識を認定するのに重要な間接事実であったと考えられます。

　また、旧借地法7条の規定の趣旨を判断要素の一つとしています。旧借地法7条とは、借地権の存続期間中に借地上の建物が滅失し再築がなされる場合に、貸主が遅滞なく異議を述べなければ期間延長される規定であり、堅固建物か否かで期間が異なります。さらに、裁判例において、非堅固建物所有目的の借地契約であったところ、土地所有者が堅固建物を再築したことに対して有効な異議を述べなかったときは、用法違反に基づく契約解除権が消滅するとしたものもあります（東京地判昭45・3・31判時606・52）。

　本件は、あくまでも、当事者の合理的な意思解釈から非堅固建物所有目的から堅固建物所有目的へ変更する旨の合意の有無が判断されたものですが、特に貸主の立場において遅滞なく異議を述べる重要性が確認できる事例と考えられます。

≪参考判例≫
○貸主が借主の堅固建物建築を黙認した場合において、用法違反による解除は認められない。（札幌高判昭51・7・19判タ344・229）
○非堅固建物所有目的の借地権において、貸主が借主に対して与えた堅固建物への改築承諾は撤回できない。（大阪高判昭52・4・14判時859・51）

【事例18】　借地契約に「鉄筋を含む建物の新築を承諾する」特約がある場合、堅固建物所有目的といえるか

（東京地判平27・10・27（平27（ワ）13836））

```
┌──────────┐
│  判　旨  │
└──────────┘
```

　住宅建物所有目的とする借地契約において、鉄筋を含む建物を新築することを承諾する旨の特約があり、その建物の構造についての記載がなく、借地期間を20年間と明記してあり、いまだ鉄筋の建物は建築されていない場合、借地契約は堅固建物所有を目的としているとは認められない。

事案の概要

　本件借地契約の貸主はAであったところ、Bは昭和26年12月30日、相続により、本件建物の所有権及び借地上の借主の地位を承継した。

　Bの母であるCとAの間で、昭和31年頃、本件借地契約には、貸主の承諾がない限り建物の新築又は増改築をする事ができない旨の特約が付されていることなどを確認する契約書を作成した。

　YはAから、昭和52年6月22日以前に、本件借地契約の貸主の地位を承継した。

　Yの叔父Eは、Bに対し、昭和59年頃、本件借地契約の更新料として1,200万円を支払うことを要求し、その交渉の際、Bの代理人としてXが借地契約期間を20年よりも長い期間としてほしい旨要望したが、Eは受け容れなかった。

　YとBは、昭和59年3月3日付けの以下の内容とする借地契約書を作成した（以下「本件借地契約書」という。）。

・住宅建物所有の目的
・借地期間を同日から昭和79年3月2日までの20年間とする。

・貸主は、建築基準法に基づき、かつ2階建てまでであれば、増改築、新築（鉄筋を含む。）するときは条件を付すことなく承諾する（以下「本件特約」という。）。

BはYに対し、その頃、400万円を支払い、YはBに対し、本件借地契約書作成と同日、そのうちの200万円につき、本件借地契約に基づく更新料名目の領収書を発行した。

平成26年4月23日、XはBから、相続により、本件建物の所有権及び借主の地位を承継した。

Xは、本件借地契約は、昭和59年3月3日に堅固建物の所有を目的とするものになったのに、その借地期間を20年と定めているのは旧借地法11条に違反しており、旧借地法2条1項の規定により60年であると主張し、XがYに対し、XY間の借地契約の目的が堅固建物の所有で、かつ、その期間が60年であることの確認を求めた。

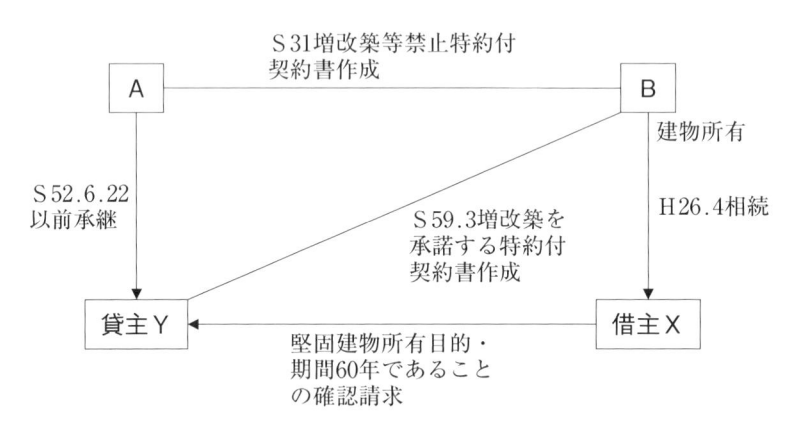

裁判所の判断

本判決は、本件借地契約は、堅固建物の所有を目的としているとは認められないと、おおむね以下のとおり述べ、Xの請求を棄却した。

　まず、借地契約の目的が堅固建物の所有であるかどうかは、契約内容の解釈の問題であることが大前提であることを指摘している。その上で、本件借地契約には本件契約書作成前には増改築を制限する旨の借地条件が付されていたところ、本件契約書において、鉄筋を含む建物を新築するときには、Ｙが条件を付することなく承諾する旨の特約がある一方、本件借地契約の目的を住宅建物所有とし、その目的とする建物の構造についての記載をしていない。また、本件借地契約の借地期間を20年間であると明記していること、その借地期間について、本件契約書作成当時、20年よりも長い期間とする旨のＸ側からの要望があったにもかかわらず、Ｙが了解せず、20年で合意がされたことが認められる。上記事実と、旧借地法5条所定の合意更新における借地権の最短存続期間が、非堅固建物を目的とする借地権の場合には20年であるのに対し、堅固建物を目的とする借地権の場合には30年であることをも総合考慮すると、「文言どおり、Ｙにおいて、建築基準法の規制に適合した2階建てまでの建物であればＸが鉄筋を含む建物の新築をすることを条件を付けることなく承諾するとして、増改築を制限する旨の借地条件を一定の限度で解除することを定めているに留まり」、鉄筋の建物が建築された場合にはその建物の構造によっては本件借地契約の目的が非堅固建物の所有から堅固建物の所有に変更されると見る余地があるとしても、昭和59年3月3日の時点で、本件契約の目的が、非堅固建物の所有から、堅固建物の所有へ変更されたとは認めることはできない。

　また、少なくとも、本件借地上に鉄筋の建物は建築されていない。

　したがって、本件借地契約は、堅固建物の所有を目的としているとは認められず、借地期間が昭和59年3月3日から60年とするＸの主張も、その前提を欠いていることから認められず、本件請求は棄却された。

コメント

　本件は、借地契約書に、鉄筋を含む建物を新築するときは条件を付すことなく承諾する旨の特約があったことから、借地契約の目的が堅固建物の所有であること等の確認を求めた事案です。この点、鉄筋を含む建物とは、堅固建物を指すのではないかと考えられるために、本件借地契約が堅固建物所有目的と解するか否か、その本件契約書における本件特約の解釈が問題となりました。

　そもそも、堅固建物か否かが問題となるのは、本件が旧借地法の適用があり、堅固建物か否かによって借地期間等が異なるからです。

　ここで、堅固建物とは、条文上、石造、土造、煉瓦造又はこれに類する堅固の建物と定められており（旧借地2①）、一般的にコンクリート造の建物が該当すると思われます。本件契約書における「鉄筋を含む建物」との記載は、鉄筋コンクリート造を想定していると考えるのが自然ですから、借地契約の契約書において、堅固建物の建築を認める内容の特約があるものでした。

　しかし、もともと非堅固建物の所有目的であること、上記特約が定められた経緯、本件契約書作成当時の経緯などから、少なくとも鉄筋の建物が建築されるまでは非堅固建物の所有を目的としていると判断されました。

　つまり、非堅固建物所有目的の借地契約であったとしても、堅固建物を建築することを承諾する特約は両立し、実際に堅固建物の建築により借地契約の目的が変更する余地を残していると解されます。

　契約内容の解釈の問題における事例判断ではありますが、参考になると思われます。

≪参考判例≫
○借地上に堅固建物が存するにもかかわらず、非堅固建物所有目的の借地権であるとされた事例（最判昭33・6・14民集12・9・1472）

3　借地条件変更と増改築許可の関係

【事例19】　借地条件変更の裁判を得た借主が、申立てと異なる規模、構造、用途の建物を建築することができるか

（東京地決平5・1・25判時1456・108）

判　旨

　借主自らが建築予定建物を提示して、財産上の給付の付随処分と共に認められた借地条件変更の裁判に基づいて、建築予定建物と規模、構造、用途の大きく異なる建物を建築することは認められない。

事案の概要

　借主Xと貸主Yの間に、以下の条件の本件土地の借地契約が存在する。

・契約締結日　　昭和35年6月29日
・目　　的　　　木造建物敷地に使用する

　　　　　　　　賃貸人の承諾を得ず賃借物の原状を変更しないこと

　Xは、本件土地とXが所有する隣接する土地に、木造亜鉛メッキ鋼板瓦交葺2階建建物（以下「本件現存建物」という。）を所有している。

　その後、Xは本件土地上に鉄筋又は鉄骨3階建建物（以下「建築予定建物」という。）を建築するために、借地契約の目的を非堅固建物所有から堅固建物所有へ変更する申立てを行った。その結果、昭和57年2月19日、本件借地契約について、XがYに対し金850万円を支払うことを条件として、本件借地契約の目的を堅固建物の所有を目的とするものに変更する旨の決定がなされた（以下「昭和57年決定」という。）。

　この決定に基づき、同年5月19日、XはYに対し850万円を支払った
が、Xは申立時予定していた建物を建築しないまま9年以上経過した。
　この度、Xは、本件土地上の本件現存建物を取り壊して、鉄骨造一
部鉄筋コンクリート造7階建建物を建築する計画があることから、新
たな増改築をするに当たり、Yの承諾に代わる許可の裁判を求めて、
申立てをした。
　これに対し、Yは、昭和57年決定によって変更された借地条件は「鉄
筋又は鉄骨造3階建工場」の建築を許容したにすぎないと主張し、争っ
た。

裁判所の判断

　本決定は、以下のとおり述べて、Xの増改築許可の申立てを却下し
た。
　本件借地契約に、Xが対象として掲げる本件現存建物の増改築につ
いて貸主の承諾が必要であることを示す条項は認められない。
　また、昭和57年決定は、本件借地契約の目的を「木造建物敷地に使
用する」ことから「堅固建物を所有する」ことに変更したものに留ま
り、本件現存建物の増改築を制限する趣旨を含まないことは明らかで
ある。
　ところで、昭和57年決定は、主文にて「堅固建物の所有を目的とす
るものに変更する」として、堅固建物の規模、構造、用途を明示的に
制限していない。しかし、堅固建物の種類、構造を制限することは、
当事者間の利益の衡平を図るため必要がある場合には付随処分の一つ
として認められているところ、昭和57年決定が主文において建築建物
の規模、構造、用途について何ら制限をしなかったのは、Xが申し立
てた建築予定建物を認めてもYの不利益にはならず、特に制限を加え
る必要がなかったと判断したためであって、何らの制約も伴わず堅固

建物の建築を認めた趣旨とは解されない。そのためＸが建築予定建物として提示した鉄筋又は鉄骨造3階建建物が財産上の給付額を算定する資料の一つとして斟酌され、その財産上の給付を条件とする借地条件の変更においては、建築予定建物と規模、構造、用途の大きく異なる本件計画建物あるいは、公法的規制以外の何らの制約も伴わない最有効使用の建物の建築を許容したとは解することはできない。

　なお、本件のように、条件変更の裁判を得た後に当初の予定建物とは異なる建物を建築しようとする場合の解決策が問題となるが、予定建物の変更が財産上の給付額を低く抑える手段として利用された場合は別として、客観的事情の変更にもかかわらず予定の変更を認めないのでは、借地の有効利用の観点から適当ではない。そこで、申立人が提示した建築予定建物の規模、構造、用途を借地条件の制限に準ずるものとして、借地借家法17条を類推適用することによって相手方との利益調整を図るのが実際的である。

　また、新たに計画している建物が本件土地と隣接するＸ所有の土地にまたがっており、いわゆるまたがり建物は、借地契約の終了に伴う地上建物の収去や買取請求あるいは賃借権譲渡の場合における介入権の行使との関係で困難な問題を生じ、貸主に対して著しい不利益を与える可能性がある。ＹとしてはＸに対し、借地の占有使用を受忍すべき義務を負うとしても、それ以上の不利益を甘受すべき義務はない。

　よって、Ｘは本件借地契約を根拠としても、またがり建物たる本件計画建物を建築することは認められない。

コメント

　本件では、当初建築が予定されていた建物を前提に財産上の給付を条件とする借地条件変更の裁判を得ていましたが、その後、規模、構

造、用途の異なる新たな計画建物を建築しようとする場合、以前得ていた借地条件変更の裁判に基づいて新たな計画建物を建築することは認められないとされました。

　確かに、借地条件の変更の裁判は、具体的な建物建築を想定しているとは限らず、抽象的に借地契約における条件を変更するものですから、必ずしも予定建物を具体的に特定する必要はありません。

　しかし、昭和57年決定において、建築予定建物として提示した建物が財産上の給付額を算定する資料の一つとして斟酌され、それが条件変更と不可分一体の内容となっていたために、実質的には具体的な建物を前提とした条件変更であったと判断されました。

　また、Xが新たに計画している建物は、本件土地とXの所有する隣接地にまたがる点について、本件では昭和57年決定の際にまたがり建物であることが考慮されずに財産上の給付の判断がなされていることから、昭和57年決定に基づく建築が認められないのは明らかなことに加えて、一般論としてもまたがり建物が貸主への不利益が大きいことが指摘されており、新しい建物の建築を認めない方向に働く要素であることが示されています。

≪参考判例≫
○いわゆるまたがり建物を計画し、借地契約の目的を非堅固建物所有から堅固建物の所有への変更を求めた申立てを却下した事例（東京高決平15・9・30（平15（ラ）114））

4　借地条件の違反

【事例20】　行政命令により堅固建物へ改築した場合、用法違反の違法性は阻却されるか

（最判昭39・6・19判タ165・65）

> ### ┌ 判　　旨 ┐
>
> 　借地の用法として、貯炭場を設けるため、建物は木造の小規模のものに限るとの特約である借地契約において、コンクリートブロック造の堅固な石油貯蔵庫を建築することは、用法違反であり、消防署の命によったものであったとしても違法性は阻却されない。

事案の概要

　貸主Ⅹが所有していた公道を挟んで存する2筆の土地について、Ⅹとしては更地のままで利用することを考えていたが、Ａから貯炭場として使用させてほしいという申込みを受け、Ⅹとしてはそれならば更地のままで収益を上げることができると考え、昭和13年、Ａに2筆の土地を賃貸した。

　借地契約の締結段階において、ＡからⅩに対し小さい建物でよいから附属施設を建てさせてほしいとの申出があったため、使用目的として、木造2階建住宅及び店舗並びに貯炭場所有のためとする約定が成立し、さらに、危険又は衛生上有害若しくは近隣の妨害となるべき事業をしないとの特約が成立した。

　昭和25年、借主ＹがＡの賃借権を引き継ぎ、石炭販売等の営業場所として使用していた。しかし、ＹはⅩの反対にもかかわらず、昭和32年、消防署の勧告もあり、1筆上に堅固な石油貯蔵庫を建築したため、

Xは用法違反を理由に2筆の借地契約を解除し、建物を収去し、土地の明渡しを求めた。

　これに対し、Yは、①特約は旧借地法11条に照らして借主に不利な契約条件を付したものであるから無効である、②用法違反をしたとされているのは1筆の土地上の建物についてであり、2筆の土地全部の借地契約を解除することはできない、③石炭産業からやむなく石油類の販売を行うようになったところ、消防署からの命により危害予防のため、従来の木造の建物をコンクリートブロック造として本件石油貯蔵庫を建築せざるを得なくなったものであり、かかる建築によるXの被るべき不利益は僅少であることから借地契約における信頼関係を破壊するに至っておらず、用法違反としての違法性も阻却されるとの主張をした。

裁判所の判断

　本判決は、堅固建物への改築による用法違反及びその違法性について、以下のとおり判示して、Xの請求を認容した。

　まず、争点①について、借地契約における「使用目的を木造二階建て住宅及び店舗並びに貯炭場所有と制限し借地内において危険又は衛生上有害若しくは近隣の妨害となるべき事業をしない」との特約を有効とした。

　次に、争点②について、本件借地契約が2筆の土地を一括して目的としたものであり、一方の土地上に石油貯蔵庫を建築したのは、石油販売のため2筆の土地を総合的に利用しようとするものであることから、1筆のみならず2筆の土地全部の借地契約について解除できるとした。

　さらに、争点③については、本件借地契約の特約によれば本来の用法は主として貯炭場を設けるためであり、建物としては木造・小規模

なものを認めていたにすぎず、コンクリートブロック造の堅固な石油貯蔵庫を建築して石油類を販売するということは、借地の本来の用法に抵触するものであり、Xの事前の明白な拒否にもかかわらずあえてこれを建築したという事情においては、このような建築によって借地契約における相互信頼関係を害せず、用法違反としての違法性を阻却することは困難であるとした。

　以上により、XY間の2筆の借地契約は、Yによる1筆上の用法違反によって解除が認められる。

コメント

　本件は、借地契約の使用目的を制限する特約が有効である以上、かかる特約に違反する行為は借主の用法違反として契約解除事由となることが原則であり、たとえ用法違反となった堅固建物への改築が消防署の命であったとしても、用法違反の違法性は阻却されないとした点が注目されます。

　現在は、本件のような建替えを検討する際には、当初の借地契約において定めた借地条件について、法令による土地利用の規制の変更や、付近の土地の利用状況の変化、その他の事情の変更があった場合、借地条件の変更について当事者間に協議が調わない場合には、当事者は裁判所に対し借地条件の変更の申立てをすることができる規定があり（借地借家17①）、検討することになります。

　ただし、仮に本件において、借地条件の変更の申立てをしたとしても、当該地域や土地に対する規制の変更があったわけではなく、借主の事情によって貯炭場を石油貯蔵庫に建て替えたにすぎないことからすれば、条件変更は認められなかった可能性も高いと思われます。そのため、いずれにしてもXの了解が得られない以上、Yの堅固建物へ

の改築は認められるものではないのでしょう。

　本件のように貸主の承諾を得られず堅固建物の建築をしたような行為は借地契約における信頼関係を破壊する行為であり、契約解除を否定すべき特段の事情は見当たりませんので、借地契約が解除されてもやむを得ないものといえます。

≪参考判例≫

○借主の事業形態の変更計画に基づき、借地契約の目的を非堅固建物所有から堅固建物所有への変更を求めたが、変更が認められなかった事例（大阪高決平3・12・18判タ775・171【事例27】）

【事例21】　非堅固建物所有を目的とする借地契約において堅固建物を新築した場合、契約解除が認められるか

（高松高判昭47・10・31判時689・80）

判　旨

　非堅固建物所有を目的とする借地契約において、堅固建物が新築された場合、借主において用法違反の義務不履行があるが、旧建物の焼失理由が類焼であること、付近は防火地域で堅固建物が多いこと、本件建物を建築するに至る事情等に照らして、契約解除を認めるほどの信義則違反に値しない。

事案の概要

　貸主Ｘと借主Ｙとの間には、以下の内容とする本件土地（2筆）の借地契約が存在する。

- ・契約締結日　　昭和33年12月24日
- ・目　　的　　　非堅固建物所有
- ・借地期間　　　期間の定めなし
- ・賃　　料　　　2筆分合計月額4,000円
- ・特　　約　　　本件土地上に当時現存するＹ所有の家屋が滅失したときは、借地契約は解除になり、Ｙは即時無条件で本件土地をＸに明け渡す。

　昭和41年3月27日、本件土地上にあったＹ所有の旧建物が火災のため焼失した。

　Ｘ方と本件土地とは、同じ街路筋に位置し、その間は136mくらいの距離しか離れていない。

　同年4月3日、Ｙの妻がＸ方に赴き、引き続き本件土地を貸してもらいたい旨の申出をした。これに対し、Ｘは明確な拒否の態度ではなく、

条件次第で承諾する態度を見せた。

　Yは同月8日、本件建物の建築に着手した。

　昭和41年5月11日付内容証明郵便で、XはYに対し、「借地契約は当然解除になる。即時建築を停止し、無条件で土地を明け渡せ。」と通告した。

　そして、Xは、①借地契約の約定に基づき、当然解除された、②Yが非堅固建物所有目的にもかかわらず堅固建物の建築をするという用法違反により、信義則に違反したと主張して、本件借地契約の解除を主張し、Yに対し、建物を収去し、土地を明け渡すよう求めて提訴した。

　これに対しYは、①当然解除の約定は旧借地法11条に反すること、②遅滞のない異議が述べられず旧借地法7条により法定更新したこと、及び、信義則に違反しておらず、解除は認められない旨主張し、争った。

　第一審にて、Xの請求を棄却したことから、Xは控訴した。

S33.12.24	本件借地契約締結
S41.3.27	旧建物火災により焼失
S41.4.3	Yの妻→X　継続して借地申入れ
S41.4.8	本件建物の建築着手
S41.5.11	X→Y　内容証明郵便にて、明渡しを求める

裁判所の判断

　本判決は、以下のとおり述べて、Xからの控訴を棄却した。

　まず、家屋の朽廃以外の事由による滅失の場合にも当然借地権が消滅する旨の約定は、借地権者に不利な特約であるから、旧借地法11条により効力はない。

　次に、Yは、本件ではXから遅滞のない異議が述べられなかったから、本件借地契約は堅固建物所有を目的として更新されたと主張している。この点、Xと本件土地はせいぜい14、15軒位しか離れていないこと、旧建物焼失直後からYは焼け跡で従前の商売を始め、数日後にはYの妻がX方に赴き、引き続き本件土地を貸してもらいたい旨の申出をしたところXは明確な拒否の意向を示さず、むしろ条件次第で承諾するような態度を見せたこと、Yが本件建物建築に着手したのが昭和41年4月8日であり、XからYに堅固建物の建築に対する異議がなされた同年5月11日頃には既に約7、8割の建築が終わっていたこと、XはYの堅固建物の建築を既に同年4月中には少なくとも知り得たものであることなどの事情があるとしても、遅滞なき異議があったものとして、旧借地法7条の法定更新は生じなかったものと解する。

　また、Xの契約解除の主張について検討するに、非堅固建物の所有を目的とする借地契約において、堅固の建物が新築された以上、Yにおいて用法違反の義務不履行があったというべく、かつ更新について異議がなされ、法定更新は生じてもいない。しかし、Y方の旧家屋が焼失したのは類焼であったこと、Yが本件建物を建築するに至る経緯、本件建物付近は防火地域で堅固建物の多いこと等の諸事情に照らし、本件の用法違反は、いまだ契約を解除する程の信義則の違反に値しない。

コメント

　本件は、非堅固建物所有を目的とする借地契約において、滅失後、堅固建物を新築した場合、遅滞なく異議がなされ、旧借地法7条による法定更新が認められない場合であっても、用法違反に基づく借地契約の解除は、信義則に違反しないとして認められなかったものです。

　旧借地法7条による法定更新は、新旧建物の種類、構造等が同一の場

合のみならず、滅失した建物が非堅固な建物で新築した建物が堅固な建物の場合にも適用があると考えられますので、本件においても遅滞なく異議が述べられなければ、堅固建物所有目的として、借地契約が更新されていたと思われます。

　また、本判決では、信義則に違反するか否かの判断において、旧建物の消滅原因やYがXへの借地契約継続の申入れをした際のXの態度等建築までの経緯に加えて、本件土地付近が防火地域であり堅固建物所有を目的とする相当性があることが指摘されています。

　そのため、仮に、本件の借主から、借地契約の目的を、非堅固建物の所有から堅固建物の所有に変更する申立てをした場合、付近一帯が防火地域に指定されており、近辺の建物のほとんどが鉄骨ブロック構造の建築であることなどの事情等も裁判所の判断において認められていることから、借地条件の変更も認められていた可能性も高かった事案と思われます。

≪参考判例≫

○堅固でない建物の所有を目的とする土地の賃貸借において、借主が堅固建物に建て替えたが貸主が遅滞なく異議を述べなかった場合、貸主は用法違反を理由に契約を解除することができない。（東京地判昭45・3・31判時606・52）

5　借地条件変更申立ての当事者

【事例22】　借主が貸主に無断で堅固建物を建築した後に、貸
　　　　　　主から借地条件変更の申立てをすることができる
　　　　　　か

（東京地決昭43・3・25判時517・69）

判　　旨
非堅固建物所有目的の賃貸借契約において、借主が貸主の承諾を得ずに堅固建物を建築した後に、貸主が借地条件変更の申立てをすることができる。

事案の概要

　XはYに対し、昭和22年9月15日に、本件土地を、建物の種類及び構造の定めなく、非堅固建物所有目的として、借地期間を20年間との約定で賃貸した。

　Yは、昭和23年3月頃、本件土地上西側にバラック建物を建て、同年の暮れ頃に本件土地上の東側に木造の工場を建てた。その後、昭和30年2月頃、前記木造の工場を取り壊して、鉄筋コンクリートブロック造の建物を建築した。さらに、昭和34年頃、本件土地上西側のバラック建物を取り壊して、翌35年頃に基礎工事を必要とする堅固建物をYの妻名義で建築した。

　Xは、3か月に1回程度、Yへ賃料の集金に行っていたところ、昭和30年7月7日頃の集金の際、前記鉄筋コンクリートブロック造の建物ができていることを初めて発見し、Yに対して異議を申し出て、借地契約の目的を堅固建物所有に変更するように主張し、その後もXはYに対し、再三同様の申入れをしていた。

昭和35年7月17日頃、Y及びその妻の申入れにより、Xが貸主、Y及びその妻が共同借主とする契約に改めた。しかし、その他の条件については、非堅固建物所有目的のままの従前どおりであった。

なお、昭和41年、XはYに対し、建物収去土地明渡しの調停を申し立てているが、昭和42年9月1日に不調となった。

XはYに対し、借地契約の目的を堅固建物所有目的に変更するように求めて申立てをした。

S 22.9.15	X→Y　賃貸
S 23.3頃	Y　バラック建物建築
S 23.12頃	Y　木造工場建築
S 30.2頃	Y　上記工場取壊し、鉄筋コンクリートブロック造建物建築
S 34〜35	Y　バラック建物取壊し、堅固建物建築
S 35.7.17	YとYの妻を借主として契約更改
S 41〜42	X→Y　建物収去土地明渡調停申立て→不調

裁判所の判断

本決定は、おおむね以下のとおり判示し、Xの借地条件変更の申立てを認容した。

本件土地は、現在準防火地域、準工業地域等の建築法規上の規制を受けており、その周囲は昭和22年9月15日の契約当時は戦後間もなくの頃であり、人家も少なく、ほとんどがバラック造で堅固建物の数も少なかったとうかがわれるが、現在では表通りには既に堅固建物もかなり多くなってきており、今後、本件土地周辺で新しく借地契約を締結するとすれば、ほとんどが堅固建物所有を目的とするであろうと推

測される状況にある。

　本件土地上には既にＹにより現に堅固建物が建築されているが、XY間の借地契約は非堅固建物所有を目的とするものに変わりなく、借地期間も変更がない。前記事情に鑑みると、借地契約の目的を堅固建物を所有するものに改めるのが相当であるとし、目的の変更に伴い、存続期間が変更されるとした。

　なお、本件のような申立ては、堅固建物の建築前にされるのが原則であるが、借主が貸主の承諾を得ることなく堅固建物の建築をした場合においては、貸主が契約解除せず、借地契約の目的を変更する申立てをすることができるとした。

　次に、必要な付随処分について、裁判所は「財産上の給付についてみると、非堅固の建物所有の借地条件を堅固の建物所有の借地条件に改める旨の裁判の申立てが土地賃貸人からなされた場合に、借地人側では堅固の建物を築造する意志が全くないというようなときには、借地人からその変更の必要性があって申立てされた場合と区別し、裁判の際借地人より賃貸人に対し財産上の給付を命ずるのが相当でないかあるいは命ずるにしても比較的低率であってしかるべきだと解する余地があると考えられるが」、本件のように借地契約の目的が非堅固建物所有目的であるにもかかわらず、借主が貸主に無断で堅固建物を築造した結果、現に借地上に堅固建物が存在するようなときには、貸主から借地契約の目的を堅固建物所有とするように求める裁判が申し立てられたという場合には、財産上の給付額について特段の配慮をするようなことは不要であるとした。

　本件では、①昭和22年9月15日にＸがＹに本件土地を貸し付けて以来現在まで、ＹからＸに対して財産上の給付が全くなされていないこと、②Ｙは、昭和30年と昭和35年にいずれも堅固建物2棟を建築し、1棟は工場として、もう1棟は1階を事務所及び倉庫として、2階3階を貸

室等にして、営業用に使用収益を得てきていること、③従前の賃料額は、非堅固建物所有の場合ならば妥当であるが、堅固建物が建築された後の賃料額改定の推移は低額であったと言わざるを得ないこと、以上より、相当な財産上の給付を命じるのが相当であるとした。

その上で、更地価格の10％に相当する226万8,000円を給付するように命じ、賃料額を1か月3.3㎡当たり90円に増額した。

コメント

本件は、貸主から借主に対し、借地契約の目的につき非堅固建物所有から堅固建物所有への変更を求める申立てであり、変更が認められ、財産上の給付についても認められた事例です。

堅固建物を建てたい借主から借地条件の変更の申立てをすることが多いですが、申立権者は「当事者」とされており、貸主・借主いずれからでも申立てができます（旧借地8ノ2、借地借家17①）。

この点、貸主の申立ての場合には、借主が申し立てた場合とは異なり、借主が変更を望んでいない場合もあります。そのような場合には、付随的処分として財産上の給付を命じることが酷な場合もあり得ます。しかし、本件のように、借主が貸主に無断で堅固建物を建築して、現に堅固建物が建っており、その後、貸主が再三にわたって借地契約の条件変更について求めたにもかかわらず、借主が応じてこなかった事案においては、貸主からの申立てであったとしても、また、財産上の給付を命じているとしても、何ら問題がない事案であったといえます。

そのため、借主からの申立ての事案と同様、一般的な基準といえる更地価格の10％の財産上の給付、賃料の増額及び借地期間の延長について処分が出された本決定は妥当な判断であったと思われます。

≪参考判例≫

○隣接する土地の各借主が、同一の貸主に対して、両地にまたがる堅固建物を築造するため、共同してする借地条件変更申立ては不適法であるとした事例（東京高決昭45・6・17判時605・67）

○貸主による非堅固建物から堅固建物への変更の申立てが棄却された事例（東京地決平17・5・17（平17（借チ）4））

6　借地条件変更の要件

【事例23】　借地権譲渡があった場合、借地条件変更の要件で
　　　　　　ある「事情の変更」の有無はいつを基準とするか

（東京地決昭46・9・17判タ271・375）

> ### 判　旨
>
> 　借地権の譲渡があっても、旧借地法8条ノ2第1項の「事情の変更」
> の有無を判断する際に、変更前の事情は借地権の譲渡時ではなく、
> 借地権の設定時を基準として決すべきである。

事案の概要

　Xの前の借主であったAは、昭和33年以前から本件土地をYから賃借し、建物を所有していた。

　Xは、昭和43年12月26日、Aから、Yの承諾を得て、本件土地の借地権及び本件土地上の建物を譲り受け、以下の内容で、借地契約を締結した。その際、XはYに対し、名義書換料として金200万円を支払った。

・目　的　　　木造建物所有
・期　間　　　昭和44年2月1日から20年
・賃料1か月　金6,933円

　本件土地付近は、契約締結当時は、古い建物が多く、ほとんどが2階建程度のものであった。しかし、現在は、前面道路に面した土地は、商店、事務所の商業地であり、鉄骨又は鉄筋による3階建以上の建物が見受けられる。目下建築中の建物はほとんどが鉄骨又は鉄筋造りである。

　Xは、借地条件のうち目的を堅固建物に変更し、鉄骨造6階建を建築すべく計画中であるが、Yと協議が調わなかったことから、Xは借地

条件の変更を求めて申立てをした。

　Ｙは、ＡからＸへの借地権譲渡の際、「木造建物所有以外は譲渡を承諾しない。もしそういう計画があれば貸せない。」と言い、Ｘも了解していたことから本件申立て自体許されない、また、日照に悪影響を及ぼすのだから相当でないとの主張をし、争った。

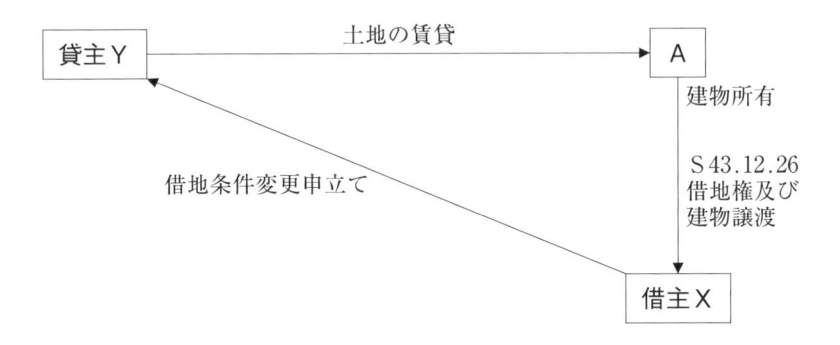

裁判所の判断

　本決定は、以下のとおり述べて、堅固建物への変更を認めた。

　本件のように、建物と借地権が譲渡される場合は、借地権も非堅固建物の存在を前提として行われるのであるから、旧借地法8条ノ2第1項の「事情の変更」の有無は、譲渡前の借地権の設定時を基準として決すべきである。本件では、Ａの借地権は遅くても昭和33年以前に設定されたものであり、その時点において、本件土地付近は木造建物が大部分であったと推認し得るが、現在本件土地付近は、準防火地域、商業地域に指定され、商店、事務所用地として発展しつつあり、堅固な建物が次第に増大しつつあることから、現に借地権を設定するにおいては堅固な建物所有を相当とする事情の変更があると認められる。

　また、Ｙは本件申立て自体が許されない旨の主張もしているが、借地条件変更を申し立て得る権利は特約によっても排除することはできないことから、Ｘが木造建物所有の借地権を買い受け、その後目的の

変更を求めることは、借主としての正当な権利行使であることから、本件申立てが信義則に反して権利濫用であるとはいえない。

　同様に、Xの改築計画により日照に相当な影響を及ぼすことは避け難いが、本件土地付近のように都心に近い商業地においては、建物の高層化は必至の傾向であり、通例の高さの建物による日照の影響は近隣住人としてやむを得ないものとして受忍すべきであり、かかる事由により条件の変更を不相当とすることはできない。

　付随の処分については、給付金として、本件土地の更地価格の10％に当たる金323万円を支払わせ、賃料を1か月金1万0,095円に増額するのが相当であり、本件借地条件の目的変更に伴い、借地期間を30年に延長する。

コメント

　本件は、借地権譲渡の時点においても堅固建物への建替えについて交渉をしたが成立に至らなかったことがうかがえますが、借地権譲渡後1年程度で借主が借地条件変更の申立てを行った事案です。

　そのため、借主において、条件変更の相当性が認められる「事情の変更」（旧借地8ノ2、借地借家17①）の時点が問題となりました。この点、裁判所としては、事情の変更における変更前の事情の基準時は、直近になされた借地権譲渡の時点ではなく、借地権設定時を基準として判断することを明らかにしました。借地権の譲渡があったとしても、従前の契約を引き継いでいるのであって、借地条件に新たな合意があったわけではないことから、当然の帰結と思われます。

≪参考判例≫
○事情の変更により借地条件の変更を相当とするには至っていないとして借地条件の変更を認めなかった事例（大阪地決昭63・5・13（昭61（借チ）9））

7　借地条件変更において裁判所が考慮すべき事項

【事例24】　借地契約の残存期間が1年足らずで借地期間が延長される場合に、付随処分として財産上の給付額を増額することができるか

（東京地決昭56・5・13判時1021・120）

判　旨

　財産上の給付額は、本件土地の価値の増加分を基礎として算出するところ、盲地を隣接地と一体利用できることや、借地契約の残存期間が1年足らずなのに、借地条件変更に伴って30年の借地期間が定められることに鑑みて、更地価格の15%程度を相当とする。

事案の概要

　借主Xと貸主Yとの間で、以下の条件で本件土地の借地契約が存在する（以下「本件借地契約」という。）。

・契約締結日　　昭和28年12月21日
・借地期間　　　昭和57年3月31日まで（昭和37年4月1日更新）
・目　的　　　　非堅固建物所有
・賃　料　　　　昭和54年4月以降月額4万2,380円

　昭和37年4月1日の契約更新時、XはYに対し、更新料金60万円を支払った。

　契約締結当時の本件土地付近の状況は、一部に中高層ビルがあるものの、大部分は木造2階建の店舗や事務所があるというものであったが、現在は、繁華街の一画として、ほとんど商店、事務所、飲食店に利用されている中高層ビルとなっている。

　Xは、本件土地及びXが所有する隣接地上に木造瓦葺2階建居宅兼

店舗を所有していたところ、昭和54年10月17日火災により焼失したため、鉄骨鉄筋コンクリート5階建204.43㎡の建築を計画し、本件土地の借地条件の目的変更を求めて、申立てをした。

　これに対し、Yは、将来、Yが所有する本件土地隣接地の一部が買収される予定があり、そうすれば隣接地の残余部分だけでは建物の建築が困難となるため、本件土地の全部又は一部の返還を受ける必要がある、そのため、本件借地契約の期間満了時である昭和57年3月31日後に本件土地を自己使用する必要性があり、更新に異議を述べる予定であることから、本件借地契約の目的を堅固建物所有に変更するのは相当ではないとして、争った。

裁判所の判断

　本決定は、以下のとおり述べて、Xの申立てを認容した。

1　借地条件変更の相当性

　鑑定委員会は、本件土地に係る都市計画法上の規制、その付近の土地利用状況等を検討した上、本件土地については堅固な建物を築造するのを相当とする旨の意見である。

　この点、本件借地契約は昭和57年3月31日に借地期間が満了するが、Yは本件土地付近に他にも土地を所有していること、仮に前記借地期間満了後本件土地の返還を受けてもY自らが居住する意向はないこと、本件土地が借地できなければX所有の隣接地がいわゆる盲地となりその価値を大きく減ずること、Y主張の用地買収計画は必ずしも具体性を有していないことが認められ、本件借地契約の借地期間が残りわずか1年足らずであることを考慮しても、申立ては相当である。

2　付随処分について

　本件申立てを認容するに当たり、鑑定委員会はXに金621万5,000円の給付を命ずるのを相当とするとの意見を述べている。かかる給付額

は、本件土地の更地価格の約12.9%に相当するものであるが、X所有の南側隣接地と一体として利用できることから生ずる本件土地の価値の増加分を基礎として算出したものである。

しかし、このような価値の増加は、隣接する複数の狭小土地を一体として利用する場合、いわゆる盲地を道路に接する隣接地と一体として利用する場合等に、一般に生ずるものであって、借地条件を堅固建物所有目的に変更することによって生ずるXの利益・Yの不利益の評価と直接結びつくものではない。もっとも、本件の場合、Xが昭和57年3月31日の期間満了後も引き続き借地できることを前提として価値の増加は把握されるものである。借地条件の変更に伴って本件土地の借地期間が変更の効力が生じた日から30年と延長されることを考慮すると、結果的には、本件土地の価値の増加は、本件借地条件変更によって生じる利益・不利益の一部を反映しているともいえる。

そのため、借地期間が残り1年足らずなのに本件借地条件変更に伴って30年の期間が定められると、Xが建築を計画している建物の構造・規模、用途、裁判所における同種事案における給付額が更地価格の10%程度とされる例が多いこと等を勘案すると、Xに命じるべき財産上の給付額は、本件土地の更地価格の15%程度とするのが相当である。

よって、本件土地の更地価格として金4,819万円が相当であることから、給付額は金730万円（更地価格の約15.15%）をもって相当とする。

賃料については、本件土地の適正賃料は月額5万1,888円程度であり、現行賃料が4万2,380円であることから、本件借地条件変更に当たって、本件土地の賃料を5万5,000円に増額するのを相当とする。

コメント

本決定は、借地期間が残り1年足らずであるものの借地条件の変更を認め、その貸主の不利益や、盲地（袋地）を一体利用できる借主の

利益について、財産上の給付額を決める際の増額要素として考慮しています。

　借地期間の残りが短期である場合には、更新の可能性を考慮すべきであることから、【事例26】（高松高決昭63・11・9判時1319・119）において述べるように見解が分かれます。

　本決定は、【事例26】　コメント　中の見解①に沿った判断であると思われます。

　かかる見解によると、借地契約について更新の可能性があるものの、正当事由の具備について判断が微妙な場合にも、民事訴訟での判断を待つことなく条件変更の申立てを認容されることから、他の見解に比べて変更が認められやすい方向に働きます。そのため、貸主が被る不利益については、財産上の給付において調整するしかないことになりますが、本決定はその一例として参考になります。

　また、本来、狭小土地を隣接地と一体に利用できることから生じる価値の増加は、借地条件変更による利益・不利益と直結するものではないとしながらも、本決定では、盲地となる土地が隣接地と一体利用できることによる価値の増加も、借地条件変更による利益・不利益の一部であるとしました。このように、盲地の一体利用が可能となる点を捉えて、財産上の給付額の増額要素としていると考えられます。

≪参考判例≫
○更新拒絶の機会を奪われる不利益を特に考慮して、財産上の給付額を更地価格の20％とした事例（東京高決平12・9・5（平12（ラ）698））
○2筆の土地にまたがって建物を建て替えることは、貸主の優先買受権行使の妨げとなることから、貸主にとって相当不利益と評価すべきとして、財産上の給付額として更地価格の15％とした事例（東京高決平19・12・20（平17（借チ）21））

【事例25】　借地期間満了までの残存期間が3年である場合、堅固建物所有目的への変更は認められるか

（東京高決平元・11・10判タ752・231）

判　旨

　借地契約の将来の更新の見込みが確実といえる場合か、更新の成否について本案訴訟による確定を待つことなく、借地条件を堅固建物所有目的に変更しなければならない特段の事情が存する場合でない限り、借地条件変更の申立てを認容するのは相当ではない。

事案の概要

　Yの先代はXの先代に対し、以下の条件にて本件土地を賃貸した(以下「本件借地契約」という。)。

・契約締結日　昭和25年7月1日

・契約の目的　非堅固な建物の所有

・借地期間　　20年

　Xの先代は、昭和25年9月頃、本件土地上に本件建物を建築し、居住していた。

　本件借地契約は、昭和45年7月、借地期間を平成2年6月30日までとするとして、同条件で更新された。

　Yは、昭和56年4月22日、相続により本件土地を取得した。Yは、賃貸マンションの一区画を賃借して居住し、家賃・共益費として1か月12万3,000円を支払っている。将来本件土地上に居宅兼共同住宅を建築したいと考えており、本件借地契約の借地期間が満了した際には更新を拒絶する意向である。また、Yは、Xに対し、本件土地からの立退料として、第一審では1億円を提示している。

　Ｘは、昭和60年12月18日、相続により本件建物及び本件土地の借地権を取得した。

　Ｘは、本件建物が相当程度老朽化していることから、取り壊した上、本件土地上に、鉄筋コンクリート造5階建の居宅兼共同住宅を建築しようと計画している。

　そこで、Ｘは、本件借地契約の目的を堅固建物の所有目的に変更することを求めて、本件申立てに及んだ。

　なお、ＸもＹも共に、他に所有する不動産はない。

　本件申立てに対し、第一審は、借地条件変更を認めたことから、Ｙは、本件借地契約が平成2年6月30日に存続期間が満了し更新を拒絶する意向であり、この更新拒絶には正当事由が存在するとして、申立ての棄却を求めて抗告した。

裁判所の判断

　本決定は、以下のとおり述べて、第一審決定を取り消し、堅固建物への変更申立てを棄却した。

　借地期間が近い将来満了する借地契約において、借主から堅固建物所有の目的へ借地条件変更の申立てがなされた場合、貸主が、借地期間満了の際には契約の更新を拒絶する意向をあらかじめ明らかにしているにもかかわらず、借地非訟手続にて、更新拒絶に正当事由が認められないと判断した上で、借地条件変更の申立てを認容し、これに伴い借地期間を変更の効力発生時から30年に延長するとの形成的処分を行うときは、貸主に対審公開の民事訴訟手続において借地権の存否・更新の成否の確定を求める途を与えられないまま、実際上極めて長期間にわたり借地を回復できない結果となる。そのため、現時点において、将来の更新の見込みが確実であるといえる場合か、更新の成否に

ついて本案訴訟による確定を待つことなく、借地条件を堅固建物所有目的とするものに変更しなければならない特段の事情の存する場合でない限り、借地条件変更を認めるのは相当ではないと解される。

　本件では、借地契約は平成2年6月30日に借地期間が満了することから、申立ての時期から見ても、その満了まで3年しかなく、借地期間満了時にはYがその更新を拒絶してXに対し本件土地の明渡しを求め、Xが応じなければ、Yが訴訟提起に至ることは、経緯に照らして推認するに難しくない。また、本件土地はYが所有する唯一の不動産であって、Y自身賃貸マンションに居住しており、他方、本件建物は建築後40年を経過しており、既に相当老朽化している事情に鑑みると、更新拒絶に当たり、少なくともYが正当事由を補完するに足りる相当額の立退料をXに提供した場合には、Yの本件土地明渡しの請求は認められるべき筋合のものである。そうすると本件においては、将来の契約更新の見込みが確実なものであるとは認められないし、その他、借地権の満了時期が迫っている現時点において、直ちに借地条件を変更しなければならない特段の事情も認められない。

コメント

　本件は、非堅固建物所有目的から堅固建物所有目的への変更の申立てに対し、借地契約における更新拒絶の正当事由が認められる可能性があることを理由に変更を認めなかったものです。

　借地条件変更の裁判においては、借地契約の残存期間を含む一切の事情を考慮して裁判すべきとされていますが（借地借家17④、旧借地8ノ2④）、残存期間が特に問題となるのは、借地契約の残存期間が短く、貸主側において期間満了時の更新拒絶の意向を示している場合、借地契約が更新されるか否かによって当事者が受ける利益・不利益に大きく

影響を受けるからです。

　この点、借地契約の残存期間が短いときの判断基準について、【事例26】（高松高決昭63・11・9判時1319・119）において述べるように見解が分かれるところですが、本決定においては、【事例26】　コメント　中の見解②を採用しているように思われます。

　しかし、かかる基準によると、借地契約の終了が見込まれるような場合でも、更新の成否について本案訴訟による確定を待つことなく申立てを認容しなければならない特段の事情がある場合には、借地条件の変更申立てが認められることになるため、貸主の利益を害することのないよう、前記特段の事情の認定は制限的であるべきと考えます。

≪参考判例≫

○借地期間の残存期間が短く、相手方が、期間満了時に正当事由を具備する可能性がないとはいえず、借地条件変更について申立人に緊急の必要性はないとして、非堅固建物所有目的を堅固建物所有目的への変更を求めた申立てを棄却した事例（東京地決平6・5・30（平4（借チ）51）、東京地決平17・9・2（平16（借チ）13）など）

【事例26】 借地期間満了までの残存期間が7年程度である場合、堅固建物所有目的への変更は認められるか

（高松高決昭63・11・9判時1319・119）

判 旨
堅固建物所有目的に変更する緊急の必要性が乏しく、建物の老朽化、貸主の土地返還希望、借地期間満了時には更新拒絶の正当事由も認められる余地がないではない等の一切の事情を考慮し、条件変更は相当ではない。

事案の概要

借主Ｘと貸主Ｙとの間には、以下の内容の借地契約が存在する。

・契約締結日　昭和20年秋頃
・契約の目的　非堅固な建物の所有
・借地期間　　定めなし
　　　　　　　ただし、昭和50年秋に更新され、昭和70年秋まで
・地　代　　　昭和59年1月以降月額4万9,000円
・本件建物　　木造亜鉛メッキ鋼板瓦交葺平家建　店舗兼居宅

本件土地の所在する地域は、昭和45年5月7日市街化区域（用途地域は商業地域）になり、同年12月28日準防火地域に指定された。

契約当時は、戦災による焼け野原でバラック建物がある程度であったが、現在は病院、店舗等鉄筋コンクリート造の建物が密集している。

Ｘの先代はＹの先代から借家をして居住していたが、昭和20年7月の戦災で前記借家が焼失したため、当時の土地管理人の許可を得て、本件建物を建築し、本件借地契約が締結された。

Ｘの先代は、本件建物を牛乳等販売店として販売業を営んでいたが、Ｘを含む子らは地元におらず、一人暮らしをしていたところ、昭和58

年11月に死亡した。その後、XはAを支配人として本件建物の販売業を続けており、Xが本件建物を利用するのは月1回程度、地元に戻ってきて宿泊するときのみである。

Xは東京在住であり、家族を含めて本件建物に居住する予定はない。本件土地使用による収益を高めるために、本件建物を取り壊して、鉄筋コンクリート造5階建店舗兼居宅の建築を予定し、貸店舗・マンションとする意向である。

本件建物は老朽化しており、近く朽廃に至る状況である。

Yは自宅土地建物を所有しているが、養子夫婦と孫三人への財産分けを考慮して、本件土地を自ら使用する必要があるとして、土地の返還を強く望んでいる。

XはYに対し、本件借地契約の目的を堅固建物所有目的に変更することを求めて申立てをした。第一審において、1,000万円の支払を条件として借地条件を堅固建物所有目的とするものへの変更を認め、付随的処分として借地期間を30年とする旨の決定をした。

これに対し、Yは不服として抗告した。

裁判所の判断

本決定は、以下のとおり述べて、第一審決定を取り消し、堅固建物への変更申立てを却下した。

Xの本件借地条件変更申立ての主たる動機は、本件土地の地域環境の変化によって土地利用状態を維持することが困難になったからではなく、Xの先代の死亡により、Xが本件土地上に新たに営業用建物を建築して借地使用による収益を増加させることを考えるようになったことによるものと認められ、借地条件を堅固な建物所有を目的とするものに変更すべき緊急の必要性に乏しい。

　一方、Yは本件土地の返還を希望しており、本件建物の朽廃の時期は不確定であるが、本件借地期間満了時には更新を拒絶して争うことは必至であり、借地期間の残存期間も7年程度である。

　確定的な予測は困難であるが、本件契約が締結された事情、Yの先代の死亡、建物老朽化の状態、Yの土地使用を求める事情、Xの土地使用目的等を総合的に勘案し、期間満了時、契約更新拒絶の正当事由が認められる余地がないわけでない。よって、現時点において将来の更新拒絶をほとんど不可能とするにも等しい本件借地条件の変更を認めるのは相当ではない。

コメント

　本件は、非堅固建物所有目的から堅固建物所有目的への変更の申立てに対し、借地契約における更新拒絶の正当事由が認められる可能性があることを理由に変更を認めなかった事案です。

　裁判所が借地条件変更の裁判をするに当たり、「借地権の残存期間、土地の状況、借地に関する従前の経過その他一切の事情を考慮」されます（借地借家17④、旧借地8ノ2④）。

　この点、残存期間の扱いについて、以下のような考え方があります。

① 　期間満了時に更新拒絶の正当事由を具備する蓋然性が高く、更新拒絶による借地契約の終了が見込まれる場合に限り、申立てを棄却し、そうでない場合は申立てを認容する見解

② 　期間満了が近く、借地権設定者が存続期間満了の際には契約の更新を拒絶する意向をあらかじめ明らかにしている場合は、期間満了時における契約更新の見込みが確実であるとき又は更新の成否について本案訴訟による確定を待つことなく申立てを認容しなければならない特段の事情があるときに限り、申立てを認容し、そうでないときは申立てを棄却するとの見解

③　期間満了が近い場合は、期間満了時における契約更新の見込みが確実であり、かつ、現時点において申立てを許容するための緊急の必要性があるときに限り、申立てを認容し、そうでなければ申立てを棄却するとの見解

　このような考え方のうち、本件において裁判所は③の見解に近い考え方であるように思われます。

　ただし、前記③の見解であっても、借地契約の更新が確実である場合であれば、申立てを認容しても貸主に不当な不利益を与えることはなく、借主に緊急の必要性まで要求するのは、借主にとって過剰な負担になるのではないかとも考えられます。

　この点、残存期間の短い場合とは、借地契約の更新の見込みの有無を判断することができる程度に短い期間であることが相当と思われ、一般的には2、3年を目安と考えられているようです。

　本決定は、残存期間は7年程度であり、短いとは言い難いですが、借地契約の更新の見込みについて諸事情に鑑み、判断しています。

≪参考判例≫

○借地権の期間満了が近い場合に借地条件変更の申立てを認容するためには、条件変更の要件を備えるほか、契約更新の見込みが確実であること及び現時点において申立てを認容するための緊急の必要性があることを要する。（東京高決平5・5・14判時1520・94）

【事例27】　借地上の建物が相当老朽化している場合、堅固建物所有目的への変更は認められるか

（大阪高決平3・12・18判タ775・171）

判　旨

　本件借地権は、近い将来、建物の朽廃により消滅する見込みがあること等、諸事情を総合して、非堅固建物所有目的から堅固建物所有目的への条件変更は相当ではない。

事案の概要

　Yらの父Aは、Xに対し、昭和26年7月20日作成の公正証書により、以下の条件で、本件土地を賃貸した（以下「本件借地契約」という。）。

・借地期間　昭和26年7月1日から昭和46年6月末日まで20年間
・用　途　　木造スレート葺き工場用建物の敷地
・解除要件　あらかじめ貸主の証書による承諾がない限り、本件土地を前記用途以外に使用すること、本件土地上の建物を債務の担保に供することはできず、違背したとき、及び賃料の支払で一度でも遅滞したときは、無催告で借地契約を解除できる。

　Aは昭和32年9月5日に死亡し、Yらが相続し、Xとの間の借地契約の貸主の地位を承継した。

　本件借地契約は、当初の期間満了によって、昭和46年7月1日、期間20年として更新されて、平成3年6月30日までとなった。更に更新され、借地期間の満了は平成23年6月30日までとなった。

　本件土地の賃料については争いがあり、Xにおいて供託中である。

　Xは、主に船舶用ボイラーの製造及び販売を業として、本件建物を船舶用ボイラーの製造工場として使用していたが、昭和62年2月頃、船舶関係の業務を縮小することにした。そして、本件土地上に存在する

本件建物を取り壊して、本件土地と隣地にまたがって、鉄骨・鉄筋コンクリート造り7階及び9階建のマンションの建築を計画中であり、そのために本件借地契約の目的を、非堅固建物所有から堅固建物所有へ変更を求めて、本件申立てをした。

　これに対し、Yらは①建物朽廃による借地権の消滅、②無断増改築、無断担保設定、賃料不払等の債務不履行により借地契約の解除を主張し、争った。

　なお、Yらは、Xに対し、本申立てとは別に、㋐建物朽廃による借地契約の終了、㋑債務不履行に基づく解除による借地契約の終了を理由に、本件建物収去土地明渡しを求める訴えを大阪地方裁判所に提起して、係争中である。

　第一審では、Xの借地条件変更の申立てを認めたため、Yらが即時抗告したものである。

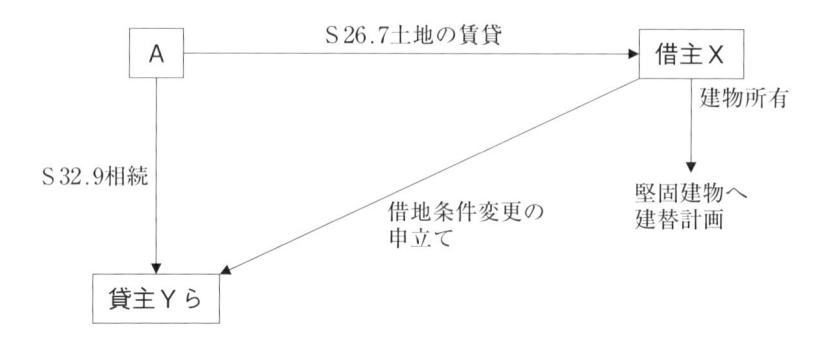

裁判所の判断

　本決定は、以下のとおり述べて、第一審決定を取り消し、堅固建物への変更申立てを棄却した。

　まず、Yらが主張する争点である本件建物の朽廃による借地権の消滅（①）については、本件建物が建築後50年以上経過した木造スレート葺き工場であり老朽化していることは認めるが、朽廃に至っていないとして、朽廃による借地権消滅の主張は認めなかった。

　また、無断増改築、無断担保設定、賃料不払、いずれの債務不履行による借地契約の解除（②）についても、理由はなく認めなかった。

　そして、裁判所は借地権があることを前提に、以下のように借地条件の変更について判断した。

　本件土地は、従前は工場地帯であり、中小規模の住宅が混在する地域であったが、近年は堅固な建物であるマンション建築が盛んである。

　しかし、本件建物は、昭和11年頃に建築されたもので、現実にはかなり老朽化していて、近い将来朽廃する見込みであること、本件借地契約における借地期間は相当長期になっていること、本件土地はもともと工場用建物の敷地として非堅固建物所有目的とする特約があること、本件建物朽廃により借地契約が終了する見込みであるのに、堅固建物を建築すれば借地期間が30年となり、更に30年後には更新される見込みであること等の事実から、非堅固建物の所有目的である本件土地の借地権を、堅固建物の所有目的とする借地権にその借地条件を変更することは相当ではない。

　よって、Xの本件借地条件変更の申立ては認められない。

コメント

　本件は、非堅固建物所有目的から堅固建物所有目的への変更の申立てに対し、借地上の建物の朽廃が近いことを理由に変更を認めなかった事案です。

　借地条件の変更の申立てにおける、借地上の建物が朽廃状態であるとの主張は、申立ての形式的要件である借地権の存在に対するもののみならず、実質的要件としても変更を認めるか否かに影響します。

　旧借地法では、借地期間の定めがない場合、又は、借地期間が法定の期間とされている場合、その期間内に建物が朽廃すると借地権は消滅します（旧借地2①）。そして、借地借家法施行前に設定された借地

権については、なお従前の例によるため（借地借家附則5）、建物の朽廃
が、借地権の絶対的な消滅事由となります。したがって、建物の朽廃
が認められれば、申立ての形式的要件である借地権の存在が消滅する
ため、借地条件変更の申立ては却下されることになります。

　他方、建物が朽廃に達していなくても、朽廃に近い状態であり、借
地期間内に朽廃の状態に達することが予測される場合、建物の朽廃に
よる借地権消滅の期待を奪うべきではありません。つまり、借地条件
変更が認容されれば、増改築等により建物の朽廃状態は解消されるか
らです。そのため、借地条件の変更のうちでも構造の変更については、
朽廃に近い状態の場合には申立ては棄却されるのが相当と思われま
す。また、借地条件の変更のうち、種類や用途を制限する旨の借地条
件の変更については、増改築を伴わないことがほとんどであり、必ず
しも貸主の朽廃による借地権消滅の期待を奪うものではないと考えら
れ、申立てを認める方向に考えられます。

　なお、借地借家法上は朽廃を理由とする借地権の消滅に関する規定
はなく、借地借家法施行後に設定された借地権は建物の朽廃により期
間満了前に消滅することはありません。そのため、借地借家法施行後
に設定された借地権についての借地条件変更の申立てにおいては、建
物の朽廃が近いことは申立てを棄却する理由とはなりませんので、注
意が必要です。

≪参考判例≫
○残存期間満了前に借地上の建物の朽廃すべき時期が到来すると予測され
　る場合に、建物朽廃による借地権の消滅という貸主の完全所有権回復の
　ための権能を奪うのは相当ではないとして借地条件変更の申立てを棄却
　した事例（東京地決平5・6・17（平4（借チ）27））
○付随処分において、建物の一部が朽廃状態にあることを考慮し、財産上
　の給付額を更地価格の12％とした事例（東京地決平22・5・27（平20（借チ）
　18））

【事例28】　借地条件の変更を認める要件である「事情の変更」において主観的要素は入るか

（東京高決昭51・9・17判時838・46）

判　旨

　　旧借地法8条ノ2第1項にいう「事情の変更」は、借主が所有する借地上の現存建物が付近の土地の利用状況と対比した場合、土地の合理的利用の観点から不相当であることをいい、借地権設定時における契約当事者の意思を考慮に入れて判断するのは相当でない。

事案の概要

　XはYから、以下の条件で本件土地を賃借し（以下「本件借地契約」という。）、本件土地上に本件建物を所有している。

・契約締結日　　昭和34年3月28日
・借地期間　　　昭和74年3月9日まで又は契約締結から40年間
・目　　的　　　非堅固建物所有

　本件土地付近一帯は、織物問屋街であり、昭和25年11月23日防火地域に指定された。建物の状況は、年々木造よりもビルに移行しつつあり、現在はほとんど中高層ビルが立ち並び、本件土地もビルに囲まれ、新たな借地権を設定する場合には堅固建物の所有を目的とすることが相当となっている。

　Xは、本件土地を立体的・合理的に使用すべく、鉄筋コンクリート造5階建の堅固建物を建築することを計画しており、本件借地契約の目的を堅固建物の所有目的に変更するため、借地条件変更申立てをした。

　第一審は、Xの申立てを認容し、財産上の給付の認定に際し、本件借地契約の目的を変更することによって貸主が被る不利益と借主が得

る利益に鑑みて、利益の衡平を図るため、財産上の給付額は、借地条件変更前の土地利用から生ずる利得と借地条件変更後のそれから生ずる利得を秤量し、その各々の現在価格を比較し、後者の前者を上回る差額を借地条件変更により借主が享受する利益額とし、その利益額を基準として、借地権価格上昇額、裁判例による対更地価格割合を参酌し、更地価格の10%に当たる金1,649万円を相当とした。

　これに対し、Yは、①借地条件設定時において既に商業地域内及び防火地域内にあり、それを前提に木造瓦葺の建物所有を目的としたのであるから、借地権設定時の事情を考慮すべきことから、借地条件の変更は認められない、②仮に借地条件の変更が認められるとしても、条件の変更によりYが被る損害は第一審決定の金額によっては補償されない、として抗告した。

裁判所の判断

　本決定は、以下のとおり述べて、第一審決定を相当として、Yの抗告を棄却した。

　旧借地法8条ノ2第1項が借地条件変更の要件として規定する「事情の変更」を契約法上の理論である「事情変更の原則」にいう事情の変更と同義に解するのは相当でない。「事情変更の原則」は契約当事者の予期しない著しい客観的事情の変更があった場合、当初の契約に文字通り拘束力を認めるのは信義則に反することになるので、契約内容を事情の変更に即したものとすべきとする理論である。これは、当事者の意思を形式的にではなく、実質的に尊重しようとすべきもので、当事者の意思に基礎を置くものである。

　これに対し、借地非訟は、土地の合理的利用を目的とする用途地域等の指定に呼応し、土地の合理的利用の促進という社会的要請の観点

に基づく制度である。そのため、土地利用に対する借地契約当事者の支配・介入を排除しようとするものであり、契約時点の当事者の意思を尊重することとは異なる次元のものである。

　したがって、旧借地法8条ノ2第1項における「事情の変更」とは、借主の現存建物が付近の土地の利用状況と対比した場合、土地の合理的利用の観点から不相当であることをいう。この時の相当性の判断は、建物と付近の土地利用状況という物と物の関係を即物的にとらえるもので、借地権設定時の契約当事者の意思を考慮に入れて判断するのは相当ではない。本件において、本件土地は現に借地権を設定する場合には、堅固建物所有を目的とするのが相当である。

　また、財産上の給付は、土地の利用方法により借主の利益の調整であり、貸主の被る損失の補償ではない。堅固建物の建築により借主の利益は借地権価格に反映されるところ、財産上の給付は、借地権価格の差を中心に考慮すべきである。

コメント

　本決定は、借地条件変更の相当性の判断における「事情の変更」の意義において、契約当事者の契約時の意思を考慮に入れるべきではなく、客観的な事情変更を示すものであると述べました。

　この点、借地借家法17条1項の「事情の変更」(同様の規定として旧借地8ノ2①) に借主の経済的事情の変化、居住者の増加等の主観的な事情の変更も含むかというのは議論の分かれるところです。

　条文上、例示として掲げられているのは、「法令による土地利用の規制の変更」、「付近の土地の利用状況の変化」という客観的な事情であるため、客観的な事情の変更に限定すべきであるとの見解もあり、また本決定もそれを前提にしているように読めます。

　しかし、建物の種類や用途に関する借地条件の変更の場合には物理的な建物の構造の変更を伴わない場合には、必ずしも客観的な事情の変更ではなく、主観的な事情により必要性が生じることも考えられます。また、文言上「その他の事情の変更」としており、「その他」の中に主観的事情が含まれると解することもできます。

　そこで、主観的な事情の変更も「事情の変更」に含むことを相当と解します。ただし、借地条件の変更の裁判において、主観的な事情の変更を重視すれば、当初の契約の拘束力を弱めることになりますので、借地条件の変更や契約の経緯等を十分に検討し、その相当性を判断すべきものと考えます。

　そのため、本決定のように、「事情の変更」について、「物と物との関係を即物的にとらえて判断すべ」きと断言するには疑問が残るところです。

　なお、本決定では財産上の給付の根拠として、貸主の不利益と借主が受ける利益に着目し、両者を利益衡量した上で判断することを示し、貸主の不利益補償のみが目的ではないことを明らかにしました。その上で、非堅固建物所有目的から堅固建物所有目的への変更における一般的な財産上の給付額である、更地価格の10%を相当としています。

≪参考判例≫

○契約更新時に新たな借地条件の設定を合意し、その借地条件の変更を求める場合には、契約更新時を基準とする。（東京地決平24・1・19（平22（借チ）17））

8　借地条件変更申立てにおける財産上の給付

【事例29】　借地契約の対象の土地から公道への通行利益を、借地条件変更の裁判における財産上の給付にて考慮すべきか

(千葉地決平3・11・20（平2（借チ）11）)

判　旨

　本件土地から公道への通路部分について利用権原が明らかではないが、借主に何らかの通行権は認められることから、通行利益として財産上の給付及び賃料において考慮し、金額を加算するのが当事者の公平になる。

事案の概要

　借主Xと貸主Yらとの間には、以下の内容の本件土地の借地契約が存在する。

・契約の目的　非堅固な建物の所有
・借地期間　　平成3年12月12日まで
・地　代　　　昭和56年1月以降年額6万5,000円
・本件建物　　木造瓦葺平屋建居宅

　なお、Xは本件土地に加え、本件土地から公道に繋がる通路部分（以下「本件通路部分」という。）も借地契約の対象であると主張している。

　本件土地は、本件通路部分には接しているものの、公道には接していない。

　本件土地の所在する地域は、昭和48年12月25日、防火地域の指定を受けており、近隣商業地域で建ぺい率80%、容積率400%である。本件土地は駅から徒歩2分の繁華街内であり、隣接するY所有地（Yらの共

有又は単独所有）にも堅固建物が最近建築されている。

　Xは、平成元年9月11日付けで、建築主事による本件土地上の建築物の計画につき、建築関係規定に適合する旨の建築確認を得ている。

　Xは本件借地契約について堅固建物所有を目的とするのが相当であるとして、借地条件変更の申立てをした。

　Yらは、本件通路部分は本件借地契約の対象ではないにもかかわらず、本件通路部分を路地状敷地として申請して得た建築確認は、行政処分の重大かつ明白な違法であり、無効であることから、本件借地条件変更は通常の利用上相当ということはできないとして争った。

　これに対し、Xは、①貸主であるYらは、借主であるXに対し、本件土地を建物所有目的で使用し得る形で提供すべき義務があることから、本件通路部分について借地権を有するのであって、本件通路部分も敷地として申請した建築確認は有効であること、②建築主事の建築確認と借地条件変更の裁判は目的を異にすることから、建築確認の可否を借地条件変更の裁判の判断要素とするべきでないこと等を主張した。

裁判所の判断

　本決定は、以下のとおり述べて、Xの申立てを認容し、付随処分において、本件通路部分の通行利益を考慮した財産上の給付や賃料増額の判断をした。

1　建築確認の有効性

　まず、建築主事には、建築物の敷地について、原則使用権原の有無等私法上の法律関係を審査する権限はない。そして、本件建築確認は、申請に係る計画敷地について形式的に審査し審査方法も制度に則ったもので、重大かつ明白な瑕疵があるとは認められず、有効である。

2　借地条件変更の裁判と建築確認規定の関係

次に、借地条件変更の裁判と建築確認規定との関係が争点となっているが、借地条件変更の裁判においては、新築建物等が建築関係規定に適合するかどうかは、裁判所が相当性の判断を行う上で、増改築許可の裁判の場合ほど重要な意味を持ち得ない。もっとも、建築主事の確認上、堅固な建物への改築が到底認められないことが予想される場合等、明らかに堅固な建物への新築・改築が相当でない場合には、裁判所は申立てを棄却することができるというべきである。

すなわち、借地条件変更の裁判は、建築関係規定等の行政法規とは目的を異にし、建築主事の確認と異なる判断をすることも可能であるが、相当性の判断の一要素として考慮することができる。

本件では、本件土地が直接公道に接していないものの、Xに何らかの通行権はある。また、本件通路部分が私法上の権原いかんにかかわらず、外観上通路としての形状を示しており、通路幅も建築主事の確認を得られる程度の幅を有していること等により、明らかに堅固な建物への新築・改築が相当でない場合とはいえない。

したがって、本件通路部分の私法上の権原の問題は、本件借地契約を堅固建物所有目的とすることの決定的障害にはならない。

3　付随処分

借地条件変更の申立てを認容することが相当であることから、借地期間を裁判確定の月の翌月から起算して30年間とする。

本件通路部分についてXに独占的な使用権原がないことは明らかであるが、何らかの通行権があることから、本件通路部分については借地面積には含めないが、通行利益として算定する。

よって、本件土地の更地価格に約12%を乗じた金額の支払を命じることが当事者間の公平になると判断した。

なお、賃料について、本件土地部分のみの相当賃料は、本件土地の

公租公課の額の約2倍の額である年額12万7,000円とし、本件通路部分については、通行料相当額として公租公課の額の約2分の1の額である1万4,000円とし、これを合算した金額である14万1,000円と改めるのが相当である。

コメント

　本決定は、借地条件を変更することを認容するに当たり、借地契約対象の土地から公道に通じる通路部分も貸主の所有する土地である場合、付随処分において、財産上の給付を増加させ、通行料相当額を賃料に合算すると判断しました。

　本件通路部分について、借地契約の対象となるかが争点になりましたが、Ｘに独占的使用権原がないことは明らかとし、私法上の権原について具体的な認定をすることなく、何らかの通行権があるとして、借地条件変更の相当性や付随処分について、それぞれ判断をしました。

　借地契約の目的を、非堅固建物所有から堅固建物所有へ変更する裁判においては、財産上の給付を更地価格の10%とする例が多く見られます。本決定では通行利益を加味して、更地価格の約12%としており、借地条件変更の申立てを認容する際、一般的な基準を超えて財産上の給付や賃料を増額した一例として参考になります。

≪参考判例≫

○従前の賃料が低額であったことや更新料の支払がなかったことを考慮し、更地価格の11.6%を財産上の給付とした事例（横浜地決平3・5・21（昭62（借チ）115））

○隣接地との併合使用であることを前提とした更地価格の約11.2%を財産上の給付とした事例（東京地決平4・1・13（平2（借チ）38））

【事例30】　借地上の給油施設を自転車販売店舗に変更する場合、借主はどのような財産上の給付を貸主に支払わなければならないか

（大阪地決平30・1・12判タ1448・176）

判　旨

　本件借地契約は当初より堅固建物所有目的であり、建物の用途・規模が変更されたものであるところ、使用容積等の観点から更地の最有効使用を実現するものではないこと、その他各事情等から、財産上の給付として、更地価格の6%の承諾料が適正である。

事案の概要

　借主Ｘと貸主Ｙとの間では、以下の内容の本件土地の借地契約が存在する。

・契約締結日　　昭和38年10月15日
・保証金　　　　2,000万円
・存続期間　　　契約締結後30年
・契約の更新　　平成5年10月15日
・現存建物　　　種類　給油所
　　　　　　　　構造　鉄筋コンクリート造一部鉄骨造陸屋根2階建
　　　　　　　　規模　高さ6m2階建
　　　　　　　　用途　事業用（給油販売所）

　Ｘとしては、既存給油所施設の老朽化が進み、全面改装を行ったとしても、黒字化することは困難な状況であった。そのため、既存施設を更新して自転車販売店舗を建築の上、第三者に賃貸することで、赤字事業を黒字化する必要があると考えた。

　そこで、Ｘは構造：鉄骨造陸屋根3階建、種類：店舗、床面積：合計

1042.05㎡の建物建築を計画し、借地条件変更の申立てをした。

　これに対し、Yは、平成35年10月15日で借地契約が終了するところ、条件変更を認めることで借地期間も大幅に伸長されることなどから、承諾料として更地価格の10％相当、追加保証金1,500万円、地代の増額を求めた。

裁判所の判断

　本決定は、以下のとおり述べ、Yに2,500万円を支払うことを条件に、借地条件の変更を認めた。

1　本件申立て

　まず、本件借地契約の最終更新が平成5年10月15日であり存続期間は同日から30年間であるから、いまだ相当の借地期間が残っていること、Yにおいて近い将来自ら本件土地を使用する必要等のその他正当事由があることの指摘もないことから、一定条件の下で、本件申立てを認容するのが相当である。

2　借地条件変更に伴う承諾料

　承諾料については、鑑定委員会が査定した更地価格に違法又は著しく不相当な点は見当たらない。

　借地条件の変更の場合、承諾料は当該借地の更地価格の10％相当額を原則として、固有の事情を考慮して適宜増減していること等長年の裁判例の積み重ねにより借地非訟の実務慣行とされているとの文献による指摘もある。しかし、これは東京地裁を中心とした関東地方の実情であって、大阪地裁管内で必ずしも妥当しない。そのため、当裁判所が判断の根拠とできるのは、大阪府内における不動産取引に精通した鑑定委員により判断された鑑定意見書によるべきである。

　鑑定委員会は、条件変更承諾料は、非堅固建物所有目的の契約を堅

固建物所有目的の契約に変更する場合が典型的であり、その場合の目安が更地価格の10%から15%とされていたのに対し、本件借地契約は当初から堅固建物所有目的であり建物の用途・規模が変更されたものであること、現存建物自体は小さいがガソリンスタンドは構造物と一体となって敷地全体を利用するという特徴があること、建築予定建物は1階がピロティー構造で店舗床は2階、3階のみであること、いずれの建物も使用容積等の点から更地の最有効使用を実現するものではないことから、条件変更による収益性の向上は、戸建て住宅をビルに建て替える場合とは異なること、増改築承諾料が更地価格の3%から5%程度が目安であることから、本件では更地価格の6%が適正であるとして、2,210万円と判断している。

3　地代増額及び追加保証金

　現行地代が地域の水準に対し著しく不相当となっているわけではなく、増額は必要ない。

　次に、Xは契約時一時金2,000万円を差し入れているところ、かかる一時金で建築解体費用・賃料不払等はおおむね担保されているものと判断でき、保証金の増額は必要ない。

4　当事者間の利益調整

　裁判所としては、承諾料2,210万円、地代増額及び追加保証金は不要とする鑑定委員会の意見は相当であるが、将来の紛争予防の観点から、承諾料2,500万円、地代の増額（鑑定委員会が算定した積算地代）を採用する。

　　┌─────────────┐
　　│　　コメント　　│
　　└─────────────┘

　本件は、建物の種類・構造・用途等の借地条件の変更を求める事案において、財産上の給付を更地価格の6%相当額の承諾料とすること

を妥当とした事案です。

　非堅固建物所有目的の借地条件を堅固建物所有目的に変更する場合以外の借地条件の変更については、変更する借地条件の内容に照らして、当事者間の利害の調整を図り、従前の基準と比較対照するなどして、個別具体的に財産上の給付の更地価格に対する割合を定めることになります。

　建物を改築した上で、種類や構造等を変更する場合もあれば、現存建物のまま用途を変更する場合もあります。この点、改築を要する場合の借地条件の変更は、改築を要せず用途のみ変更する場合よりも、土地をより有効に利用できるようになるであろうことから、財産上の給付において更地価格の割合が大きくなると思われます。

　また、地代に関して、裁判所は、本件では地代が著しく不相当ではなく、地代を増額する必要はないとしつつも、借地非訟事件における当事者間の利益調整の観点及び将来の紛争予防という機能を理由として、貸主が和解案として提示する地代増額を認める判断をしています。

　このように、借地非訟事件における柔軟な判断が理由中から読み取ることができる裁判例です。

≪参考判例≫
○木造2階建建物所有目的という借地条件を木造3階建建物所有目的に変更する場合に、財産上の給付を更地価格の5％とした。（東京地決平14・4・22（平13（借チ）11））
○木造建物所有（自宅住居として使用）という借地条件を種類：共同住宅、構造：軽量鉄骨造、用途：賃貸用と変更する場合に、財産上の給付を更地価格の5％とした。（第一審：東京地決平16・7・2（平14（借チ）14）、控訴審：東京高決平16・12・6（平16（ラ）1288））

第 3 章

借地上建物の増改築

162

第1　Q & A

Q12　増改築等禁止特約における「増改築等」とは

Q　土地を借り、そこに自宅を建てて住んでいますが、借地契約には増改築等禁止特約が付いていると言われました。そもそも増改築等禁止特約とはどのようなものなのでしょうか。また、今回、借地上の自宅が古いため耐震工事をしたいのですが、増改築等禁止特約の「増改築等」に当たるのでしょうか。

A　増改築等禁止特約とは、土地の賃貸借契約において、土地上に建築される建物について、増改築等の際に貸主の承諾を得ることを必要とする特約であり、ここでいう「増改築等」とは、増築及び改築のみならず新築も含まれると解されます。もっとも、借地上の建物について、修繕工事は許されますので、耐震工事が増改築等に該当するか、修繕の範囲内の工事かは、個別に判断することになります。

解　説

1　増改築等禁止特約とは

　増改築等禁止特約とは、借地上の建物を増改築等する際に、貸主の事前承諾を必要とする特約のことをいいます。これに違反した場合には、借地契約を解除できると規定されていることが多くあります。

　あくまで、増改築等禁止特約は特約ですので、もし増改築等禁止特約が規定されない場合には、別途借地条件が定められている場合や用法遵守義務違反に該当する場合を除き、増改築等を貸主の承諾なく、自由に行うことができます。

2　増改築等禁止特約にいう「増改築等」とは

　増改築等は、一般的に従来の建築物の床面積を増加させ又はこれに付加して附属あるいは別個の建物を建築することを増築、建物の一部又は全部を取り壊して、用法・構造等が著しく異ならない建築物を造ることを改築、用法・構造等が著しく異なる場合を新築というとされています。

　このように、一般的には、増築・改築・新築はそれぞれ異なる概念ですが、通常、「増改築等」としてまとめて規定されていますので、借地契約を考える上では、増築と改築を区別して考える実益はありません。

　また、新築についても、増改築等禁止特約の場合には、その制約を受けないとするのは妥当ではないので、新築も含むと解されています。

3　修繕とは

　修繕は、目的物の使用を妨げる物理的な欠陥を除去して修復することをいいます。増改築等とは異なる概念となります。修繕は建物維持保全を図るために必要なものであり、借主の権利でもありますので、例えば「一切の修繕を禁止する」との特約は無効とされます（東京地判昭47・5・31判時681・55）。

4　増改築等と修繕

　修繕が許されるからといって、大規模な修繕を繰り返すことになれば、実質的に増改築等したのと変わらない結果となり得ますので、大規模な修繕は増改築等に該当し得るとされています。

　大規模な修繕とは、建築基準法2条14号において「建築物の主要構造部の一種以上について行う過半の修繕をいう」（主要構造部については、同条5号が規定）とされていますが、借地契約における増改築等禁

止特約の趣旨は、借地権の存続期間に影響を及ぼすことを防止することにありますので、建築基準法と全く同じというわけではありません。もっとも裁判例において、建築基準法の大修繕に該当することを一つの判断要素としているものもあります（東京地判平8・4・28（平27（ワ）7588））。

　また、「一般に、修繕とは建物の損傷箇所に工作を加え、その原形を回復して当初の使用価値を維持することをいい、この建物の維持、保存に必要な限り、借地権設定者の同意なしで自由にすることができる。他方、賃貸借契約において増改築を制限する特約が付されることが多いが、その趣旨は増改築によって建物の耐用年数が延長され、借地権の存続期間に影響を及ぼすこと等を防止しようとすることにあると考えられ、そのことからすると、修繕といっても、建物の耐用年数に大きく影響する程度の大修繕の場合は同様に制限される」（東京地判平28・3・9（平26（ワ）25228））との判断要素を示しているものもあり、参考になります。

Q13　増改築等禁止特約違反の効果

Q　土地を借り、その上に倉庫を建てて使用しています。この度、倉庫を建て替えたところ、貸主から増改築等禁止特約に違反しているので解除すると言われてしまいました。このような解除は認められるのでしょうか。

A　増改築等禁止特約が規定されている場合、通常、違反の効果として、借地契約を解除できるとの効果が規定されていますが、判例上、違反した場合でも信頼関係の破壊に至っていない場合には、契約の解除が認められないとされています。したがって、信頼関係が破壊されていると認められない場合、借地契約の解除は認められません。

解　説

1　増改築に関する貸主承諾の要否

借地契約においては、借地条件の指定等の特約のない限り、使用目的の範囲内で自由に借地を利用できますので、増改築を行う場合でも貸主の承諾は不要です。もっとも、借地上の建物を増改築する際には、事前に貸主の承諾を得ること、これに違反した場合には、借地契約を解除できるといういわゆる増改築等禁止特約が規定されていることが多くあります。したがって、増改築等禁止特約が規定されている借地契約において、増改築（増改築に類似する大規模修繕も含みます。）を行う場合には、事前に貸主の承諾が必要となります。

2　増改築等禁止特約違反の場合（いわゆる「信頼関係破壊の法理」）

増改築等禁止特約に違反し、無断で増改築を行い、貸主が解除の意思表示をした場合、常に借地契約は解除されてしまうのでしょうか。

　これについて最高裁昭和41年4月21日判決（判時447・57【事例35】）は、増改築等禁止特約があるにもかかわらず、貸主の承諾なく増改築をした場合であっても「この増改築が借地人の土地の通常の利用上相当であり、土地賃貸人に著しい影響を及ぼさないため、賃貸人に対する信頼関係を破壊するおそれがあると認めるに足りないときは、賃貸人が前記特約に基づき解除権を行使することは、信義誠実の原則上、許されないものというべきである」と判示しています。なお、同様の趣旨の判断を公営住宅の場合でもなされています（最判昭59・12・13判時1141・58）。

　したがって、増改築等禁止特約違反を理由に貸主が借地契約を解除するとの意思表示を行った場合であっても、常に借地契約が解除されるわけではありません。

3　信頼関係破壊の判断基準

　上記最高裁昭和41年判決が挙げているように、土地の通常利用上相当か否か、土地貸主に著しい影響を及ぼすか否かという要素が重要となります。裁判例の多くも、増改築工事の内容を精査し、信頼関係が破壊されているか否かを判断しています。また、増改築工事の内容ばかりではなく、増改築工事を行うに際しての借主の対応を精査し、信頼関係の破壊の有無を判断している裁判例もあります（東京地判平27・3・11（平24（ワ）36922）【事例32】）。

　ご質問の場合は増築ではなく、改築するという大規模な工事ですから、建物の耐久性に大幅に影響を与えることになりますが、建替え前と同様、倉庫を建築したものですから、土地の通常利用の範囲内であり、貸主に著しい影響を及ぼすとまではいえないとして、信頼関係が破壊されていないと判断される可能性もあります。

Q14　増改築許可の裁判

Q　借地上の建物を改築したいのですが、貸主が承諾してくれません。改築できる方法はありますか。また、裁判で改築について許可された場合でも、その後、再度増改築をする際には貸主の承諾を得なければなりませんか。

A　増改築等禁止特約が付いている借地契約の場合、増改築につき、貸主の承諾が必要となりますが、その承諾が得られない場合、借地非訟において、貸主の承諾に代わる許可を受けることができます。また、増改築の許可の裁判は、賃貸借における条件変更の裁判と異なり個別のものですので、一度許可を得たとしても、その後に別個の増改築を行う場合には、再度貸主の承諾若しくは許可の裁判を得る必要があります。

解　説

1　増改築許可の裁判とは

借地契約において、増改築を制限する特約が存在する場合（いわゆる増改築等禁止特約が存在する場合）、借主の希望する増改築が土地の通常利用上相当とすべきであるのに当事者間の協議が調わないときには、裁判所は、申立てに基づきその増改築について貸主の承諾に代わる許可を与えることができます（借地借家17②）。

2　増改築許可の裁判手続

裁判所は、借主からの申立てに基づき、貸主の承諾に代わる許可を与えることができますが、この場合において、借地権の残存期間、土地の状況、借地に関する従前の経過その他一切の事情を考慮しなければ

ならないとされています（借地借家17④）。そして、裁判所は、当事者間の利益の衡平を図るため必要があるときは、他の借地条件を変更し、財産上の給付を命じ、その他相当の処分をすることができます（借地借家17③）。

　裁判所は、特に必要がないと認める場合を除き、裁判をする前に鑑定委員会の意見を聴かなければならないとされています（借地借家17⑥）。

　なお、これらの規定は、旧借地法にも同様の規定が存在していました。

3　増改築許可の裁判の要件

　増改築許可の裁判の要件としては、①増改築の予定、②増改築を制限する旨の特約の存在、③借地権の存在、④当該増改築が土地の通常利用上相当であること、⑤増改築が借地権の残存期間、土地の状況、借地に関する従前の経過その他一切の事情を考慮して相当であること、⑥当事者間の協議が調わないこと、⑦申立ての時期が相当であることが必要とされています。

　通常、問題となるのは、④当該増改築が土地の通常利用上相当であることという要件です。この要件については一概にはいえませんが、当該土地の位置、その広さ、近隣の土地上の状況等の事情や増改築する建物の面積、階層、高さ、構造、外観、使用目的等も加味して判断し、主観的な目的や感情等は考慮すべきではないとされています。

　一般的に、当該増改築が土地の通常利用上相当であるといえる場合とは、近隣が2階建ての建物になっている土地において、平屋建てから2階建てにする場合や、近隣に日照権を阻害する建物が建築されたことから、最低限日照を確保するための増改築等です。

4　再度の増改築についての許可の要否

　増改築の許可の裁判は、個別具体的な増改築について判断されて許可されるものであり、条件自体が変更となる借地条件の変更の裁判とは異なります。

　したがって、増改築の許可を得て、増改築を行った後、また別個の増改築を行う場合には、再度、当該増改築について貸主の承諾若しくは許可の裁判を得る必要があります。

　なお、建物の種類、構造、規模又は、用途を制限する旨の借地条件の範囲内で行う場合には増改築の許可のみで足りますが、これらの制限を超えて増改築を行う場合（例えば、2階建てという制限がある借地契約において3階建てに増改築する場合など）、増改築の許可の裁判だけではなく借地条件の変更の裁判も必要となりますので、注意が必要です。

5　「財産上の給付」

　裁判所は、増改築について承諾に代わる許可をする場合、当事者間の利益の衡平を図るために必要があるときは、財産上の給付を命じることができます（借地借家17③、旧借地8ノ2③）。

　財産上の給付の目安ですが、裁判例をみると全面改築の場合には、更地価格の3〜5%程度、増改築に準じる大規模修繕においては、更地価格の1%程度となっています。

第2　事例

1　増改築・修繕の意義

【事例31】　現状維持のため必要な限度で行った修繕は増改築
等禁止特約にいう「増改築等」に該当するか

（東京地判平28・8・26（平27（ワ）20231））

判　旨

　現状維持のため必要な限度で行った修繕のごときものは、増改築等禁止特約で禁止されている増改築等に該当しないというべきであり、本件工事は、建物が古く屋根や外壁の修繕は当然あり得るものであること、本件工事を行ったのは台風という自然力によって屋根が損壊したためであり、やむを得ないものであること、工事の前後で作業所の外観や仕様にさほど変更をもたらすものとは認められず、またその全面にわたるような規模のものとも認めるに足りないことから、禁止されている増改築等には該当しない。

事案の概要

　Aは、Yに対し、昭和46年9月22日、その所有する土地（以下「本件土地」という。）の一部（以下「本件借地」という。）を普通建物所有目的で賃貸した（以下「本件借地契約」という。）。

　その後、相続及び共有物分割を経て、昭和49年12月25日、Xが本件土地を単独所有することとなり、XとYは、昭和50年9月6日、本件借地契約につき改めて以下の内容を含む合意をした。

・目　的　　木造普通建物所有
・賃　料　　1坪当たり月額203円

・借地期間　昭和46年9月22日から昭和66年9月22日まで

・Yは次の場合は直ちにXに通知し、Xの指示に従わなければならない。

　　天災、地変、戦争、内乱、暴動、その他の不可抗力により建物の全部又は一部が焼失、損壊したとき

・YはXの承諾を得ないで、借地及びその定着物の原形を変えることの行為をすること、借地内に建物を新築し又は借地内の建物を増改築等することはできない。

　上記借地期間満了後も本件借地契約は法定更新により継続してきた。

　Yは、本件借地上の建物の一部が火災により焼失したため、平成23年5月27日、Xに対し増改築許可の裁判を申し立て、平成24年2月22日、XがYに対し本件借地上に建物を建築することを承諾すること、同年4月1日以降の本件借地の地代を月額51万3,658円に改定すること等を内容とする和解（以下「本件和解」という。）が成立した。

　Yは、本件和解の内容を踏まえ、新築建物を平成25年1月29日、建築した。Yは、新築建物の建築に先立ち、その敷地の周囲にコンクリート杭を数本埋設した。本件借地上には、Y所有の建物が5棟存在しており、そのうち、作業所は、昭和22年に新築され、作業所と新築建物を除く3棟の建物も、遅くとも昭和29年には存在している。

　平成23年9月21日の台風により、作業所の屋根の一部が損壊したため、Yは、補修工事を行ったが、Yは、上記補修工事を行うにつき、Xに特段通知をしなかった。

　Yは、平成22年7月17日から平成26年11月28日までの間に、作業所2階の外壁（トタン）を張り替える工事を行った。

　Xは、Yに対し、平成26年5月9日、本件借地について土地賃料増額

請求調停を申し立てたが、不調に終わった。

　そこで、Xは、Yに対し、平成26年8月4日配達の内容証明郵便で、Xに無断で本件借地上に杭を設置したことや本件借地上の建物の改築をしたこと等を理由として、本件借地契約を解除する旨の意思表示をした。

　そして、本件借地の明渡しを求めて、訴訟を提起した。

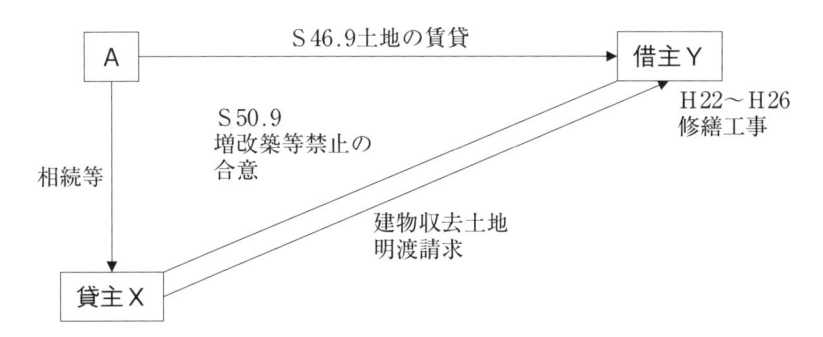

裁判所の判断

　裁判所は、以下のとおり述べて、Xの請求を棄却した。

　無断増改築等禁止の特約自体は有効と解されるが、借地上の建物の増改築等は本来借主の自由であることから、仮に特約違反があったとしても、それが土地の通常の利用上相当で、貸主に著しい影響を及ぼさないため、信頼関係を破壊するおそれがあると認めるに足りないときは、この特約による解除権の行使は信義則上許されない。

　そして、現状維持のため必要な限度で行った修繕のごときものは、禁止される増改築等に該当しないというべきである（仮に、これをも禁止するような特約があったとすれば、借主は借地上の建物の効用を全うできなくなるおそれがあるから、かかる特約は旧借地法11条の趣

旨に照らし無効というべきである。）。

　本件においてXが増改築等であると指摘する工事がなされた作業所は昭和22年に新築された古い建物であり、屋根や外壁の修繕は当然あり得るものであること、屋根の修繕は台風という自然力によって損壊したためにやむを得ず行われたものであること、屋根や外壁の修繕はその前後で作業所の外観や仕様にさほど変更をもたらすものとは認められず、またその全面にわたるような規模のものとも認めるに足りないこと（Xが上記修繕完了後に賃料増額請求調停を申し立てたことに照らしても、Xにおいて気付かないか、気付いても無視し得る規模のものであった。）から、本件工事が、いまだ増改築等禁止特約にいう増改築等に該当するような程度のものとはいえない。

コメント

　増改築等禁止特約が存在する借地契約においても、建物を修繕することは、増改築等禁止特約にいう増改築等には該当せずに許されます。しかし、修繕といっても大規模修繕などは、増改築等に該当し得ます。

　そこで、どのようなものが修繕として許されるのかが問題となりますが、本判決は、現状維持のために必要な限度で行ったものを修繕とし、本件でYが行った工事について、建物が昭和22年に新築された古い建物であるから、屋根や外壁の修繕は当然あり得るものであることや、屋根の修繕は、台風という自然力で損壊したものであること、全面にわたるような工事ではないことを挙げて、増改築等禁止特約にいう増改築等には該当しないと判断しています。

　また、借地の原形を変えることを禁止する借地契約が散見されますが、本件借地契約にも同様の規定がありました。Xは、杭打ちが同条

項に違反すると主張しましたが、裁判所は、「建物所有目的で土地を貸す以上、その目的に沿った整地等は当然に許容されるものというべきであるから、賃貸の目的からみても賃貸人の予測を超えて地価を下げるようなもの（例えば、甚だしく原状回復を困難ならしめるようなもの）のみが禁止されるというべきである」として、同規定の基準を示しており参考になります。

≪参考判例≫

○増改築等禁止特約がある借地契約において、工事が直ちに増改築等に該当するとはいえないとして、請求を棄却した事例（東京地判平23・6・29（平22（ワ）31274））

【事例32】　建築確認を要しない工事でも増改築等禁止特約にいう「大修繕」に該当するか。また、借主がどのような増改築を行うかを伝えずに、増改築等禁止特約に違反して無断で増改築を行った場合、貸主が借地契約を解除することは信義則上許されるか

（東京地判平27・3・11（平24（ワ）36922））

判　旨

　建築基準法の趣旨・目的は、増改築等禁止特約の趣旨、目的とは必ずしも一致しないから、建築基準法上、建築確認を要する工事ではなかったことが直ちに本件借地契約における増改築等禁止特約に該当しないことを意味することにはならない。

　また、借主は、借地契約に増改築等禁止特約が定められている以上、借主として本件建物にどのような工事が行われるのかを適切に把握し、必要に応じ、あるいは貸主からの求めに応じて、本件建物に対する工事の内容についてできる限り正確な情報を伝えるべき義務がある。

　そして、そのような義務を履行をしていないなど本件の事情においては、貸主に対する信頼関係を破壊するおそれがあると認めるに足りないといった事情は認められず、貸主と借主との間の信頼関係は破壊されているものと認めるのが相当である。

事案の概要

　Xは、昭和55年4月1日、Aに対し、本件土地を貸主の承諾を得ずに借地上建物の増改築又は大修繕をしないとの増改築等禁止特約付きで賃貸した。

　XとAは、親しい付き合いをしており、Aは、軽微な改築でも必ず

Xに事前相談又は報告を行い、Xの承諾を得るようにしていた。

　Y_1は、平成16年12月17日、Aが有する本件借地契約上の借主の地位を、相続により承継した。Y_1が相続した後は、XとY_1との関係は疎遠になっており、Y_1は本件借地契約の契約内容を自ら直接確認したことはなく、Y_1の母親から聞いた範囲で契約内容を把握していた。

　土地上には、Y_2所有の建物が存在する。

　XとY_1は、本件借地契約に係る賃料額を、平成18年6月1日以降月額18万1,000円に、平成23年11月1日以降月額19万7,275円に変更する旨の合意をした。

　Y_1及びY_2（以下「Yら」という。）は、平成22年11月5日、東京地方裁判所に対し、Xを相手方、賃借権譲渡予定者をY_3法人として、本件各土地及びその西側隣接地の一部の私道の賃借権譲渡許可の申立て（以下「別件申立て」という。）を行った。Xは、別件申立てを受け、平成22年12月14日、本件各土地の所有者として、自ら建物の譲渡及び土地賃借権の譲渡を受ける旨の申立てを行った。東京地方裁判所は、審理、判断の資料とするため鑑定委員会の意見を求めた。鑑定委員会は、現地調査等を実施の上、平成23年3月30日、意見書を提出した。Yらは、意見書が提出された後、別件申立てを取り下げた。

　平成23年10月17日、Xは、Y_1に対し、代理人を通じて別件申立ての審理過程で、Y_2がXに告知することなく実施した工事がXにとって極めて不快な行為であると指摘したにもかかわらず、現在もXに何らの連絡もなく、本件建物に対する工事が進められているところ、本件借地契約上、本件建物の増改築は貸主の承諾が必要であるとされていることから、少なくとも工事着手前に工事の目的、工事の計画の内容、規模、工事期間等をXに開示することが信頼関係を基礎に置く借地契約における借主の義務であるとして、現在行っている工事の概要、規模、工事期間及びXに対して何らの告知も行わない理由を明らかにす

ることを求めた。

　これに対し、Y_1は、これまでにも本件建物に対して同じような工事を行っており、異議がなかったことから、増改築に該当しない工事は問題ないと思っていたこと、今後はXとの信頼関係維持のために伝える必要がある修繕等を行う場合、事前に書面にて通知を行う努力をする旨及びその際に行っていた工事の内容を伝えた。

　その後、平成24年5月に本件工事についてXY_1間でやり取りが行われ、Xが図面を要求したものの1か月以上開示されることはなく、さらにY_1が送付した改修工事図面には、本件工事の概要として外装工事等は記載されていたが、本件建物に対する耐震補強工事に関する記載はされていなかった。

　Y_2は、平成24年5月から同年8月にかけて、本件建物に工事を行った。

　Xは、平成24年7月6日、本件建物において本件工事の状況を確認し、Xは、この時点で初めて本件建物に対して耐震補強工事が行われていることを知った。

　本件工事のうち、耐震補強工事により本件建物の耐震性は補強前の1.75倍から2.40倍に向上し、かつ、新耐震設計法における保有水平耐力を満足することと近似する状態に至っており、内装変更工事により、その用途が旅館にほぼ限定されていた本件建物が、事務所兼研修施設として利用できる状況となっていた。

　そこで、Xは、無断増改築を理由に借地契約を解除し、Yらに建物の収去と土地の明渡しを求める訴訟を提起した。

　これに対して、Yらは、本件工事が建築基準法上、建築確認を要する工事ではないことから、増改築等禁止特約に該当しない、増改築等禁止特約に該当するとしても信頼関係が破壊されてはいないとして争った。

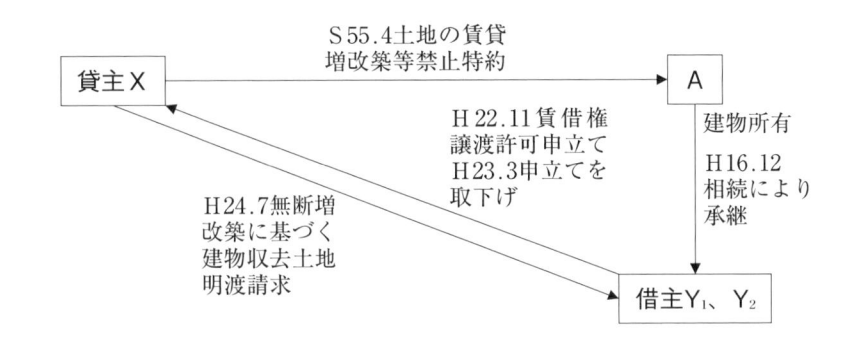

裁判所の判断

　裁判所は、以下のとおり判示して、解除を認め、請求を認容した。

　本件工事は、耐震補強工事及び本件建物の内装変更工事を主たる工事内容とするものであり、その工事により本件建物は耐震性が向上し、その用途が旅館にほぼ限定されていた本件建物が、事務所兼研修施設として利用できる状況となっている。このことからすれば、本件建物は、本件工事により、その耐用年数が伸長し、経済的価値が上昇したものと認められるとして、増改築等禁止特約にいう「大修繕」に該当する。

　なお、建築基準法の趣旨、目的は、増改築等禁止特約の趣旨、目的とは必ずしも一致しないから、建築基準法上建築確認を要する工事ではなかったことが、直ちに本件借地契約における増改築等禁止特約に該当しないことを意味することとはならない。

　また、借主は、本件借地契約に増改築等禁止特約が定められている以上、本件建物にどのような工事が行われるのかを適切に把握し、必要に応じ、あるいは貸主からの求めに応じて、本件建物に対する工事の内容についてできる限り正確な情報を伝えるべき義務がある。

　本件では、本件建物に関する本件工事以前の工事の状況、やりとり、本件工事における情報の開示状況や工事が開始され、図面開示の緊急性があるにもかかわらず、1か月もの間、開示しなかったこと、工事内

容についても耐震工事を説明していなかったことは、本件借地契約における貸主と借主との間の信頼関係を損なう事情の一つというべきである。

　よって、信頼関係が破壊されているものと認めるのが相当である。

```
┌──────────────┐
│　　コメント　│
└──────────────┘
```

　増改築等禁止特約における「増改築」の定義は、建築基準法における増築や改築の定義を参考に判断される場合もありますが、全く同じというわけではありません。また、建築基準法における建築確認が要求されるほどの工事ではなくとも、増改築等禁止特約に違反すると判断されているものも少なくありません。

　本判決は、このような点を踏まえ、建築基準法において建築確認が要求されるような工事ではなくとも増改築等禁止特約に違反する工事であると判断しており、妥当な判断だと思われます。

　また、本件のように借地契約に大修繕が明記されなくても、増改築等禁止特約における増改築に大修繕は含まれると解されています。

　そして、耐震工事が増改築に含まれるかについて、本判決は、その耐震性の向上の度合いを検討したうえで、「大修繕」に該当するとして、増改築等禁止特約に該当するものと判断しています。

　本判決の判断からすれば、その工事手法等によると思いますが、耐震性の向上を目的として耐震工事を行う以上、ほとんどの耐震工事については、増改築等禁止特約に違反する工事に該当するものと思われますので注意が必要です。

≪参考判例≫
○建物所有を目的とする増改築等禁止の特約がある借地契約において、建物の増改築が信頼関係を破壊するものとして、解除が認められた事例（東京地判平19・3・28（平17（ワ）25899））

【事例33】　増改築等禁止特約における「増改築等」に該当しない工事はどのようなものか

（東京地決平27・12・18（平27（借チ）1031））

> ### 判　旨
>
> 　借主が行った建物1の外壁等を高圧洗浄した後、塗装し、雨樋の修理、門扉の塗装、漆喰のひび割れ処理を行う工事及び建物2の外壁・屋根等を高圧洗浄した後、外壁及び屋根を塗装し、雨漏り対策としての部分的なシーリングや外壁のひび割れの補修、屋根の棟板の金釘打ち、玄関廻りガラリ板・玄関扉表面のニス塗装等の工事は、いずれも通常の利用上、相当な範囲にとどまる。

事案の概要

　借主Xは、貸主Yに対し、本件土地について、次の内容の賃貸借契約に係る借地権を有している。

- ・借地条件　普通建物所有目的
- ・借地期間　平成32年3月31日まで
- ・特　　約　借主は貸主の承諾を得ずして借地権の売買、譲渡、転貸又は所有建物の増改築等は絶対にしてはならない。
- ・賃　　料　1か月11万9,900円

　本件土地には、X所有の建物1及び2の各建物が存在しているところ、Xは、建物1について、外壁等を高圧洗浄した後、外壁を塗装し、サービス工事として雨樋の修理、門扉の塗装、漆喰のひび割れ処理を行う工事及び建物2について、外壁・屋根等を高圧洗浄した後、外壁及び屋根を塗装し、サービス工事として雨漏り対策としての部分的なシーリングや外壁のひび割れの補修、屋根の棟板の金釘打ち、玄関廻りガラリ板・玄関扉表面のニス塗装等を行う工事（以下「本件工事」という。）

を行うため、増改築の許可を求めて、本申立てを行った。

　この手続の中でYは、本件工事の内容は建物の寿命を延ばすものであるから、「大規模修繕に当たる、当たらない」ではなく、貸主である相手方の承諾を得ずに実施できる工事内容ではないと主張した。

裁判所の判断

　本決定は、本件工事について、増改築等禁止特約にいう「増改築等」を以下のように解釈した上で、該当しないとして、本件申立てを却下した。

　本件借地契約における増改築等禁止特約は、売買、譲渡、転貸又は所有建物の増改築「等」を制限しているところ、ここでいう「等」は、相当程度不特定であって、少なくとも、売買、譲渡、転貸又は所有建物の増改築と同程度に借地関係に重大な影響を与える事由を意味すると限定的に解釈するのが合理的である（さらに広範なものを含むとすれば、内容的に不特定に過ぎ、法的効力を認め難い。）。

　そして、Xが予定している工事については、増築（現存建物の床面積を増加させる建築行為で改築に該当しないもの）、改築（建物を建て替えること）に当たらず、本件各建物の存続期間に、増改築に準じるような影響を与える工事ともいえない。

　また、建物の寿命を延ばす工事内容であるから「大規模修繕に当たる、当たらない」ではなく、貸主である相手方の承諾を得ずに実施できる工事内容ではないとYは主張するが、借主は、本来、建物の寿命を延ばす増改築等工事を自由に行い得る権利を有し、それを制限することが約定される限りで増改築等を制限されるにすぎない。

　よって、XとYとの間の増改築等を制限する特約は、本件工事を制限しているとは解されない。

コメント

　借地契約における増改築等禁止特約では、「増改築等」という表現が
なされているのが散見されますが、本決定は、どのような場合が「等」
に該当するのかを示した決定となります。

　そして、具体的な工事について、補修の範囲内であり、増改築等禁
止特約にいう増改築等に該当しないとした判断も参考になります。

　なお、本件の抗告審（東京高決平28・3・2（平28（ラ）83））も本決定の判
断を妥当とし、抗告を棄却しています。

≪参考判例≫

○増改築の許可申立てにおいて、増改築等の許可を相当とした事例（東京高
　決平27・2・19（平26（ラ）2473）、東京地決平27・10・22（平27（借チ）1010））

【事例34】　建物の間取りを変更する工事は増改築等禁止特約
　　　　　　における「増改築等」に該当するか

（東京地決平28・1・29（平26（借チ）1040））

> ┌──────┐
> │　判　　旨　│
> └──────┘
>
> 　本件工事は、建物の2階の間取り等を変更するにとどまり、その
> 構造体の主要部に変更を加えるものではなく、その工事内容に照
> らすと、借地借家法17条2項の増改築に該当しない。

事案の概要

　Xは、Yに対し、本件土地について、次の内容の賃貸借契約に係る
借地権を有し、本件土地上に本件建物を所有している。

・目　　的　　普通建物所有目的
・借地期間　　平成32年8月11日まで
・特　　約　　増改築につきYの承諾が必要
・賃　　料　　1か月1万750円

　本件建物は、Xの長男夫婦及びその子ども2人が居住している。

　Xは、本件建物2階の2つの部屋を区切り、出入り口を別々にして、
独立した部屋にすること、長男の子の部屋（和室4.5畳）の床をフロア
ー貼りにして、壁・天井にベニヤを貼るとの工事（以下「本件工事」
という。）をすることを計画した。

　工事手順は以下のとおり、①引きちがいの入口ドアを撤去する、②
これにより、廊下とつながり、オープンになり、夫婦の部屋の畳を撤
去する（廊下になる部分）、③柱を1本立てる（重みのない柱で、壁と
間仕切りを作るためのもの）、④夫婦の部屋の入口と間仕切りを作る
（木のドアで1本引き）、⑤2つの部屋の間仕切りとなっているふすま（9
尺の4枚戸）を撤去する、⑥柱を1本立てる（重みのない柱で、壁と間

仕切りを作るためのもの）、⑦壁を作る（夫婦の部屋と長男の子の部屋入口との壁）、⑧押し入れを夫婦の部屋の方から使用できるようにする、⑨長男の子の部屋の入口に木のドアを作る、⑩長男の子の部屋に床を張る（畳は撤去）、⑪長男の子の部屋に天井を作る。

　Xは、Yに対し、本件工事につき承諾を求めたが、その承諾が得られなかったため、本件申立てに及んだ。

　これに対し、Yは、本件工事は、相手方の承諾を必要とする増改築に当たるところ、建築確認がされていない建築基準法に違反する本件建物に行うものであること、本件賃貸借契約の残存期間が約4年であるところ、本件工事は、築52年の朽廃状態にある本件建物に柱等を新築することにより耐用年数を増大させることになることなどから、本件工事を許可することは相当でないと主張し争った。

裁判所の判断

　裁判所は、本件工事について、借地借家法17条2項の増改築に該当しないとし、本件申立てを却下した。

　本件工事は、本件建物の2階の間取り等を変更するにとどまり、その構造体の主要部に変更を加えるものではないことから、その工事内容に照らすと、借地借家法17条2項の増改築に該当しない。

　Yの本件工事が築52年の朽廃状態にある本件建物に柱等を新築することにより耐用年数を増大させることになるとの主張については、本件工事は本件建物の主要部に変更を加えるものではないから、採用できない。なお、本件工事が、建築確認をされていない建築基準法に違反する建物に工事をするものであること、及び、本件建物が朽廃状態にあることを認めるに足りる証拠はない。

コメント

　増改築に該当するか否かが問題となった事案であり、裁判所が予定している本件工事が増改築に該当しないと判断したものです。

　増改築許可の裁判においては、予定している工事が借地借家法17条2項にいう「増改築」であることが要件ですので、そもそも該当しなければ却下になります。

　なお、予定している工事が、「増改築」に該当するか否かの判断は、建築における知識と法的な知識が必要であり、必ずしも判然としない場合もありますので、判断に悩んだ場合には、事前に増改築許可の裁判を申し立てておくことが無難でしょう。

≪参考判例≫
○増改築の許可申立てにおいて、増改築の許可を相当とした事例（東京地決
　平27・1・20（平26（借チ）1007））

2　信頼関係破壊の判断基準

【事例35】　増改築禁止特約に違反して無断で増改築を行った場合、借地契約を解除することは信義則上許されるか

（最判昭41・4・21判時447・57）

判　旨

　建物所有を目的とする土地の借地契約中に、借主が貸主の承諾を得ないで借地内の建物を増改築するときは、貸主は催告を要しないで借地契約を解除することができる旨の特約があるにもかかわらず、借主が貸主の承諾を得ないで増改築をした場合においても、この増改築が借主の土地の通常の利用上相当であり、貸主に著しい影響を及ぼさないため、貸主に対する信頼関係を破壊するおそれがあると認めるに足りないときは、貸主が前記特約に基づき解除権を行使することは、信義誠実の原則上、許されないものというべきである。

事案の概要

　Xの先代は、Yに対し、昭和27年10月15日、X所有の本件土地を普通建物所有のため、期間を20年間、賃料1か月854円と定め、かつYが借地内の建物を増改築し、又は大修繕をなすときは、貸主の承諾を受けるべきこと、もしこれに違背したときは催告を要しないで借地契約を解除せられ、賃借物の返還を請求されても異議を述べない旨の特約の下に賃貸した。

　Yは本件土地上に木造瓦葺2階建居宅一棟建坪17坪7合5勺、2階5坪を所有していた。Xの先代は昭和35年6月15日に死亡し、X外3名が土地を共同相続したが、その後遺産分割の協議の結果、本件土地は昭和

35年10月5日、Xの単独所有となり、Xは所有権取得の登記を経由し、所有権を取得するとともに、Xの先代の貸主たる地位を承継した。Yは、昭和35年9月下旬ころ、本件土地に従前所有していた建物につきXに無断で玄関7合5勺及び玄関の左側3坪の応接室を除くその余りの14坪の部分の根太及び柱を取り換え、従前あった2階5坪を取り壊し、新たに2階14坪の大増築及び大修繕工事を開始した。

　Xは、同年10月1日、Yに到達した書面で大増築工事を中止するよう異議を申し述べたが、Yが工事を続行したので、Xは、同年同月6日到達の書面をもって、Yに対し前記特約に基づき、本件借地契約を解除する旨の意思表示をなし、建物収去土地明渡しを求めて、訴訟を提起した。

　第一審の東京地裁は、契約の解除を認め、Xの請求を認容した。

　控訴審の東京高裁は、14坪の部分の根太及び柱の取換えにつき、この程度の修理は家屋の維持保存のため普通のことであるから、特約をもってこれを禁止することはできないとした。2階部分の増改築は、その規模構造より見て単なる建物の維持保存のためだけといえないことは明らかであるが、住宅用普通建物であるという点は前後同一であり、建物の同一性も失われていないので、この程度の増築は借地の効率的利用のため通常予想される合理的な範囲を出ないものであり、特約をもってこれを禁止することはできないものというべきとして、無断増改築禁止特約違反による解除を認めなかった。

　そこで、Xが上告した。

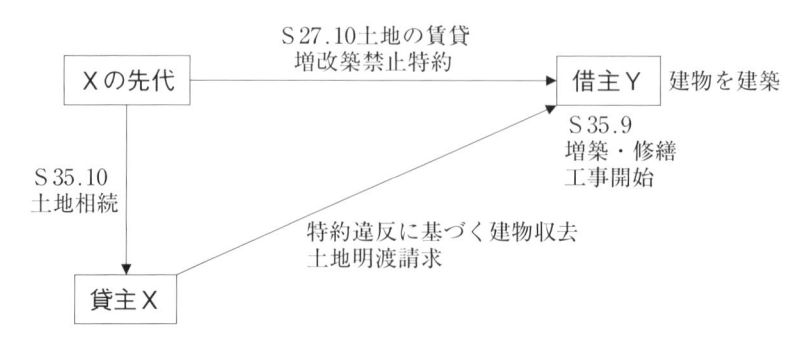

裁判所の判断

本判決は、以下のとおり述べた上で、上告を棄却した。

Xは、Yに対し建物所有の目的のため土地を賃貸し、両者間に建物増改築禁止の特約が存在し、Yが本件土地上に建設所有する本件建物（2階建住宅）は昭和7年の建築にかかり、従来Yの家族のみの居住として使用していた。今回、Yはその一部の根太及び2本の柱を取り替えて本件建物の2階部分（6坪）を拡張して総2階造り（14坪）にし、2階居宅をいずれも壁で仕切った独立室とし、各室ごとに入口及び押入を設置し、電気計量器を取り付けた上、新たに2階に炊事場、便所を設け、かつ、2階より直接外部への出入口としての階段を設置し、2階の居室全部をアパートとして他人に賃貸するように改造した。

しかし、住宅用普通建物であることは前後同一であり、建物の同一性を損なわない。借主たるYのした本件建物の増改築は、その土地の通常の利用上相当というべきであり、いまだもって貸主たるXの地位に著しい影響を及ぼさない。

よって、賃貸借における信頼関係を破壊するおそれがあると認めるに足りない事由が主張立証され、無断増改築禁止の特約違反を理由とするXの解除権の行使はその効力がないものというべきである。

コメント

借地契約においては、信頼関係を基礎にするものであることから、契約違反があった場合においても、信頼関係を破壊するに至ったと認められない限り、解除権の行使を信義則上制限するいわゆる「信頼関係破壊の法理（背信性の理論）」は確立した判例法理となっており（最判昭28・9・25判時12・11、最判昭30・9・22判タ52・42、最判昭39・7・28判時380・26）、増改築禁止特約が規定されている契約においてもこの法理が適

用されることを明示した判例となります。

　なお、本判決は、承諾に代わる増改築許可の手続（旧借地8ノ2②）が規定される前の事案となります。

≪参考判例≫
○建物所有を目的とする増改築等禁止特約がある借地契約において、建物の増改築を理由とする解除権の行使が信義則上許されないとした事例（最判昭51・6・3裁判集民118・1）
○建物所有を目的とする増改築等禁止特約がある借地契約において、建物の増改築が信頼関係を破壊するものとして解除が認められた事例（名古屋高判昭53・1・31判時902・72）
○建物所有を目的とする増改築等禁止特約がある借地契約において、建物の増改築が信頼関係を破壊するおそれがないものとはいえないとして解除が認められた事例（東京高判昭54・7・30判タ400・163）

【事例36】　増改築等禁止特約に違反して信頼関係を破壊する おそれがあると認められる修繕とはどのようなものか

（東京地判平27・5・13（平24（ワ）23294））

判　旨

　本件建物について借主が行った壁面の補修及び屋根の補修は、いずれも通常の利用上、相当な範囲にとどまる。本件借地契約の特約において、増新築、改築大修繕を行うときは貸主の許諾を必要とすると定めている趣旨は、増改築工事により本件建物の耐用年数が大幅に延長され、借地権の存続期間に影響を及ぼすことを避ける点にあると解されるところ、本件において借主が行った補修工事が本件建物の耐用年数を大幅に延長させ、借地権の存続期間に影響を及ぼす程度のものということはできない。

事案の概要

　貸主Xと借主Yは、Xが所有する土地（以下「本件土地」という。）について、平成3年5月30日、建物所有目的で、期間を20年、Xの事前の承諾なく借地上の建物につき増新築・改築大修理等を行った場合にはXは無催告解除ができるとの特約付きの借地契約（以下「本件借地契約」という。）を締結した（法定更新）。

　Yは、本件土地上に建物を建築した（以下「本件建物」という。）。

　平成21年8月頃、Yは、事前にXの承諾を得ずに本件建物の西側壁面及び西側壁面に近接する北側壁面の一部、南側壁面の一部の合計約19.146㎡と、本件建物の2階部分の屋根及び1階の一部の合計面積約44.03㎡（屋根全体の面積は約112.49㎡）を補修した（以下「本件工事」という。）。

　そこで、Xは、Yに対し、平成21年8月28日付の書面で、本件借地契約を解除する旨の意思表示を行い、建物収去土地明渡しを求めて訴えを提起した。

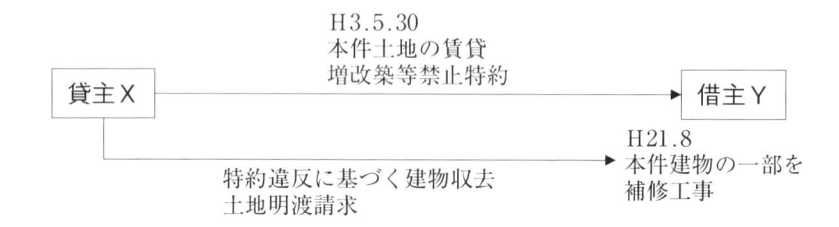

裁判所の判断

　裁判所は、以下のとおり判示して、YがXに無断で行った本件工事について信頼関係を破壊するものではないとして、解除を認めず、請求を棄却した。

　本件工事は、いずれも本件建物の躯体の取替えに至らず、雨漏りの補修等、通常の利用上、相当な範囲にとどまる。

　借地契約の特約において、増新築、改築大修繕を行うときはXの許諾を必要とすると定めている趣旨は、増改築工事により本件建物の耐用年数が大幅に延長され、借地権の存続期間に影響を及ぼすことを避ける点にあると解されるところ、認定事実によれば、本件においてYが行った本件工事は、本件建物の耐用年数を大幅に延長させ、借地権の存続期間に影響を及ぼす程度のものということはできない。

　以上のことからすると、Yは、本件建物につき、Xに無断で壁面及び屋根部分の補修工事を行ったが、貸主に著しい影響を及ぼさず、貸主に対する信頼関係を破壊するおそれがあると認めるに足りないことから、Xが行った本件借地契約の解除は無効である。

> ## コメント

　本判決は、借地契約における増改築等禁止特約の判断基準を示した上で、本件工事の内容を検討して、解除の効果を認めませんでした。

　本判決は、本件工事についてそもそも増改築等禁止特約における増改築に該当するとは明示していませんが、信頼関係を破壊するおそれがないとして、解除を無効としています。

　もっとも、躯体の取替えに至っていないことや工事の面積を考慮し、解除の有効性を判断しており、参考になります。

≪参考判例≫

○建物所有を目的とする増改築等禁止特約がある借地契約において、建物の増改築が信頼関係を破壊するものとして、解除が認められた事例（名古屋高判昭53・1・31判時902・72）

○建物所有を目的とする増改築等禁止特約がある借地契約において、建物の増改築が信頼関係を破壊するおそれがないものとはいえないとして、解除が認められた事例（東京高判昭54・7・30判タ400・163）

【事例37】　増改築等禁止特約にいう増改築に該当する場合の解除につき、信義則上許されるか

（東京地判平28・1・19（平26（ワ）13327））

> ### 判　旨
>
> 　借地契約上禁止される「改築又は増築」に当たるか否かは、かかる改築又は増築を行うことが旧借地法上の借地権の存続期間に影響し、又は、解約申入れの正当事由に影響を及ぼす程度の改築又は増築であるか否かという点を考慮して決するのが相当であり、本件工事は、借地契約上禁止されている「改築又は増築」に該当する。しかし、本件事情を総合考慮すると、本件工事は、貸主に対する信頼関係を破壊するおそれがあるとは認められないから、増改築等禁止特約に基づき本件借地契約を解除することは、信義則上許されない。

事案の概要

　昭和47年頃、Aは、Bに対し、所有していた本件土地を建物所有目的で賃貸した（以下「本件借地契約」という。）。

　Bは、本件土地上に本件建物を所有し、その1階部分を新聞販売店の店舗兼作業所、同2階ないし5階部分を主に店舗従業員の寄宿舎、新聞奨学生の研修や宿泊施設として使用し、新聞販売関係者の会合や研修その他新聞販売に関する資材や機材の保管等に使用し、本件建物の地下1階部分は個人のテナントに写真スタジオとして賃貸していた。

　本件土地の所有権は、AからC、D、Eと移転し、Xは、平成9年11月12日、本件土地を競売手続により取得した。

　Bは、本件建物をYに売却しようと考え、平成23年に、Xを相手方として、東京地方裁判所に対し、本件借地契約上の賃借権をYに譲渡

することの許可を求める賃借権譲渡許可の申立てをした。

　東京地方裁判所は、平成24年11月14日、BがXに対して承諾料1,170万円を支払うことを条件に本件借地契約上の賃借権をYに譲渡することを許可する旨の決定をし、確定した。

　Bは、Xに対し承諾料1,170万円を支払う旨連絡したが、Xが受領しないことから、Bは、平成25年4月26日、承諾料1,170万円を供託し、平成25年6月27日、Yに本件建物を売却し、本件借地契約上の賃借権を譲渡した。

　本件借地契約の内容は下記のとおりである。

・借地期間　　平成44年3月31日まで
・賃　　料　　月額14万4,060円
・特　　約　　借主がその所有建物を改築又は増築するときには、貸主の書面による承諾を受けなければならない

　Yは、本件建物2階ないし5階部分をシェアハウスとして賃貸し、本件建物1階部分を事務所として賃貸することとし、本件建物について、1階から5階において、各部屋の撤去可能な間仕切壁、木製建具及び鋼製建具を撤去し、各部屋の天井又は天井及び床を下地材ごと撤去し、風呂、洗面所、トイレ、台所等の設備機器類を撤去し、押入れ、吊戸棚、その他収納場所の造付け家具・収納を撤去して本件建物内部をスケルトンの状態にし、約2,307万8,550円相当の建築工事を施し、606万7,460円の電気設備工事を施し、1,018万4,640円相当の給排水衛生・換気設備工事等を施す総額5,779万5,120円相当の工事（以下「本件工事」という。）を行うことにした。そこで、Yは、平成26年2月5日付け文書に本件建物についての「要補修箇所の調査報告書」改修前後の平面図、工程表を添付して、Xに対し、本件工事の詳細を説明するための機会を設けたい旨を連絡した。

　これに対し、Xは、同月17日到達の内容証明郵便により、Yに対し、本件工事について承諾しない旨通知した。

　しかし、Yは、本件工事に着手したことから、Xは、平成26年5月1日到達の内容証明郵便により、本件工事を中止するよう催告し、本件工事を中止しない場合には、本件借地契約を解除する旨の意思表示をしたが、Yは工事を完成させた。

　そこで、Xは、増改築等禁止特約違反による解除を理由に建物収去土地明渡しを求めて訴訟を提起した。

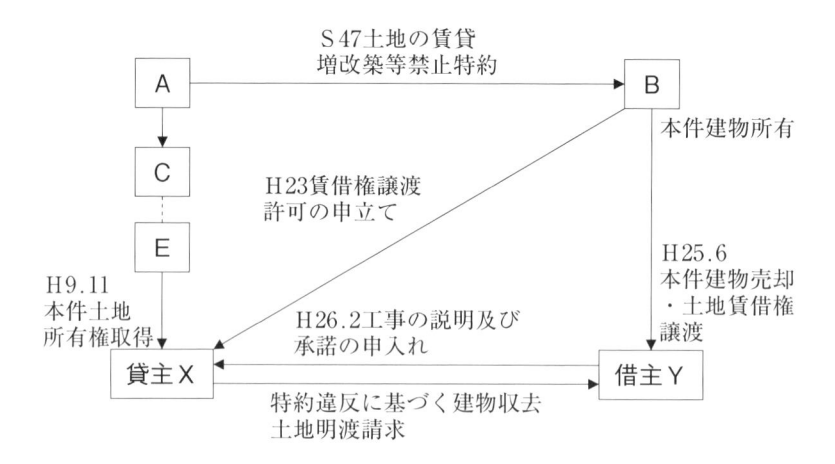

裁判所の判断

　本判決は、以下のとおり判示し、請求を棄却した。

　一般に増改築等禁止特約は、建物の構造や現状等が旧借地法上の借地権の存続期間に影響し、解約申入れの正当事由の一資料になり得ることからこれらに影響を与えるような増改築を避ける趣旨で定められるものと解される。

　よって、借地契約上禁止される「改築又は増築」に当たるか否かは、改築又は増築を行うことが旧借地法上の借地権の存続期間に影響し、

又は、解約申入れの正当事由に影響を及ぼす程度の改築又は増築であるか否かという点を考慮して決するのが相当である。

　そして、本件工事は、本件建物の外構部には変更を加えない内容ではあるものの、総額5,779万5,120円相当額の費用を掛けた改築工事を施すものであり、もともと老朽化していた本件建物を全面的にリフォームする内容であるから本件建物の利用価値が相当程度向上することは明らかである。

　よって、少なくとも、本件工事を施すか否かは、本件借地契約の解約申入れの正当事由に影響を及ぼすものといえるから、本件工事が、本件借地契約上、貸主の承諾なく行うことが禁止されている「改築又は増築」に当たると認めるのが相当である。

　しかし、本件借地契約の残存期間は約19年と相当期間残されていたところ、本件建物は、従前、1階部分が新聞販売店の事務所、2階ないし5階部分が寄宿舎として主に利用され、Ｙも本件建物1階部分について事務所として賃貸し、本件建物2階ないし5階部分をシェアハウスとして賃貸するために、本件建物に本件工事を施したものである。

　また、本件工事は、本件建物の使用態様を大きく変更するものではなく、残存期間中に本件建物を有効利用するための方策として合理的なものであるといえること、本件建物は鉄筋コンクリート造りの堅固建物であるところ、本件建物のコンクリート構造部分は本件工事によっても変更されていないものであって、本件工事によって本件建物の朽廃時期が遅れるものとも認められないこと、Ｙは、本件工事に着手する前にＸに対し、本件工事について施工前と施工後の平面図や工程表などの資料を開示し、さらに説明の機会を設けようとしており、Ｘに秘して本件工事を行ったものでもないこと及び建築基準法も検討すると本件工事は、借主の土地の通常の利用上相当であり、貸主に著しい影響を及ぼさない。

　よって、貸主に対する信頼関係を破壊するおそれがあるとは認められないから、Xが増改築等禁止特約に基づき本件借地契約を解除することは、信義則上許されない。

| コメント |

　借地契約においては、増改築等禁止特約が規定されていることが多いところ、本判決は、増改築等禁止特約における「増改築」の一般的な基準を示し、工事内容を詳細に当てはめていることから、参考になります。また、解除することが信義則上許されないかどうかについて、増改築を承諾しないことが信義則に違反するか、建築基準法に関する主張も踏まえた上で当てはめており、この点においても参考になります。

3　増改築許可の要件

【事例38】　増改築に係る建物に既に建築基準法違反が存在する場合、増改築の許可を得ることはできないか

（東京地決昭53・6・27判時924・80）

> **判　旨**
>
> 　増（改）築に係る建物に建築基準関係法規による建築制限違反が現存していても、当該増（改）築自体が右制限違反を免れないのではなく、その既存の制限違反も是正される可能性が十分ある場合には、当事者間における借地関係の処理に関しては、当然にはこれを当該増（改）築を許さないとする事由にするまでもない。

事案の概要

　借主Ｘと貸主Ｙとの間には、本件土地（102.3㎡。うち私道16.52㎡）について以下の借地契約が締結されている。

・契約締結の日　　昭和41年3月20日
・目　　的　　　　木造その他堅固でない建物の所有
・特　　約　　　　契約日から6か月以内の増改築は認めるが、それ以外の増改築は賃貸人の書面による承諾を必要とする。
・現行賃料　　　　月額金9,300円（昭和52年7月1日以降）
・存続期間　　　　昭和61年3月19日まで

　Ｘは、本件土地上に本件建物を所有し居住しているが、今後、息子夫婦と同居していくには手狭である等の理由で、本件建物（1階床面積39.66㎡）に2階部分を増築したい（増築床面積約20㎡。以下「本件増築」という。）と考えた。

　そこで、ＸはＹに対して、交渉を重ねたものの、Ｙが本件増築を承諾しないので、Ｘはその承諾に代わる許可の裁判を得るため、本件申立てに及んだ。

　これに対し、Ｙは、本件土地における建ぺい率は30％であり、容積率は60％であることから、既に本件建物は建ぺい率等による制限上違法な建物となっており、本件増築は建築基準法に違反することが明らかであり、しかも違反の程度が余りにも大きく到底許可に値しないものであるとして争った。

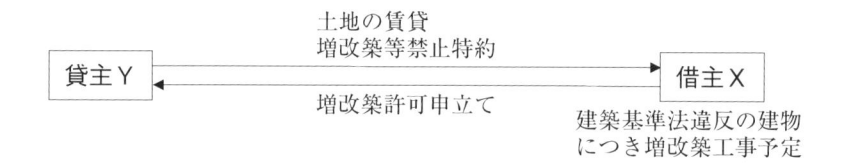

| 貸主Ｙ | ← 土地の賃貸 / 増改築等禁止特約 → / ← 増改築許可申立て | 借主Ｘ |

借主Ｘ 建築基準法違反の建物につき増改築工事予定

裁判所の判断

　本決定は、以下のとおり、まず鑑定委員会の意見について検討した上で、建築基準法所定の建築確認を得た限度で増築を許可することを相当とし、財産上の給付として39万円を命じた。

　まず、鑑定委員会は、本件増築について、おおむね土地の利用上相当である、これを認める場合借地人に金39万円の財産上の給付をさせる必要があるとの鑑定意見を提出している。

　そして、鑑定委員会は、本件建物が現に建ぺい率（30％）による床面積制限を若干超えていることを認めつつも、本件増築自体は容積率（60％）による建築制限にかからないこと及び既存の建ぺい率違反の点も今後申立人が本件増築につき建築確認を受けるに際し、所管官庁の指導に従うことによる是正が期待されるとし、また、本件借地のうち私道に提供されている部分があるので建築敷地面積に影響を与えることがないとはいえないが、その場合には、本件増築に対する許可は建築確認を得られる範囲内においてすべきものとしている。

　増築に係る建物に建築基準関係法規による建築制限違反が現存して
いても、当該増（改）築自体が右制限違反を免れないのではなく、そ
の既存の制限違反も是正される可能性が十分ある場合には、当事者間
における借地関係の処理に関しては、当然にはこれを当該増（改）築
を許さないとする事由にするまでもない。

　次に、本件借地の一部が私道に用いられていることが認められ、そ
の私道としての使用の状況によっては、その部分の面積は、地上建築
物の許容面積の算定の基礎としての敷地面積から除かれることとな
り、その場合には、申立人の計画する本件増築自体が容積率による制
限に抵触することとなる可能性がある。しかし、私道使用部分を建築
物の敷地面積から除くべきかどうかは、その使用の実態を踏まえた上
で、関係法規の運用の実際から離れては適確な判定は難しい。そして、
本件増築が敷地面積との関係で建築制限に抵触するとしても、その全
部が今後一切不適合とされるわけではなく、増築規模に修正を加える
ことによりその抵触を免れることができるものである。また、建築基
準関係法規の運用、実施の権限は、第一次的には建築主事その他の所
定の行政庁に存するところである。

　よって、一切の事情を考慮した上で、土地の利用上本件増築を相当
とする前記鑑定委員会の意見を採用することとし、建築基準関係の法
規適合性からの処理については、権限を有する所管官庁による本件増
築に対する建築確認の許否や行政指導を通じての権限行使を待つのを
相当と認める。

コメント

　現存の建物に建築基準法違反が存在し、その建物について増改築許
可の申立てがあった場合、裁判所が許可することができるかについて
判断した決定となります。

　一般論では、建築基準法の建築物の最低の基準を定め、国民の生命、健康及び財産の保護を図り、もって公共の福祉の増進に資するという目的と増改築の許可の裁判の増改築の特約をめぐる紛争を防止し、土地の利用の促進という目的とは異なるものであること、増改築の許可を得たにもかかわらず、建築基準法に反して増改築できないことは、申立人である借主が不利益を負担すれば足りることであるから、許可の判断もできるとの見解もあり得ます。

　しかし、裁判所が建築基準法違反の増改築を許可することは、相当ではないと思われますし、そのような増改築は「土地の通常の利用上相当」（借地借家17②）とはいえませんので、申立ては却下されるべきであると考えられます。

　ただ、建ぺい率のように増改築の内容変更等によって、建築基準法の制限に適合させることが可能なものについては、裁判所は、建ぺい率の範囲内とするように促すべきであり、申立人がその変更に応じない場合であったとしても、裁判所が建ぺい率の範囲内に縮小して、建築確認を得た限度として許可を与えることは、申立ての趣旨に反しないといえます。

　本件では、建ぺい率違反については、既に建物に存在していますが、増改築自体は、容積率に適合し得るもの（私道の状況による）です。建ぺい率のように増改築により既存建物の制限違反も是正される可能性が十分ある場合には、その増改築を建築基準法に適合する範囲内で認めることは、妥当な判断といえます。

≪参考判例≫

○建築基準法所定の範囲において増改築を許可した事例（東京地決昭45・4・7判タ248・272）

○建築基準法に違反しない範囲において増改築を許可した事例（東京地決昭44・10・9判タ241・231）

4　増改築許可における財産上の給付

【事例39】　増改築を許可する際の財産上の給付を決定する場合にどのような事情を考慮するか

（東京高決昭51・3・12判時823・59）

判　旨

　旧借地法8条ノ2第4項によって、増改築許可の際の財産上の給付額を決定するに当たり、借地権の残存期間、増改築により結果的に延長される借地期間、土地の状況、借地に関する従前の経過事実、殊に従前及び将来における地代その他貸主の得られる財産上の利益、貸主の土地明渡請求の有無及び請求の当否の度合、期間満了の際の貸主の更新拒絶権の制限の程度及び建物買取請求との関係、増改築禁止特約がある場合その特約解除の対価性、増改築する建物の構造及び程度、建物収益増による貸主への利益還元などの一切の事情について考慮すべきものと解するのが相当である。

事案の概要

　本件土地における普通建物所有目的の借地契約上の地位を借主X及び貸主Yがそれぞれ相続によって承継している。

　本借地契約は昭和47年1月1日更新し、更新後20年存続し、本借地契約には、増改築禁止の特約が存在した。

　なお、賃料は昭和50年1月1日から金8,410円（坪当たり155円10銭）に改訂されて現在に至っており、また従来賃料の他には、権利金、更新料等の名目による金銭が支払われたことはない。

　Xは、本件土地上に本件建物を新築した。

　本件建物は、建築後既に26年を経過し、かなり老朽化している。もっともいまだ朽廃したとまではいえず、通常の修繕を施せば、朽廃に至るまでなお相当の年月が見込まれる状況であった。

　Xは、家族と共に本件建物に居住しており、本件土地上には、本件建物のほか、物置、工場がある。Xは、菓子種、餅類の製造、販売業を営んでいる。

　しかし、本件建物では、手狭な上、老朽しているので、増改築をする計画をし、増改築許可の申立てをした。

　第一審は、本件土地付近は商業地で、中層近代化が目立っており、本件増改築が近隣に悪影響を及ぼすことはなく、また法令上違反する点も認められず、本件増改築は本件借地の通常の利用上相当であるとした。

　そして、財産上の給付について、鑑定委員会の意見は、本件更地価格の6%に相当する給付金を130万円というものであったが、第一審決定は、財産上の給付について当事者双方の利害を総合して、これを調整することにあるとして、本件増改築の具体的内容その他諸般の事情を考慮し、従前の裁判例をも参考にして、本件における財産上の給付額を鑑定委員会の評価する本件土地の更地価格（1㎡当たり12万円）の約2%に当たる金40万円とした。

　これに対して、増改築を認めた点について、Yが抗告し、財産上の給付についてXが附帯抗告した。

裁判所の判断

　裁判所は、増改築について、抗告を棄却した上で、財産上の給付については、以下のとおり述べて、鑑定委員会の金額である130万円に変更するとした。

　旧借地法8条ノ2第4項によって、増改築許可の際の財産上の給付額を決定するに当たっては、借地権の残存期間、増改築により結果的に延長される借地期間、土地の状況、借地に関する従前の経過事実殊に従前及び将来における地代その他貸主の得られるべき財産上の利益、貸主の借地明渡請求の有無及び請求の当否の度合、期間満了の際の貸主の更新拒絶権の制限の程度及び建物買取請求との関係、増改築禁止特約がある場合その特約解除の対価性、増改築する建物の構造及び程度、建物収益増による貸主への利益還元などの一切の事情について考慮すべきものと解するのが相当である。

　その上で、本件借地の残存期間は約16年とみられること、本件増改築がなければ残存期間満了以前に建物が朽廃して借地契約が終了する可能性もなくはないこと、もっとも増改築により本件建物の寿命は少なくとも20数年延び、これに伴い、借地期間は残存期間より更に約10年は延長されるものとみられること、本件土地周辺には、中層ビルも相当あり将来発展の可能性があり、その更地価額は約金2,146万円（3.3㎡当たり金12万円）で、本件土地上に借主所有の3棟の建物が建築され、その1棟は居宅、他の2棟は借主の営業である餅菓子の製造工場及び倉庫であり、通常の住家所有のみの場合に比し土地使用の経済的価値の高いこと、本件借地契約はYの先代とXの先代で大正7年に締結され、当初から普通建物所有の目的であり、その後右契約は何度か更新され、昭和47年1月1日更に更新されたが、従前は地代（現在額は3.3㎡当たり月額150円）のほか、何ら権利金その他財産上の給付がされていないし、将来財産上の給付をすべき約束もないこと、貸主であるYが別訴で借地明渡訴訟を提起し、借地の継続使用を望まない態度を持していること、本来の期間満了の時は昭和66年12月31日であって、現在ではYが更新拒絶につき正当の事由があるかどうか及び本件

建物殊に増築部分の買取請求についてはまだ現実性がなく、本件では余り考慮の価値がないこと、本件借地契約には増改築禁止の特約があり、特約を解除する対価を考慮するのが相当であること、借主が増築しようとする建物は、原決定のとおり1階14.28㎡、2階52.99㎡であり、既存部分37.26㎡に対し、増築後は延床面積104.54㎡に達し、相当規模の工事であること、この増築により更に従前以上に借主の営業上建物の効用が高まり本件借地利用の効率が増大することなどの事情が認められる。

　本件においてはこれらを考慮するのが相当とした上で、財産上の給付額は、鑑定委員会の意見がこれらの諸事情を十分に考慮した上で出された結論であることが推認されるとして、鑑定委員会の意見のとおり130万円が相当とする。

　　コメント

　増改築について承諾に代わる許可をする際に当事者間の利益の衡平を図るために必要があるときは、財産上の給付を命じることができ（借地借家17③、旧借地8ノ2③）、多くの場合、許可の際には、財産上の給付が命じられます。

　そして、財産上の給付の目安としては、全面改築の場合には、更地価格の3〜5％程度、増改築に準じる大規模修繕においては、更地価格の1％程度となっています。

　しかし、本決定の財産上の給付額は、更地価格の約6.1％であり、かなり高めとなっています。

　これは、当事者間の利益の衡平をどのように考えるかによるものであり、更新料の授受等も加味した結果と思われます。

　本決定は、財産上の給付について、どのような事情を考慮し、その給付額を決定するのかについて、詳細に項目を挙げ、認定しており、非常に参考になります。

≪参考判例≫
○予定している増改築が、耐震補強であり、基礎部分の改修が予定されておらず、改築部分の面積も広くない場合、承諾料を更地価格の1.5%が相当とした事例（東京地決平17・6・20（平16（借チ）1015））
○既存建物を残し、新築建物を同じ敷地内に別途建築する場合、新築予定建物の敷地部分のみではなく、借地全体の価値を基準に財産上の給付金額を算出した事例（東京地決平20・1・9（平19（借チ）1002））

5　その他

【事例40】　増改築等禁止特約違反を理由に処分禁止の仮処分
　　　　　　及び訴訟が提起されたが、増改築に該当しないこ
　　　　　　とを理由に訴訟における請求が棄却された場合、
　　　　　　原告は被告の損害を賠償するべきか

(東京地判平15・7・18（平13（ワ）13735））

判　旨

　貸主が本件仮執行の申立てをする際、工事の完成が間近に迫っ
ており、貸主にとっては、本件仮処分を申し立てるのに、緊急性、
迅速性を要したと認められるのであって、本件仮処分の申立てに
ついて、貸主の過失を認めることはできない。
　訴えについても本件工事が大がかりなことからすれば、増改築
等禁止特約の対象工事になるか否かは、法律及び建築上の見地か
ら調査検討しなければ可否の判断は困難であるから、著しく相当
性を欠くとはいえない。

事案の概要

　YとXの父A（その後、借主はX）は、昭和43年9月27日、Y所有の
本件土地につき、普通建物所有目的で、賃料月額4,020円、期間を20年
間、借主の建物を増改築するには貸主の書面による承諾を要し、賃料
不払その他本契約の条項に違反したときは違反事実の発生により催告
の手続を要せず、契約解除するとの特約の下、借地契約（以下「本件
借地契約」という。）を締結した。

　Xは、本件土地上に建物を所有していたところ、Xは、平成3年12月
中旬、本件建物につき工事（以下「本件工事」という。）を開始した。

　Yは、Xに対し、工事の中止と工事の内容を明らかにした書面の提

示とYの承諾を求めるように通告し、さらにXに対し、増改築等禁止特約違反を理由に本件借地契約を解除する旨の意思表示をした。

これに対して、Xは、引き続き本件工事を続行して、平成4年2月7日頃に工事を完成させた。

Yは、平成4年1月20日、建物について処分禁止の仮処分（以下「本件仮処分」という。）を申し立て、1月24日、仮処分命令を得て、1月29日に同仮処分の執行をした。

Yは、平成4年3月19日、Xを被告として、本件仮処分の本案訴訟として、本件土地について本件建物収去土地明渡しを求める建物収去土地明渡請求訴訟（以下「本件従前訴訟」という。）を提起した。

本件従前訴訟では、Yは、借主であるXが、本件建物について、増改築等禁止特約に反して無断増改築工事をしたとして、本件借地契約を解除し、土地の明渡しなどを求めた。

東京地方裁判所は、平成11年12月22日、本件工事は、内装工事を主として、土台、柱、梁等を基本的に従前のままとしており、耐用年数を4ないし5年程度伸長させたにすぎず、通常の修繕工事と大差がないから、禁止された増改築工事ではない旨、また、信頼関係についても破壊されていない旨判示し、おおむねXの主張に沿う判断を示し、Yの請求を棄却する判決をし、Yは控訴したが、控訴審もおおむねXの主張を認め、控訴を棄却した。

そこで、Xは、仮処分や訴訟の提起により、本件建物での営業や廃業後の建物賃貸料等が得られなかったとして逸失利益及び慰謝料を求めて、訴えを提起した。

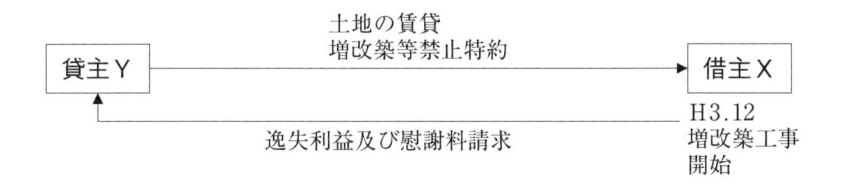

裁判所の判断

　裁判所は、以下のとおり判示して、Xの請求を棄却した。

　まず、仮処分について、Yの主張する被保全権利は、本件従前訴訟において、否定されていることから本件仮処分は被保全権利の欠くものであったというべきだとした。そして、仮処分命令が執行されたが、その本案訴訟において、同仮処分の被保全権利に相当する訴訟物たる権利の不存在を理由として仮処分債権者の確定判決が言い渡された場合には、他に特段の事由がない限り、仮処分債権者において過失があったものと推定するのが相当であるとした。

　しかし、仮処分債権者において、仮処分命令を得てその執行したことについて相当な理由があった場合には、敗訴の一事によって、当然過失があったということはできないとの最高裁昭和43年12月24日判決（民集22・13・3428）を示し、建物収去土地明渡請求権については、Yにおいて、Xが本件増改築等禁止特約に反する工事を行うなどしており、本件借地契約の基礎となる信頼関係が破壊されたと判断してもやむを得なかったか否かが問題となるとした。

　その上で、本件増改築等禁止特約の対象となる工事であるが、一般には、増築工事とは増床工事をいい、改築工事とは建物全部又は一部の建替工事、すなわち、少なくとも建物の一部分について屋根、天井、壁、床等を張り替えて作り直す工事をいうことは公知であるとして、本件増改築等禁止特約の対象となる改築工事の内容が、法的には、既存の建物の耐用年数を大きく変える工事をいうとしても、それは、専門的判断に裏付けられたものであり、法律に精通していない一般人としては、改築工事が、建物の全部又は一部について屋根、天井、壁、床等を張り替えて作り直す工事をいうと理解してもやむを得ないとし

た。Ｙは、本件工事が大がかりなものであり、本件増改築等禁止特約に抵触すると判断して、本件仮処分の申立てをしたのであり、また、本件工事は、外壁、内装及び床に大きく手を加え、柱も何本か切断、除去し、新たに梁を取り付け、屋根の部分にも工事を施し、庇を設けるなどもしており、社会通念上、大がかりな工事と評価しても間違いといえない工事であり、Ｙが本件工事を禁止された工事と判断してもやむを得ないと解することができるとした。

さらにＹが、本件仮執行の申立てをする際には、本件工事の完成が間近に迫っており、Ｙにとっては、本件仮処分を申し立てるのに、緊急性、迅速性を要したと認められるのであって、本件仮処分の申立てについて、Ｙの過失を認めることはできないとした。

これらを踏まえ、Ｙが本件工事を本件増改築等禁止特約に違反しており、Ｘとの信頼関係は破壊されているから、本件借地契約の解除は有効であり、建物収去土地明渡請求権も認められると判断したこともやむを得ないと結論付けた。

次に訴訟提起に関しても訴えの提起が相手方に対する違法な行為といえるのは、当該訴訟において提訴者の主張する権利又は法律関係が事実的、法律的根拠を欠くものである上、提訴者が、そのことを知りながら、又は通常人であれば容易にそのことを知り得たといえるのにあえて訴えを提起したなど、訴えの提起が裁判制度の趣旨目的に照らして著しく相当性を欠くと認められるときに限られるとした最高裁昭和63年1月26日判決（民集42・1・1）を挙げ、本件従前訴訟の提起について、本件建物の工事が大がかりであって、本件増改築等禁止特約の対象工事になるか否かを法律及び建築上の見地から、調査検討をしなければ、その可否を判断することは困難な事案であるから、本件従前訴訟の提起が裁判制度の趣旨目的に照らして著しく相当性を欠くとはいえないとした。

コメント

　借地契約における増改築等禁止特約に該当するか否かの判断は、法的のみならず、建築の観点からも判断されるものであり、非常に難しいものです。もし、増改築等禁止特約違反での解除が認められない場合にその後損害賠償請求がされるとすれば、訴訟提起を萎縮させ、貸主の正当な権利行使の妨げにもなり得ます。

　その点について、本判決は、最高裁判所の基準を示した上で、詳細に認定し請求を棄却しており、妥当な判断だと思われます。

≪参考判例≫
○仮処分命令が不当であるとして取り消された場合でも、仮処分申請人に過失があるとはいえないとされた事例（最判昭43・12・24判時547・40）
○訴えの提起が違法となる事例（最判昭63・1・26判時1281・91）

第 4 章

借地上建物の賃貸・譲渡

第1　Q&A

Q15　借地上の建物の賃貸と賃借権の転貸

Q 土地を借りて、その上に自宅を建てて住んでいましたが、今回5年ほど遠方に転勤となり、引っ越すことになりました。自宅として使用していた建物を5年間空き家にしておくのはもったいないので、第三者に賃貸しようと思っています。貸主の承諾は必要でしょうか。

A 借りている土地の転貸の場合には、民法上、貸主の承諾が必要とされていますが、借地上の建物だけを貸すということであれば、土地の転貸には該当しません。したがって、貸主の承諾は不要です。ただ、借地条件が規定されている場合には、その規定に従うことになりますので、契約内容を確認する必要があります。

解　説

1　建物を賃貸する場合

借地を第三者に転貸する場合には、借主（転貸人）は、貸主の承諾を得る必要があります（民612①）。

では、借地上に借主が建物を建築し、その建物を第三者に賃貸する場合、転貸に該当するのでしょうか。

判例は、あくまで、借地上の建物の賃貸ですので、土地の転貸には該当しないとしています（大判昭8・12・11大審院判決全集1・3・41）。

したがって、建物を賃貸する場合、原則として、土地貸主の承諾は必要ではありません。

2　借地条件との関係

建物の賃貸借は土地の賃貸借ではありませんので、その点では土地

貸主の承諾は不要ですが、第三者に賃貸する建物を建築する、若しくは、建築した建物をその後、第三者に賃貸し、賃料収入を得る場合、借地契約の借地条件との関係で注意が必要な場合があります。

　つまり、借地条件が自己使用の居宅に限るとされている場合などにおいて、第三者に賃貸することは、借地条件に違反する可能性があります。場合によっては、貸主と協議し、借地条件について変更の承諾を得るか、裁判所に対し、借地条件変更の裁判を得る必要がありますので、借地契約の内容を確認する必要があります。

3　借地の無断転貸と借地契約の解除

　では、借地を貸主に無断で転貸し、第三者に使用収益させた場合、借地契約は、常に解除されてしまうのでしょうか。

　確かに、借地を貸主の承諾を得ずに転貸し、第三者に使用又は収益させた場合には、貸主は借地契約を解除できると規定されています（民612②）。

　しかし、借地契約は、継続的な契約であり、信頼関係を基礎とするものですので、いわゆる信頼関係破壊の法理が適用され、背信行為と認めるに足りない特段の事情がある場合には、借地契約を解除することができないとされています（最判昭28・9・25判時12・11）。

　ただ、無断転貸は、信頼関係を認められる当事者が契約内容を無断で変更するものですので、それだけで、原則として信頼関係が破壊されるものといえます。

　そこで、無断転貸において「貸主に対する信頼関係を破壊するに足りない特段の事情」を借主が主張・立証することになります（最判昭41・1・27判時440・32）。

　判例では、宅地の借主が同居の親族に建物を建てさせ、賃借権を転貸した事案について、信頼関係を破壊するに足りない特段の事情があると認定しているもの（最判昭40・6・18判時418・39）などがあります。

Q16　借地上の建物の譲渡と賃借権の譲渡

 土地を借りて、自宅を建てて住んでいますが、今回借地上の建物を第三者に売却することにしました。貸主の承諾は必要でしょうか。もし、承諾を得ずに譲渡した場合、借地契約は解除されるのでしょうか。

 借地上の建物を譲渡する場合には、賃借権も建物の譲渡と共に移転します。そして、民法上、貸主の同意なく、賃借権を譲渡することはできないとされ、譲渡後、譲受人が使用収益した場合には、貸主は、借地契約を解除できると規定されています。もっとも、判例上は、貸主に無断で賃借権の譲渡がされても信頼関係が破壊されない限りは、解除できないとされています。

解　説

1　賃借権を譲渡する場合

賃借権を第三者に譲渡する場合には、貸主の承諾が必要とされています（民612①）。

これに違反し、貸主の承諾を得ることなく、賃借権を譲渡し、第三者に使用又は収益させた場合には、貸主は、借地契約を解除することができます（民612②）。

もっとも、借地契約については、いわゆる信頼関係破壊の法理が適用されますので、無断譲渡が信頼関係を破壊するに至っていないと判断される場合には、貸主は、借地契約を解除することはできません。

2　借地上の建物の譲渡

借地上の建物を譲渡した場合、特段の定めがない限り、賃借権は、借地上の建物の従たる権利として、買主に移転します（民87②準用）。

したがって、建物の譲渡は、賃借権の譲渡を伴うものとなります。

3　賃借権の無断譲渡と借地契約の解除

　では、賃借権を貸主に無断で譲渡した場合、借地契約は、常に解除
されてしまうのでしょうか。

　この点、借地契約は、継続的な契約であり、信頼関係を基礎とする
ものですので、いわゆる信頼関係破壊の法理が適用され、信頼関係を
破壊するに足りない特段の事情がある場合には、借地契約を解除する
ことができないとされています（最判昭28・9・25判時12・11等）。

　もっとも、信頼関係の認否は、契約当事者の間柄で判断されますが、
無断譲渡は、その信頼関係を認められる当事者が契約内容を無断で変
更するものですので、それだけで原則として信頼関係が破壊されるも
のといえます。

　そこで、無断譲渡の場合には、「貸主に対する信頼関係を破壊するに
足りない特段の事情」を譲渡人が主張・立証することになります（最判
昭43・3・29判時517・49）。

　判例では、宅地の借主が借地上の建物を同居の孫に贈与し、賃借権
を譲渡した事案について信頼関係を破壊するに足りない特段の事情が
あると認定しているものがあります（最判昭40・9・21判時426・35）。

Q17　法人化と賃借権の譲渡

Q　私は、個人で運送業を営んでいます。現在、建物所有目的で土地を借り、その土地上に私の個人名義の建物を建て、運送業の事務所兼倉庫として使用しています。今回、個人事業を法人化するため、新しく株式会社を設立して、建物を現物出資しようと思っています。新しくできる株式会社の株式は全て私が所有し、代表取締役も私が就任する予定です。貸主の承諾を得る必要はあるでしょうか。

A　借地上の建物が譲渡されると、賃借権も建物の譲渡と共に移転します。民法612条1項にいう「譲り渡し」は、形式的に判断し、譲受人の株式会社の株式を全て譲渡人が保有する等の実質は加味しません。ご質問の場合は、個人から株式会社に建物が移転しますので、賃借権も移転します。したがって、貸主の承諾を得る必要があります。もっとも、もし承諾を得ずに行った場合であっても、信頼関係が破壊されていないという判断がされ、解除が認められない場合もあります。

解　説

1　借地上の建物の譲渡と賃借権の譲渡

　賃借権の譲渡を行うには、貸主の承諾が必要となります（民612①）。そして、借地上の建物の譲渡は、賃借権の譲渡を伴います（詳細はQ16参照）。

2　法人化と賃借権の譲渡

　では、個人事業にて使用していた建物をその事業を法人化するために譲渡した場合には、賃借権の譲渡として、貸主の承諾は必要なのでしょうか。

　まずそもそも、法人化しただけであり、実態として何も変化がない場合であっても、民法612条にいう賃借権の譲渡若しくは転貸に該当するのでしょうか。

　この点、判例は、借家契約の場合ですが、実態が異ならないとしても、個人の借主と法人との間には、賃借権の譲渡若しくは転貸借契約が成立するとしています（最判昭46・11・4判時654・57）。実態が異ならなくとも個人と法人とでは法人格が異なる以上、形式的に判断しているようです。

3　法人化による譲渡と借地契約の解除

　では、法人化に伴い、貸主の承諾を得ずに借地上の建物を譲渡し、賃借権の譲渡若しくは転貸をした場合、借地契約は解除されるのでしょうか。

　この点、前掲最高裁昭和46年11月4日判決は、借主及びその親族らにより設立された有限会社が、同一営業を継続し、建物の使用状況に変更がない等の事案において、転貸借につき、貸主の承諾がなくとも、貸主に対する信頼関係を破壊するものと認めるに足りない特段の事由があり、これを理由とする借地契約の解除は許されないと判断しています。

4　閉鎖的な法人における支配株主の変更と賃借権の譲渡

　同一の法人であってもM＆Aなどによって、その支配株主や代表者等が変更し、実態が全く異なる法人となってしまうこともあります。このような場合、実質的に賃借権の譲渡があり、信頼関係が破壊されたとして、借地契約を解除できるでしょうか。

　この点判例は、小規模で閉鎖的な有限会社が借主であり、その有限会社が持分の譲渡及び役員の交代により実質的な経営者が交代したと

いう事案において、法人格の同一性が失われるものはないとして、民法612条にいう賃借権の譲渡に当たらないと判示しています（最判平8・10・14判時1586・73【事例42】）。

　ここにおいても、法人化の場合と同様、民法612条における賃借権の譲渡の有無は、形式的に判断しています。

　ですので、貸主としては、貸主の承諾を得ずに借主である法人が役員や資本構成を変動させた場合には、借地契約を解除することができる旨の特約（いわゆるチェンジオブコントロール条項）を規定するなどの対策が必要となります。

Q18　土地賃借権譲渡・転貸の承諾に代わる許可

Q　土地を借りて、自宅を建てて住んでいます。今回借地上の建物を第三者に売却しようと思っていますが、譲渡について貸主が承諾してくれません。この場合、譲渡できないのでしょうか。

A　賃借権の譲渡・転貸について貸主が不利となるおそれがないのに承諾しない場合には、裁判所は、貸主の承諾に代わる許可をすることができます。したがって、譲渡前に裁判所に申立てをして、承諾に代わる許可を得ておく必要があります。

解　説

1　土地賃借権譲渡・転貸許可の裁判とは

　借主が借地上の建物を第三者に譲渡しようとする場合において、その第三者が賃借権を取得し、又は転借しても、貸主に不利となるおそれがないにもかかわらず、貸主が承諾しないときは、裁判所は、借主の申立てによって、貸主の承諾に代わる許可を与えることができます（借地借家19①前段）。

2　土地賃借権譲渡・転貸許可

　裁判所は、土地賃借権譲渡・転貸許可の裁判を行う場合には、借地契約における残存期間、借地に関する従前の経過、賃借権の譲渡又は転貸を必要とする事情、その他一切の事情を考慮しなければmay りません（借地借家19②）。

3　土地賃借権譲渡・転貸許可の裁判の要件

　土地賃借権譲渡・転貸許可の裁判の要件としては、①賃借権の存在、②借主が借地上に建物を所有していること、③借主が借地上の建物を

譲渡するのに伴って、賃借権を譲渡又は転貸する場合であること、④賃借権の譲渡又は転貸が、貸主に不利となるおそれがないこと、⑤貸主が賃借権の譲渡又は転貸に承諾しないこと、⑥残存期間、従前の経過、譲渡又は転貸が必要な事情等一切の事情を考慮して賃借権の譲渡又は転貸を認めることが相当なこと、⑦正当な当事者が存在すること（申立人は、建物の譲渡人であり、譲受人は申立人となることができません。）、⑧申立てが譲渡又は転貸の前であることとなります。

4　借地の一部についての申立て

　では、借地のうち、一部分のみの賃借権を譲渡又は転貸するとして、土地賃借権譲渡・転貸許可の裁判を申し立てることは可能でしょうか。

　確かに転貸の場合は、借地契約に大きな影響を与えるものではありませんので、認められるものと思われますが、譲渡の場合には、借主において賃借権を分割し、譲受人と貸主との間で新たな法律関係が生じ得るものとなります。さらに賃借権が細分化されて譲渡された場合には、貸主の負担は大きいものになります。

　そこで、一部の譲渡について許可の裁判はそもそも申立てが不適法とする見解もあります。

　しかし、土地の一部使用権原の譲渡は、法律上認められるものですし、実際にも行われているものです。

　したがって、賃借権の一部譲渡も特段否定する必要はないものと考えられます。

　裁判例も、一部譲渡における許可の申立てを適法とした上で、細分化など貸主の不利益は、許可を認めるか否かにおける一切の事情の判断要素として、考慮しているように思われます（借地の一部についての賃借権譲渡が許可された裁判例としては東京地裁昭和43年8月8日決定（判タ227・205）、東京地裁昭和46年6月16日決定（判タ267・352）などが

あります。なお、細分化により貸主に著しい不利益を与えることを理由に申立てを棄却したものとして東京地裁昭和45年9月11日決定（判タ257・267【事例46】）があります。)。

5　付随処分

　裁判所は、土地賃借権譲渡・転貸許可の裁判を行うに際して、当事者間の利益の衡平を図るため必要があるときは、賃借権の譲渡若しくは転貸を条件とする借地条件の変更を命じ、又はその許可を財産上の給付に係らしめることができるとされています。

　現在、賃借権譲渡・転貸の裁判における財産上の給付額は定率化し、借地権価格の5％から15％程度、平均して借地権価格の10％程度となっています。

Q19　借地上の建物の担保設定と賃借権譲渡

　土地を借りて、倉庫を建てて使用していますが、今回、債権担保のためにその倉庫に譲渡担保を設定しようと考えています。登記名義を移転させるので、譲渡担保を設定した際に賃借権譲渡の許可の裁判を得る必要があるのでしょうか。

A　借地上の建物に譲渡担保を設定する場合、借地上の建物においては、所有権移転の形式をとりますので、賃借権もそれに伴って譲渡されるように思われます。しかし、譲渡担保は、実際には譲渡担保権設定者がその後も借地上の建物を利用し、債務不履行がなければ、実行されることはありません。そこで、判例では、譲渡担保について、設定時においては、民法612条にいう「譲渡又は転貸」には当たらないとされています。したがって、譲渡担保権設定時に賃借権譲渡の許可の裁判を得ておく必要はありません。

解　説

1　形式的な借地上の建物の所有権移転を伴う借地上の建物に対する担保の設定と賃借権の譲渡

　譲渡担保契約や買戻特約付売買契約など、債権の担保として行われるものの、形式的に所有権の移転がなされるだけであり、実態としては担保権設定が目的である契約（以下「譲渡担保契約等」といいます。）があります。

　借地上の建物について、所有権が移転された場合には、それに伴って、従たる権利である賃借権も移転します（民87②準用）。

　そこで、借地上の建物の所有権を移転する場合には、事前に賃借権の譲渡について貸主の承諾を得ておく必要があります。

　しかし、譲渡担保契約等においては、譲渡担保権設定後も譲渡担保権設定者（借主）が建物及び借地を使用し、賃料を負担しているのが通常です。

　このような譲渡担保契約等において、譲渡担保権設定時に賃借権の譲渡又は転貸があったとするのは、実態とかけ離れることになります。

　そこで、このような場合には、そもそも民法612条の「譲渡又は転貸」に該当しないと解されています（東京高判昭35・5・21判時238・20、最判昭40・12・17判時434・35【事例49】）。

　もっとも、譲渡担保契約において、譲渡担保権が実行され、譲渡担保権設定者の受戻権が消滅している場合には、譲渡担保権設定者が利用していたとしても所有権移転は確定していますので、賃借権も譲渡又は転貸されたことになります。

　また、借地上の建物につき、譲渡担保権が実行される前であり、譲渡担保権設定者が受戻権を行使することが可能であったとしても、譲渡担保権者が借地上の建物につき、引渡しを受けて使用又は収益をする場合には、賃借権の譲渡又は転貸がされたと判断されています（最判平9・7・17民集51・6・2882【事例50】）。

2　譲渡承諾の方法と時期

　借地上の建物につき、譲渡担保権設定時の譲渡又は転貸は、民法612条の「譲渡又は転貸」に当たらないことから、設定時に賃借権の譲渡又は転貸について、貸主の承諾若しくは承諾に代わる裁判を得る必要はありません。

　では、いつどのようにして貸主の承諾若しくは承諾に代わる裁判を得る必要があるのでしょうか。

　既に述べたように譲渡担保権が実行された場合若しくは実行されていなくとも譲渡担保権者が使用又は収益をしている場合には、民法612条の「譲渡又は転貸」に該当するとされていますので、これらが生じる前に貸主の承諾若しくは承諾に代わる裁判を得ておく必要がある

ことになります。

　そして、貸主が承諾してくれる場合には、特段問題は生じませんが、承諾しない場合には、非常に難しい問題が生じます。

3　譲渡担保と貸主の承諾に代わる許可の裁判

　借主が借地上の建物を第三者に譲渡しようとする場合において、その第三者が賃借権を取得し、又は転借しても、貸主に不利となるおそれがないにもかかわらず、貸主が承諾しないときは、裁判所は、借主の申立てによって、貸主の承諾に代わる許可を与えることができます（借地借家19①前段）。

　なお、その申立人は、借地上の建物を譲渡しようとする借主であり、建物の譲受人は、申立人となることはできません。

　ここで、譲渡担保契約において、その譲渡担保権が実行される際に、適法な賃借権の譲渡又は転貸がされないとすれば、譲渡担保権を実行しても借地上の建物を取り壊さなければならず、それだけで担保価値等が下落することになります。

　そこで、どのようにして貸主の承諾に代わる許可を得たらよいのかが問題となりますが、この点については、以下の議論があります。

　まず、譲渡担保を設定する際に貸主の承諾が得られないときには、その時点で申立てができるという見解がありますが、この見解は、譲渡担保の設定を民法612条の譲渡又は転貸に該当するという見解を前提としているものであることや、許可の裁判の効力は効力が生じてから6か月以内に確定的に所有権を移転しなければ失効してしまう（借地借家59）ことから、譲渡担保のように確定的に譲渡担保権者が所有権を取得するのが譲渡担保権設定時から時間がかかる場合では、妥当ではありません。

　次に譲渡担保契約等において、債務不履行により、所有権が確定的に譲渡担保権設定者（借主）から譲渡担保権者に移転した場合には、

その時に借主が、許可の裁判を得ることができるとする見解があります。

　この見解は、通常の売買契約による賃借権の譲渡の場合であっても、売買契約締結後、移転登記手続若しくは引渡し前に借主が貸主の承諾に代わる許可を得れば足りるのと同じように、債務不履行により所有権の移転が確定した場合、移転登記手続若しくは引渡し前に借主が貸主の承諾に代わる許可を得れば足りると考えるものです。裁判例でもこの見解を支持したものがあります（東京地決昭44・2・19判タ233・170）。

　しかし、この見解は、借主が申立てを行わなければならないことから、債務不履行により所有権を失った借主が許可の裁判を申し立てることは通常考えにくい等の批判があります。

　そこで建物譲受人が債権者代位権を行使し、借主に代わって許可の裁判を申し立てることができるという見解がありますが、これを認めると、借地借家法が申立てを借主に限定した趣旨を没却することや貸主が介入権を行使した場合の代金の交付先等が問題となることなどの批判があります。

　このような問題を踏まえ、譲渡担保権の実行による取得は建物競売で取得した場合ではないので、直接は適用できませんが、借地借家法20条（建物競売等の場合における土地の賃借権の譲渡の許可）1項の規定を類推適用し、建物を取得した譲渡担保権者が貸主の承諾を得られない場合に、借地借家法20条1項の申立てができるとの見解があります。

　この見解は、他の見解と比べて一番問題点が少ないとの評価があり、学説としては最も有力ですが、そもそも競売に対する規定をそれ以外に類推適用することに対しての批判もあります。

　以上のように誰が、どのように貸主の承諾に代わる許可の裁判を申し立てることができるのか様々な見解がありますが、最終的には、立法的解決が待たれるところです。

第2　事　例

1　借地の無断転貸と解除

【事例41】　貸主の承諾とは異なる持分割合で建物を共有とすることにつき、無断転貸を理由として解除が認められるか

(最判平21・11・27判時2066・45)

> ### 判　旨
>
> 借地上の建物を建て替えるに際し、借主が貸主から得た承諾とは異なる持分割合で新築建物を共有し、無断転貸に当たるとしても、借地の利用状況に変化がないことなどから、背信行為と認めるに足りない特段の事情があるというべきであり、借地契約の解除は認められない。

事案の概要

　昭和21年頃、Xの父Bが所有している土地を、Y₁の父Aが賃借し、同土地上に建物（以下「旧建物」という。）を建築し、以後居住し、販売業を営んでいた。

　Aの死亡によりY₁が旧建物を相続し、Bの死亡により本件土地を相続により取得したXとの間で、昭和62年3月9日、本件借地契約を更新する旨の合意をした。

　Y₁は妻であるY₂及び子であるCと同居して、旧建物を本店としてY₄を設立した。

　昭和62年2月14日、CとY₃が婚姻し、昭和63年3月30日、CとY₃との間にDが出生し、Y₃及びDも旧建物に同居するようになった。

　平成9年頃、Y₂とCは、Xとの間で建替え後の建物の持分をY₁及びCにつき各2分の1とすることを前提として建替えの承諾条件を交渉

し、XとCとの間で、旧建物の建替え及び本件土地の転貸承諾料を400万円とすることを合意した。

　その後、金融機関からの融資の都合上、CはXに対し、建替え後の建物の共有持分を、Y₁につき10分の1、Cにつき10分の7、Y₂につき10分の2にしたい旨申し入れ、Xは承諾した。

　平成10年3月、旧建物の建替え後の建物である本件建物が完成し、本件建物につきCの持分を10分の7、Y₂の持分を10分の3とする所有権保存登記がされた。

　Y₁は、最終的に、本件建物をC及びY₂にて共有することについて了解し、Y₁からC及びY₂への転貸がなされた（以下「第1転貸」という。）。本件建物には、旧建物と同様に、Y₁、Y₂、C、Y₃及びDの5人が居住し、Y₄の本店が置かれた。

　平成17年2月、CはY₃との離婚の届出をし、財産分与として本件建物の持分10分の7をY₃に譲渡した。Y₁はかかる財産分与を容認し、Y₁からY₃への転貸がなされた（以下「第2転貸」という。）。

　その後、同年8月にCが本件建物から退去したが、Y₃及びDはY₁及びY₂と共に本件建物への居住を続けた。

　Xは同年6月17日頃、本件建物登記事項証明書を取り寄せて、承諾した内容の持分ではないことを知り、同年8月28日、本件借地契約を解除する旨の意思表示をした。

　XはY₁、Y₂及びY₃に対し建物収去土地明渡しを、Y₄に対して建物退去土地明渡しを、Yらに対して賃料相当損害金の支払を求めて、訴訟提起した。

　Yらは、第1転貸及び第2転貸が、仮に無断転貸に当たるとしても、背信行為と認めるに足りない特段の事情があるとして争った。

　第一審はXの請求を棄却したのに対し、控訴審ではXの請求を認めたため、Yらが上告受理申立てをした。

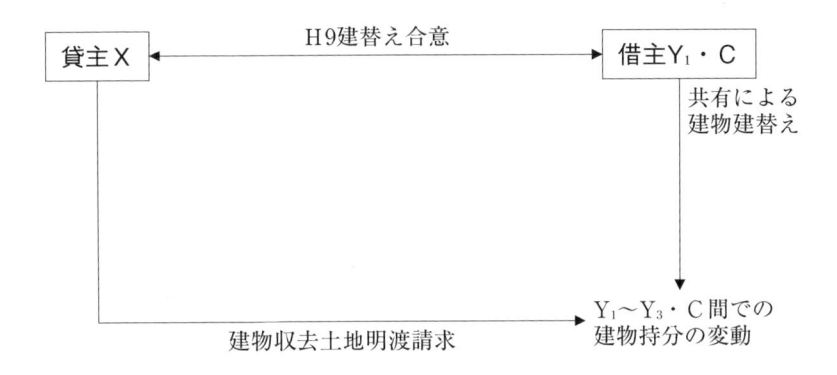

	建物の共有持分
H9 Xの承諾時合意内容	Y₁　10分の1 Y₂　10分の2 C　10分の7
H10.3 所有権保存登記（第1転貸）	Y₁　転貸了承 Y₂　10分の3 C　10分の7
H17.2 C・Y₃の離婚の財産分与（第 2転貸）	Y₁　転貸容認 Y₂　10分の3 C　10分の7→Y₃

裁判所の判断

　本判決では、以下のとおり述べて、控訴審判決を破棄し、Yらの主張を認め、Xの請求を棄却した。

　第1転貸は、本件土地の借主であるY₁が、貸主であるXの承諾を得てY₁所有の旧建物を建て替えるに当たり、新築された本件建物についてC及びY₂の共有とすることを容認して、本件土地を転貸したものであるところ、第1転貸における転借人であるC及びY₂は、Y₁の子及び

妻であって、建替えの前後を通じて本件土地上の建物に居住し、Y₁と同居しており、第1転貸によって本件土地の利用状況に変化が生じたわけではない。また、Xは、Y₁、Y₂及びCが共有して建物を建て替えることを承諾しており、Y₁の持分とされるはずであった10分の1がY₂の持分とされたことに伴う限度でXの承諾を得ることなく本件土地が転貸されたにとどまる。そして、Xは建替えに伴う承諾料を定めた後に持分割合を変更する合意の際も承諾料の増額をすることなく、当初第1転貸の事実を知った後も解除の理由とはしていなかったのであり、XにおいてY₁が本件建物の持分10分の1を取得することに重大な関心を有していたとは解されない。

　そうすると、第1転貸が上記の限度でXに無断で行われたことにつき、背信行為と認めるに足りない特段の事情があるというべきである。

　第2転貸は、Y₁の子であるCから、その妻であるY₃に対し、離婚に伴う財産分与として行われたものである上、Y₃が離婚前から本件土地上にY₁らと共に居住しており、離婚後にCが本件建物から退去した他は、本件土地の利用状況には変化が生じておらず、第2転貸により貸主であるXが何らかの不利益を被ったことは全く窺われない。

　そうすると、第2転貸が、Xに無断で行われたことについても、背信行為と認めるに足りない特段の事情があるというべきである。

コメント

　本判決は、借地上の建物の建替えに伴う同居する親族間の無断転貸、離婚に伴う財産分与として夫から妻への無断転貸につき、いずれも貸主に対する背信行為と認めるに足りない特段の事情があると判断しました。

　判例では、無断譲渡・転貸があったという事実だけでは解除を認め

ず、その事実が貸主に対する背信的行為と認めるに足りない特段の事情があるときは解除できないとする、いわゆる背信行為論を採っており、譲渡・転貸の関係の中でも、転貸期間が短い場合や賃借物の一部の転貸にすぎない場合の他、共同相続人から他の共同相続人へ、父から子へ、離婚した夫から妻へ等の人的関係が重視される事案において、背信行為と認めるに足りない特段の事情がある場合に当たり解除を認めないとした例があります。

　したがって、「背信行為と認めるに足りない特段の事情」を検討するに当たって、賃借物である土地の利用状況に変更がないことに加え、親族等の特殊な人的関係は重視されるべき要素といえます。

2　小規模な法人における支配株主等の変更と賃借権の譲渡

【事例42】　借地の借主である小規模で閉鎖的な有限会社において経営者と社員が全く変わった場合に、貸主は賃借権の無断譲渡による借地契約の解除をすることができるか

（最判平8・10・14判時1586・73）

> ### 判　旨
>
> 　借主が法人である場合において、その構成員や機関に変動が生じても、法人格の同一性が失われるものではないから、賃借権の譲渡には当たらないとの理は、特定の個人が経営の実権を握り、社員や役員がその個人及び家族、知人等によって占められているような小規模で閉鎖的な有限会社が借主である場合についても基本的に変わるところはない。

事案の概要

　貸主Aは、昭和45年に、有限会社である借主Yに対して本件土地を賃貸し、Yは本件土地上に本件建物を所有していた。

　本件土地は、昭和60年にBがAから相続した後、平成3年12月4日には、BからXらに対して売却され、貸主の地位もXらが取得した。

　Yは、貨物自動車運送事業等を目的とする資本金2,000万円の有限会社であり、設立時以来の代表取締役であるCが経営を担当し、Yの持分は全てC及びその家族が所有し、役員もCらとその親族で占められていた。

　C及びその家族は、平成3年9月20日、その所有するYの持分全部を個人で運送業を営んでいたD（Yの現代表取締役）に売り渡し、同日付でYの役員全員が退任し、Dがその代表取締役に、Dの家族がその他の役員に就任した。その後、Yの経営は、Dが中心となって行い、Yは、従前からの自動車及び従業員にD個人が運送業に使用していた自動車及び従業員を加え、本件土地建物を使用して従前と同様の運送業を営んでいる。

　かかる事実関係のもと、Xらは、Yによる賃借権の無断譲渡（実質的にみれば、CからDに対して譲渡された）等を理由に本件借地契約が解除されたとして、Yに対し、建物収去土地明渡しを求めて訴えを提起した。

　第一審は、Yの代表者がCからDに変更になり、社員に変更があったとしても法人格に変更はないので賃借権の譲渡があったとはいえないとして、賃借権の無断譲渡は否定したものの、Yの実態がCの個人会社から、それとは全く別個のDの個人会社になってしまったものと評価できることなどを摘示し、信頼関係の破壊を理由とする本件借地契約の解除を認め、Xらの請求を認容した。

　Yは控訴したが、控訴審は、CがDに対して経営の一切を譲渡した前後を通じてYの法人格は形式的には同一性を保持しているとはいえ、小規模な個人会社においては、経営者と土地所有者との個人的な信頼関係に基づいて借地契約が締結されるのが通常であり、経営者の交代は、その実質に着眼すれば、旧経営者から新経営者に対する賃借権の譲渡であり、本件ではCからDに対する賃借権の無断譲渡があり解除は有効であるとして、控訴を棄却した。

　これに対し、Yが上告した。

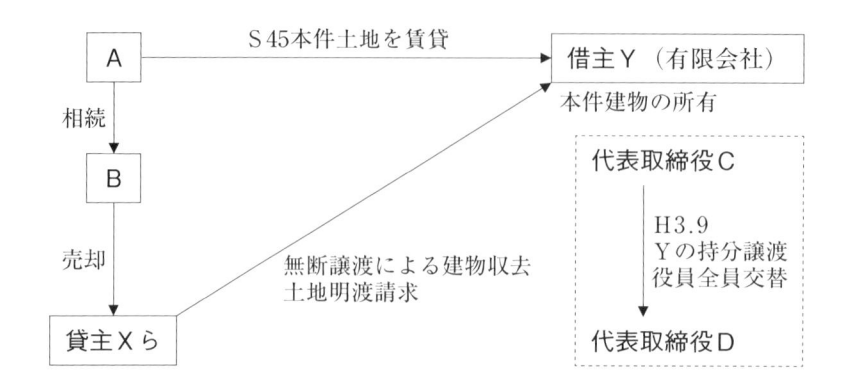

裁判所の判断

　本判決はおおむね以下のとおり判示し、賃借権の譲渡を否定し、控訴審判決を破棄した上で差し戻した。

　民法612条にいう賃借権の譲渡が借主から第三者への賃借権の譲渡を意味することは同条の文理からも明らかであるところ、借主が法人である場合において、かかる法人の構成員や機関に変動が生じても、法人格の同一性が失われるものではないから、賃借権の譲渡には当たらないと解すべきである。そして、この理は、特定の個人が経営の実権を握り、社員や役員が右個人及びその家族、知人等によって占められているような小規模で閉鎖的な有限会社が賃借人である場合についても基本的に変わるところはないのであり、このような小規模で閉鎖的な有限会社において、持分の譲渡及び役員の交代により実質的な経営者が交代しても、同条にいう賃借権の譲渡には当たらないと解するのが相当である。借主に有限会社としての活動の実体がなく、その法人格が全く形骸化しているような事情が認められないのに、経営者の交代の事実をとらえて賃借権の譲渡に当たるとすることは、借主の法人格を無視するものであり、正当ではない。

　借主である有限会社の経営者の交代の事実が、借地契約における貸主・借主間の信頼関係を悪化させるものと評価され、その他の事情とあいまって借地契約解除の事由となり得るかどうかは、かかる事実が賃借権の譲渡に当たるかどうかとは別の問題である。

　貸主としては、有限会社の経営者である個人の資力、信用や同人との信頼関係を重視する場合には、かかる個人を相手方として借地契約を締結し、あるいは、会社との間で借地契約を締結する際に、借主が貸主の承諾を得ずに役員や資本構成を変動させたときは契約を解除することができる旨の特約をするなどの措置を講ずることができるのであり、賃借権の譲渡の有無につき上記のように解しても、貸主の利益を不当に損なうものとはいえない。

　本件では、Ｙは、資産及び従業員を保有して運送業を営み、有限会社としての活動の実体を有していたものであり、法人格が全く形骸化していたといえないことは明らかであるから、上記のように経営者が交代しても、賃借権の譲渡には当たらないと解すべきである。

コメント

　本判決は、小規模な閉鎖会社である有限会社において持分譲渡や役員交代があり法人の実態に変更があった場合であっても、民法612条にいう賃借権の譲渡には当たらないと示した初めてのものです。

　裁判所は、譲渡の該当性について、法形式を重視しており、このことは、本件のように実態は変更されているが形式は同一の場合のみならず、個人が法人成りした場合などのように実態は同一のまま形式が変更されている場合の判断においても共通です（後者の場合、譲渡に該当するとした上で、信頼関係破壊の有無を検討しています。例えば、最高裁昭和46年11月4日判決（判時654・57）などがあります。）。

　この考え方からすると、貸主の経営実態が著しく変動しても、貸主が借地契約を解除することはできないようにも思えますが、本判決では、持分譲渡や役員交代の事実が貸主・借主間の信頼関係を悪化させるものと評価されるような場合、このことがその他の事情とあいまって借地契約の解除事由となり得ることを、別途認めています。

　また、本判決は、貸主の不利益に関して、貸主が借主の経営実態や経営者個人との信頼関係を重視する場合には、借地契約の借主を経営者個人とすることや、貸主の承諾のない役員変更や資本変動があった場合には借地契約を解除できる旨の特約（チェンジオブコントロール条項）を付すこともできるのであるから、不都合はないとしています。

　本判決は、法人借主について、その経営実態に大幅な変動があっても、それ自体を理由として直ちに解除はできない、という判断を示したものであり、特に貸主の立場からすれば、契約の相手方（借主）や特約の設定を考える上で、意識すべきものとなります。

3　土地賃借権譲渡・転貸許可の要件

【事例43】　借地上の建物が遺贈された場合、いつまでに貸主
　　　　　　の承諾に代わる裁判所の許可を受ければよいか

（東京高決昭55・2・13判時962・71）

> 判　旨
>
> 　旧借地法9条ノ2第1項に基づく賃借権譲渡等許可の申立ては、
> 遺贈の効力が発生した後、目的物の引渡し又は所有権移転登記に
> 先立って求めれば足りる。

事案の概要

　Aは昭和3年2月16日、6歳の時Bと養子縁組し、Bと内縁の妻Cの元
で養育されていたが、BとCの内縁関係解消に伴い、昭和9年4月12日
AはBと離縁した。その後、同年5月12日、AはCと養子縁組をした。

　その後、昭和10年頃、BとCは復縁し、Aを娘として養育した。同
年12月26日、BとCは婚姻した。

　本件土地、本件建物、本件私道はいずれもDの所有であったところ、
昭和35年6月29日、BはDから本件建物を買い受け、本件土地及び本件
私道をDから賃借し、AはBとCと共に、本件建物に居住した。

　昭和38年9月29日、Cが死亡し、Bの面倒をみるため、Aは夫と共に
Bと本件建物にて同居していた。

　Yは、昭和43年6月21日、本件土地及び本件私道をDから買い受け、
Bに対する貸主としての地位を承継した。

　Bは昭和45年10月9日死亡し、昭和39年11月13日付け自筆証書遺言
書には、B死亡の場合、本件建物をAに譲渡する旨の記載があった。
同遺言書は、裁判所にて昭和46年5月24日付け検認を経た。

　AはB死亡後も本件建物にて居住を続け、地代をYに支払っていた

が、昭和52年度分の地代を前払いしようと昭和51年12月27日にYに持参提供したところ、Yが受領を拒絶した。

　AはBの遺言執行者の選任申立てをして、裁判所はXを遺言執行者に選任した。そして、AはXに対し、本件建物について昭和45年10月9日付遺贈を原因とする所有権移転登記手続を求める訴えを提起し、昭和52年10月28日に勝訴判決を得た。そのためAはYに対し、本件土地及び私道につき賃借権譲渡の承諾を受けたい旨を申し入れたが承諾を得られなかった。

　XはYに地代の支払を拒絶されたことから、弁済供託し、昭和53年2月10日賃借権譲渡許可の申立てをした。

　この点、第一審はXからの申立てを認めたため、Yは抗告した。

　Yは、①旧借地法9条ノ2第1項に基づく賃借権譲渡許可申立ては、譲渡の履行が完了する前にしなければならないが、既にBからAに対し賃借権が移転しており、履行行為が完了していることから、本件申立ては不適法である、②第一審において、特定の人的関係にある者に対して、関係に重点を置いて賃借権を譲渡する場合、借主の主観的意図を尊重すべきとして、譲受人は旧借地法9条ノ2第3項にいう第三者に当たらないと解され、貸主の優先買受けの申立てを排斥すると判断したが、著しく文理に反し違法である、と主張して抗告した。

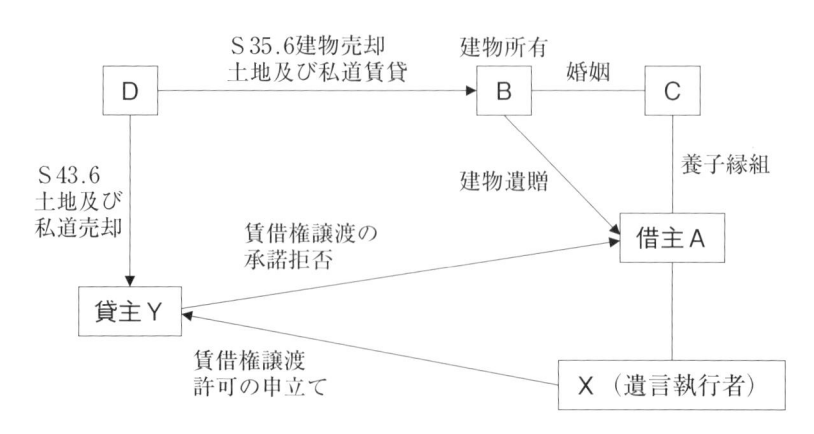

裁判所の判断

　抗告審は、以下のとおり述べて、Ｙの抗告を棄却し、Ｘの申立てを認めた第一審決定を維持した。

1　Ｙの主張①について

　旧借地法9条ノ2第1項に基づく賃借権譲渡等許可の申立ては、同条項の規定の文言及び民法612条1項の趣旨に照らし、賃借権の譲渡又は賃借物の転貸をするに先立ってなされなければならないと解すべきである。しかし、借主が借地上の所有建物を遺贈する場合についてまでそれに伴う土地賃借権譲渡につき遺贈の効力発生前に、貸主の承諾又はこれに代わる裁判所の許可を求めることを借主に要求するのは、遺贈の性質上極めて不当というべきである。

　この場合、遺贈の効力が発生した後、その相続人又は遺言執行者による目的物件の引渡し又は所有権移転登記に先立って賃借権譲渡について貸主の承諾又はこれに代わる裁判所の許可を求めれば足りると解すべきである。

　本件についてみると、Ａは本件建物に居住し占有しているものの、本件建物に居住していたＢの意思に基づいて同居していたＢの死亡後もＡが事実上居住を続けているにすぎず、ＸがＡに本件建物を引き渡したことに基づくものでもなく、本件建物の所有権移転登記も経由されていないことから、Ｘの賃借権譲渡許可申立ては適法である。

2　Ｙの主張②について

　旧借地法9条ノ2第3項の趣旨は、土地の借主が借地を自ら直接使用することをやめて借地上所有建物と賃借権を他に譲渡することにより、借地への投下資本を回収するために賃借権譲渡の許可申立てをする場合、賃借権が他に移ることを望まない貸主に対して賃借権等を相当価額で優先的に買い取ることのできる権能を付与し、もって、借主

と貸主との利害の調整を図ることにあると解すべきである。

　ところが、本件は、AはBの事実上の養子であり、B死亡時同居していたAに、遺産である本件建物とその敷地である本件土地等の賃借権等を承継させて利用させる目的で遺贈する遺言をしたのであり、投下資本の回収を主たる目的とする通常の取引とは事情を異にすることから、近親者その他縁故者に対し賃借権を譲渡する場合には、貸主に優先買受権はないと解する。

コメント

　本決定は、遺贈により賃借権の譲渡がされた場合に、賃借権譲渡許可の申立てをする時期について、遺贈の効力発生後、引渡し又は所有権移転登記前にすることを示しました。

　賃借権譲渡許可の申立ての時期については、借地借家法19条1項前段（旧借地法9条ノ2第1項前段）の文言及び民法612条1項の趣旨に照らして、申立ては建物の譲渡以前にしなければならないとされています。ただし、「建物の譲渡以前」の具体的な時期については見解が分かれており、譲渡契約締結前とする見解、所有権の移転前とする見解、譲受人に使用収益させる前とする見解などがあります。

　本決定が、どのような見解に沿ったものかは判然としませんが、贈与者の死亡の時点で効力が発生する遺贈の性質上、所有権移転登記前であったことから「建物の譲渡以前」に当たるとして申立てを適法としたのは妥当な判断であると思われます。

　また、借地借家法19条3項（旧借地法9条ノ2第3項）において貸主には優先譲受権が認められているところ、事実上の養父から養子に対する建物遺贈という場合は、法が予定するような借地への投下資本の回収を目的とするものではないことから、貸主の譲受申立てを認めない判断がされました。

【事例44】　区分所有法63条4項の売渡請求権を行使した者は、賃借権譲渡許可の申立てを行えるか。また、当該賃借権譲渡許可の申立てに対し、相手方は介入権を行使できるか

（東京地決平17・7・19判時1918・22）

判　旨

　区分所有法63条4項の売渡請求権を行使した者は、借地借家法20条の類推適用により、裁判所に対し、賃借権譲渡の許可を求めることができる。

　賃借権譲渡許可の申立てがなされた場合、相手方である借地権設定者は、介入権を行使できる。

事案の概要

　Aは、一棟の建物（以下「甲」という。）内の区分所有建物（以下「本件区分所有建物」という。）の所有者であり、Yとの間で、甲の敷地部分について借地契約を締結した。

　その後、甲の管理組合は、その臨時総会において、平成14年法律第140号による改正前の建物の区分所有等に関する法律（以下「区分所有法」という。）62条に基づく建替え決議を行ったが、Aはこれに反対した。そこで、臨時総会の招集者Xは、Aに対し、建替えに参加するか否か回答するよう書面で催告したが、2か月以内に回答がなかった。そこで、Xは、Aに対し、本件区分所有建物及び敷地の賃借権（以下「本件賃借権」という。）を時価で売り渡すよう書面で請求した。

　その後、Xは、Aに対し、800万円の支払を受けるのと引換えに本件区分所有建物の所有権移転登記手続を行うよう求める訴えを提起したところ、これを認容する判決が言い渡されて確定し、その旨の登記が

なされた。

　Ｘは、上記判決を受けて、Ｙに対し、本件賃借権の譲渡の承諾を求めたが、協議が調わなかった。

　そこで、Ｘは、区分所有法63条4項の売渡請求権を行使した場合にも借地借家法20条の類推適用があると主張し、裁判所に対し、賃借権譲渡許可の申立てを行った。

　これに対し、Ｙは、借地借家法20条の類推適用を争いつつ、これが認められる場合に備えて、介入権（借地借家19③）行使の申立てを行った。

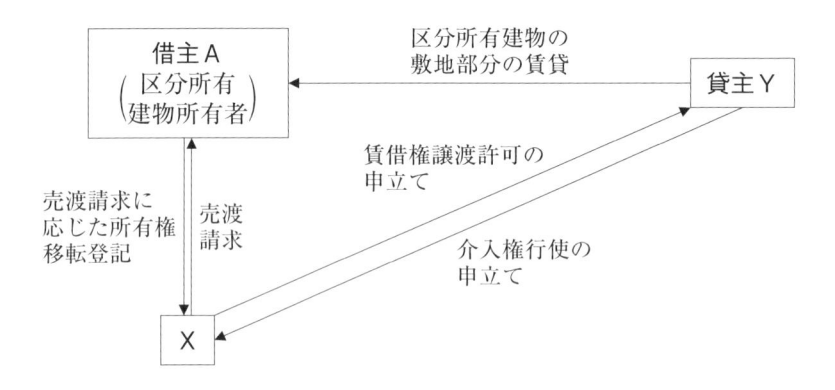

裁判所の判断

　本決定は、おおむね次のとおり判示し、賃借権譲渡の承諾に代わる許可を与えたが、Ｙの介入権行使も認めた。

　Ｙは、①本件の場合には「競売又は公売」に当たらないことは明らかで、それ以外の場合に拡張する根拠に欠けること、②区分所有法63条4項に基づく売渡請求の場合、同条6項により再売渡請求が認められているなど、「競売又は公売」のように売買の効力が確定的ではないこと、③仮登記担保権者についても借地借家法20条は適用がないとされ

ていること（東京高決昭56・8・26判時1016・70）などからすると、同条の適用ないし類推適用は許されず、そうすると同法19条の賃借権譲渡許可の申立てによるべきこととなるが、同条の申立権者は譲渡人であり、譲受人による債権者代位は許されず、しかも、賃借権の譲渡前に申し立てるべきところ、既に賃借権を譲渡している本件では認められないと主張する。

　しかし、借地借家法20条の公競売に伴う譲渡許可は、借地権者の意思にかかわらず地上建物が売却され、それに伴い賃借権が移転する場合を規定するものであり、手続が終了するまで誰が譲受人となるか未定であるため、あらかじめ借地借家法19条の手続によることができないから、競落人が申立人となって承諾に代わる許可の裁判を申し立てることができるとしたものである。区分所有法の売渡請求権の行使の場合も、譲渡人の意思にかかわらず賃借権が譲渡される点において、「競売又は公売」と同様であり、譲渡人があらかじめ借地権設定者に対し譲渡の承諾を求めることができない。このような場合、売渡請求権を行使した者が譲渡の承諾に代わる許可を得る方法がないとすれば、建替え決議に反対者がいる場合に備えて売渡請求権を認めた法の趣旨が没却されることになり、妥当性に欠ける。また、本件のような場合に借地借家法20条の類推適用を認めても、競売又は公売と同様、売買代金納付後2か月以内に限り申立てをすることができると限定するならば、借地権設定者の地位を不安定にするものとまでいえない。さらに、区分所有法63条6項の再売渡請求は競売又は公売にはない制度であり、これが認められて譲渡の効果が生じると、その譲渡につき承諾の問題が生じるが、かかる例外的な事態があり得ることが、借地借家法20条の類推適用を全面的に否定する理由とはなり難い。

　そうすると、売渡請求権を行使した者は、明文上申立権者として予定されていないとの理由で同条の手続から排除されるべきではなく、

同条の類推適用により、譲渡の承諾に代わる許可を求めることができると解すべきである。

　他方、介入権は、第三者へ賃借権が譲渡されることを阻止するために借地権設定者に認められた対抗手段であり、公競売に伴う賃借権の譲受事案についても、借地借家法20条2項に基づく同法19条3項の準用により、借地権設定者に介入権が認められている。

　本件において、売渡請求権者に借地借家法20条の類推適用により譲渡の承諾に代わる許可を得る途を認める以上、かかる譲渡の機会に優先的な買受権を認める介入権の行使のみを否定する理由はない。また、これを認めても、借地権設定者は区分所有法64条により建替え決議の内容に拘束されると解されるから、Ｘをはじめ建替え決議賛成者らに不利益を与えるとはいえない。

　よって、Ｙによる介入権の行使は認められる。

　コメント

　Ｙが主張するように、Ｘの賃借権譲渡許可の申立ては、形式的には借地借家法19条及び20条の要件を充たしません。

　しかし、本決定は、譲渡人の意思にかかわらず賃借権が譲渡され、譲渡人があらかじめ借地権設定者に譲渡の承諾を求めることができない点において、区分所有法63条4項の売渡請求権が行使された場合も競売又は公売の場合も同様であり、売渡請求権を行使した者が譲渡の承諾に代わる許可を得る方法がないとすれば、売渡請求権を認めた法の趣旨が没却され妥当でない等として、借地借家法20条の類推適用を認めました。

　本決定のこのような考え方は、他の買取請求権や売渡請求権等が行使され、譲渡人の意思にかかわらず賃借権が譲渡される場合にも応用

できるものと考えられますので、参考となります。

　他方で、本決定は、借地借家法20条の類推適用を認める以上、かかる譲渡の機会に優先的な買受権を認める介入権の行使のみを否定する理由はないとして、同法20条2項に基づく同法19条3項の準用による介入権の行使も認めています。

　そのため、買取請求権や売渡請求権等を行使しようとする者は、借地借家法20条の類推適用により譲渡の承諾に代わる許可を得ることができても、相手方から介入権を行使される可能性があることをあらかじめ理解しておかなければなりません。

≪参考判例≫
○仮登記担保権の実行の場合は、借地権者（債務者）と債権者の間の契約により地上建物の所有権と賃借権が債権者に移転するのであるから、旧借地法9条ノ2の適用を受けるべき類型であり、旧借地法9条ノ3により許可の申立てをすることは許されない。（東京高決昭56・8・26判時1016・70）

【事例45】　借地権付建物を競売で買い受けた者が建物の一部
　　　　　　持分を他人に譲渡して共有状態になった場合、賃
　　　　　　借権譲渡許可の申立てを行えるか

（東京高決平12・10・27判タ1047・287）

判　旨

　借地権付建物を競売で買い受けた者が建物の一部持分を他人に
譲渡して共有状態になった後においては、買受人を除く共有持分
者（持分転得者）は本来的に賃借権譲渡許可の申立ての当事者適
格（申立人適格）を有せず、かつ、買受人だけでは共有者全員が
当事者とならないことから、同様に当事者適格を有しないといわ
ざるを得ず、賃借権譲渡許可の申立ては、買受人を含む共有者全
員からでも、買受人単独でも、不適法である。

事案の概要

　X₁は、借地権付建物を競売で買い受けたが、建物の一部持分をX₂及
びX₃に譲渡した。

　その後、X₁、X₂、X₃が建物の共有者として、土地の貸主Yに対し、
借地借家法20条1項に基づき賃借権譲渡許可の申立てをしたところ、
Yは建物及び借地権の譲受けの申立てをした。

　第一審は、X₂及びX₃の申立てを不適法として却下する一方で、X₁の
申立てを適法とした上、Yの建物及び借地権の譲受けの申立てにより、
X₁からYへの代金5,889万円による建物及び借地権の譲渡を命じた。

　これに対し、Xらは即時抗告を申し立て、Yも、X₂及びX₃の申立て
が不適法であることにより共有者の1人のみからの申立てとなったX₁
の申立ても不適法であるとして、附帯抗告を申し立てた。

裁判所の判断

　本決定は、おおむね次のとおり判示し、X₁、X₂、X₃の申立ては不適法であるから却下すべきとし、その旨、原決定を変更した。

　借地借家法20条1項により賃借権譲渡許可の申立てをすることができるのは、競売等により借地権付建物を取得した者、すなわち代金を納付した買受人であり、買受人からさらに建物を譲り受けた転得者は申立てをすることができないと解すべきである。この場合において、買受人が建物を第三者に借地権付きで譲渡しようとする場合には、買受人から同条項による賃借権譲渡許可の申立てをし、その後又は同時に、買受人から建物譲渡前に、（許可がされる前は、許可を条件として）借地借家法19条1項による賃借権譲渡許可の申立てをすべきであり、買受人から第三者への建物譲渡後に、同条項による賃借権譲渡許可の申立てをすることは許されないと解さざるを得ない。

　また、当該建物が共有となった場合には、共有者の一部の者だけで借地借家法20条1項の賃借権譲渡許可の申立てをすることは許されない。なぜなら、裁判所は、申立てを認容するに当たり必要があるときは借地条件の変更等を命じることができ、また、借地権設定者が自ら建物及び借地権を譲り受ける旨の申立てをしたときは、相当の対価を定めて建物及び借地権の譲受けを命じることができるところ、借地条件の変更等賃貸借契約の内容に変更が生じる場合には、契約当事者全員が当事者として手続に関与する必要があるし、借地権設定者の建物及び借地権の譲受けの申立てを認容する裁判は、共有物の処分を命じるものであるので、共有者全員が当事者となることを要するからである。

　買受人が建物を他人に全部譲渡した後に借地借家法20条1項（これと同法19条1項との併用を含む。）による賃借権譲渡許可の申立てをす

ることが許されないことは上記に説示したところから明らかであるが、買受人が建物の一部持分を他人に譲渡して共有状態になった後においては、買受人を除く共有持分者（持分転得者）は本来的に賃借権譲渡許可の申立ての当事者適格を有せず、かつ、買受人だけでは共有者全員が当事者とならないことから、同様に当事者適格を有しないといわざるを得ず、賃借権譲渡許可の申立ては買受人を含む共有者全員からでも、買受人単独でも、不適法といわざるを得ない。

　かかる事態が生じたのは、Xらにおいて、借地借家法の定める手続を履践せずに建物所有権の一部を移転したことによるものであり、これによりXらが不利益を受けることになってもやむを得ない。

コメント

　借地借家法20条1項は、競売又は公売により借地権付建物を取得した場合の賃借権譲渡許可の裁判について定めますが、その申立権者は競売又は公売により建物を取得した第三者（買受人）とされています。また、同法19条1項は、借地権付建物の第三者への譲渡を借地権設定者が承諾しない場合の賃借権譲渡許可の裁判について定めますが、その申立権者は借地権者とされています。そのため、公売又は競売により建物を取得した買受人から建物の全部又は一部を取得した転得者は、本来的に賃借権譲渡許可の裁判の当事者適格を有しないことになります。

　また、借地借家法19条1項の賃借権譲渡許可の裁判は建物譲渡前に申立てをしなければならず、建物譲渡後はできないと解されています（東京高判昭45・9・17判タ257・235）。

　さらに、借地借家法20条1項の賃借権譲渡許可の裁判については、実務上、当該建物が共有となった場合には、共有者の一部だけで申立て

をすることはできないと解されています。なぜなら、その手続において、裁判所は申立てを認容するに当たり必要があるときは借地条件の変更等を命じることができ、また、借地権設定者が建物及び借地権の譲受けの申立てをしたときは、相当の対価を定めて建物及び借地権の譲受けを命じることができるとされており、そのためには共有者全員を当事者とする必要があるからです。しかるに、前記のとおり、買受人からの転得者は、賃借権譲渡許可の裁判の当事者適格を有しません。

　本決定は、以上のような裁判例、実務の考え方を前提として、買受人が建物の一部を他人に譲渡して共有状態となった後は、買受人を含む共有者全員で申し立てる場合でも買受人単独で申し立てる場合でも、賃借権譲渡許可の裁判の当事者適格は認められないとしました。

　このような本決定の結論は、買受人及び転得者にとって酷なようにも思えますが、本決定も指摘するとおり、そもそも買受人及び転得者が借地借家法の定める手続を履践せずに建物の一部を移転したことに原因がありますし、また、賃借権譲渡許可の裁判においては、前記のとおり、建物の共有者全員を当事者とする必要がありますので、やむを得ないものと考えられます。

【事例46】　貸主に著しい不利益を与える場合であっても、借地の一部について賃借権の譲渡をすることができるか

（東京地決昭45・9・11判夕257・267）

判　旨

　賃借権の一部分の譲渡が全て不適法とすべきではないが、賃借権の一部譲渡が、貸主に著しい不利益を与える場合には、旧借地法9条ノ2第2項によりその申立てを棄却すべきであるところ、本件では、賃借権の一部譲渡を認めると、残借地において建築基準法上適法な増改築が不可能になるほか、残借地の奥行が深く、土地の効用は著しく減殺され独立した交換価値を失い貸主に著しい不利益を与えるに至るのであるから、本件譲渡は旧借地法9条ノ2第2項により許されない。

事案の概要

　Xは、昭和22年5月末日頃Yから本件借地を、木造その他の非堅固建物所有の目的、期間20年の約定で賃借し、当該借地契約は、昭和42年6月1日法定更新され、現在の地代は1か月金1万4,950円である。

　Xは本件借地の上に建物1ないし3の建物を所有している。

　Xはこのうちの一棟を本件借地の一部の賃借権と共にAに譲渡したが、貸主であるYの承諾が得られないので承諾に代わる許可の裁判を求めて申し立てた。

　なお、本件の賃借権一部譲渡後の残りの借地は、間口1.8m、長さ4.40mの通路をもってのみ公道に接することから、残借地において建

築基準法上適法な増改築が不可能になるほか、残借地の奥行が深く、坪数も約55坪余に及ぶ。

裁判所の判断

　裁判所は、以下のように判示し、Xの申立てを棄却した。

　賃借権の一部分の譲渡が全て不適法とすべきではないが、賃借権の一部譲渡が、貸主に著しい不利益を与える場合には、旧借地法9条ノ2第2項（借地借家法19条2項）によりその申立てを棄却すべきである。

　本件では、賃借権の一部譲渡を認めると、残借地において建築基準法上適法な増改築が不可能になるほか、残借地の奥行が深く、土地の効用は著しく減殺され独立した交換価値を失い貸主に著しい不利益を与えるに至るのであるから、本件譲渡は旧借地法9条ノ2第2項（借地借家法19条2項）により許されない。

コメント

　賃借権の一部譲渡は、貸主に負担が大きいことになりますが、本決定でも述べられているように、借地の有効利用の観点等から、全てが不適法になるとはされていません。

　しかし、細分化され、譲渡された場合には、個々の借主との契約が成立することになり、煩雑ですし、細分化されることにより、将来一部の借地の返還を受けてもその形状等から、有効利用できない場合もあると思われます。

　このような場合には貸主の負担が非常に大きく、貸主の不利益の程度として財産上の給付では解決できないものであって、譲渡を認めるべきではありません。

　本決定も、一部譲渡後の残余借地部分の形状や利用について検討した上で、貸主に著しい不利益を与えるとして、承諾に代わる許可の申立てを棄却したものであり、妥当な判断といえ、賃借権の一部譲渡の有効性の判断について有益な指針になると思われます。

≪参考判例≫
○賃借権の一部譲渡について、適法性の問題として申立てを却下した事例
　（東京地決昭46・7・15判時648・86）

【事例47】　借地借家法20条1項後段の付随的裁判として敷金
　　　　　　を入れるべき旨を定め、その交付を命じることが
　　　　　　できるか

（最決平13・11・21判時1768・86）

判　　旨

　裁判所は、旧借主が交付していた敷金の額、第三者の経済的信用、敷金に関する地域的な相場等の一切の事情を考慮した上で、借地借家法20条1項後段の付随的裁判の1つとして、事案に応じた相当な額の敷金を差し入れるべき旨を定め、第三者に対してその交付を命ずることができるものと解するのが相当である。

事案の概要

　Xは、Aに対し、昭和57年10月14日、所有する土地を堅固建物所有を目的として、期間を昭和101年（西暦2026年）12月14日までと定めて賃貸した。

　その際にAはXに対し、敷金として、1,000万円を借地契約によって生じる全ての債務を担保するため、借地契約が終了し、借地を明け渡したときに返還するとの約定で交付した。

　Aは、借地上に建物（以下「本件建物」という。）を所有していたが、本件建物について担保権の実行として競売が実施され、平成11年11月18日、Yが競落し、借地権を取得した。

　その後、Yは、同月24日から同年12月18日まで賃借権の譲受けについて、Xの承諾を得るべく交渉を続けたものの承諾を得ることができなかったことから、借地借家法20条1項に基づき、貸主の承諾に代わる許可の裁判を求めて申し立てた。

　第一審は、貸主に不利となるおそれがないとして、賃借権譲渡につき許可をしたが、敷金については、借地借家法20条1項にいうところの借地条件の変更、あるいは財産上の給付には当たらないと解されるとして主文に掲げないとした。

　Xは抗告をしたが、抗告審も「借地借家法20条1項の『財産上の給付』は、借地権設定者に賃借権の譲渡を承諾させて、借地契約関係に入ることを強制する代償として支払われるものである。ところが、敷金支払義務は、契約関係の中で発生するものであるから、付随処分として支払を命じ得る性格のものとは解し得ない。」として、抗告を棄却した。

　これに対し、Xが許可抗告を求め、抗告審が許可した。

裁判所の判断

　裁判所は、以下のように判示し、抗告審の決定を破棄し、付随的裁判の内容について審理を尽くさせるために差し戻した。

　土地の賃貸借における敷金は、賃料債務、賃貸借終了後土地明渡義務履行までに生ずる賃料額相当の損害金債務、その他借地契約により借主が貸主に対して負担することとなる一切の債務を担保することを目的とするものである。しかし、土地の借主が貸主に敷金を交付していた場合に、賃借権が貸主の承諾を得て旧借主から新借主に移転しても、敷金に関する旧借主の権利義務関係は、特段の事情のない限り、新借主に承継されるものではない（最判昭53・12・22判時915・49）。したがって、この場合に、賃借権の目的である土地の上の建物を競売によって取得した第三者が土地の賃借権を取得すると、特段の事情のない限り、貸主は敷金による担保を失うことになる。

　そこで、裁判所は、上記第三者に対して借地借家法20条に基づく賃借権の譲受けの承諾に代わる許可の裁判をする場合には、貸主が上記の担保を失うことになることをも考慮して、借地借家法20条1項後段の付随的裁判の内容を検討する必要がある。

　その場合、付随的裁判が当事者間の利益の衡平を図るものであることや、紛争の防止という賃借権の譲渡の許可の制度の目的からすると、裁判所は、旧借主が交付していた敷金の額、第三者の経済的信用、敷金に関する地域的な相場等の一切の事情を考慮した上で、借地借家法20条1項後段の付随的裁判の1つとして、当該事案に応じた相当な額の敷金を差し入れるべき旨を定め、第三者に対してその交付を命ずることができるものと解するのが相当である。

コメント

　敷金は、借地契約の際に交付されますが、それは、敷金契約によるものとなります。

　もっとも、貸主が土地を売却するなどにより土地所有権を第三者に譲渡した場合には、土地譲受人が土地所有権の譲渡により、賃貸人たる地位の移転を受け、敷金もそれに伴って承継されるとされています（最判昭44・7・17判時569・39等）。

　では、借主が賃借権を譲渡した場合は、どうでしょうか。

　この場合は、本決定が引用している昭和53年判例（最判昭53・12・22判時915・49）において、承継されないとされています。

　しかし、このように考えた場合には、貸主は、敷金による担保を失うことになってしまいます。

　そこで、本決定は、借地借家法20条1項後段の付随的裁判で敷金の交付も命じることができるとしました。

　本決定は借地借家法20条1項についての決定ですが、借地借家法19条に規定される任意譲渡での承諾に代わる許可の裁判における付随的裁判でも、敷金について命じることができると考えられます。

　今後は、どのように敷金を算定するかという問題はありますが、本決定は、昭和53年判例において、残された問題について解決したものであり、今後の有用な指針になると思われます。

【事例48】　借地と他の土地とにまたがって建築されている建物に関し、貸主が借地借家法20条2項、19条3項に基づき、建物及び土地賃借権について介入権を行使することはできるか

（最決平19・12・4判時1996・32）

> ### 判　旨
>
> 借主が、借地と他の土地とにまたがって建築されている建物を第三者に譲渡するために、借地借家法19条1項に基づき、賃借権の譲渡の承諾に代わる許可を求める旨の申立てをした場合において、貸主が、同条3項に基づき、自ら当該建物及び土地賃借権の譲渡を受ける旨の申立てをすることは許されない。

事案の概要

　Aは、Xから本件借地を賃借し、さらには本件借地に隣接する土地（以下「本件隣接土地」という。）をBから賃借して、これら両方の土地にまたがった建物（以下「本件建物」という。）を建築し、所有していた。

　Yは、本件建物を競売により買い受け、建物所有権及び借地権を取得した。

　Yは、本件借地の貸主であるXに対し、賃借権譲渡の承諾を求めたが、承諾を得ることはできなかった。

　そこで、Yは、貸主の承諾に代わる許可を求めて申立てを行った。

　これに対し、Xは、本件建物及び土地賃借権の取得を求めて介入権を行使し、申立てを行った。

　なお、Bとの関係においてもYは申立てを行ったが、Bが譲渡を承認するとの和解が成立している。

　第一審は、介入権申立てを認めると、本件建物のうち、本件隣接土地

の部分についてはXに占有権原がなく、かつ、同部分の利用について、今後BとXとの協議に委ねることは、本件建物の権利関係を複雑かつ不安定なものにするといわざるを得ないとして、却下した。

　Xは不服として抗告したが、抗告審も、Xが所有していない本件隣接土地の上にある建物部分についてまでXが譲渡を受けることを許容し、その結果として、Bの承諾なく本件隣接土地の賃借権をXに譲渡又は転貸させ、競売により本件建物全体を買い受けたYの賃借権譲渡許可の申立てを認めないのは、XとYの利害調整の観点から妥当なものとはいい難い等として、抗告を棄却した。

　これに対して、Xが抗告許可を申し立て、抗告審が許可した。

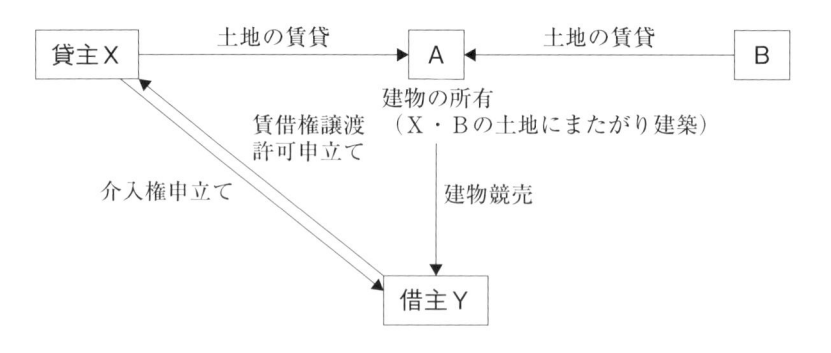

裁判所の判断

　本決定は、以下のとおり述べて、Xの抗告を棄却した。

　賃借権の目的である土地と他の土地とにまたがって建築されている建物を競売により取得した第三者が、借地借家法20条1項に基づき、賃借権の譲渡の承諾に代わる許可を求める旨の申立てをした場合において、貸主が、借地借家法20条2項、19条3項に基づき、自ら当該建物及び賃借権の譲渡を受ける旨の申立てをすることは許されないものと解するのが相当である。

　なぜなら、裁判所は、法律上、賃借権及びその目的である土地上の建物を貸主へ譲渡することを命ずる権限を付与されているが（借地借家20②・19③）、賃借権の目的外の土地上の建物部分やその敷地の利用権を譲渡することを命ずる権限など、それ以外の権限は付与されていないので、貸主の上記申立ては、裁判所に権限のない事項を命ずることを求めるものといわざるを得ないからである。

```
コメント
```

　いわゆるまたがり建物についての介入権の申立てに関し、本決定以前の下級審においては、それを認めた東京高裁の決定（東京高決昭46・3・23判タ264・373）はありましたが、あくまで貸主の土地所有権と借主の借地権及び建物所有権に関して利害を調整する制度であって、借地上にない建物を含めて貸主と借主の利害を調整することは制度として予定していないことや、またがり建物について借主がいる場合においては、建物の部分的な収去が困難であるから事後処理をめぐって紛争が生じることが予想され、借地に関する紛争予防を目的とする借地非訟の制度に沿わない等の理由から、原則として否定する見解が有力でした。

　本決定も、借地とその隣地にまたがる建物に関して介入権が許されるかという点について、原則として否定する立場を示したものであり、借地非訟において、重要な指針を示したものといえます。

≪参考判例≫

○またがり建物において、介入権の行使は認められないとされた事例（東京地決昭63・1・7（昭61（借チ）2137・2185、昭62（借チ）2240））

４　譲渡担保契約等における賃借権の譲渡・転貸

【事例49】　借地上の建物が買戻特約付きで第三者に売却された場合、賃借権の譲渡又は転貸があったといえるか

(最判昭40・12・17判時434・35)

> ### 判　旨
>
> 　事実上第三者の債権担保の目的でなされたものであり、終局的確定的に権利を移転する趣旨のものではなく、かつ買戻権が借主に留保されており、また、借主が建物売買後も引き続きその借地上の建物の使用を許容されていた等の場合には、賃借権について民法612条にいう譲渡又は転貸がなされなかったものと解するのが相当である。

事案の概要

　Ｘは、所有する土地を昭和26年頃からＹ₁に賃貸し、Ｙ₁は借地上に建物（以下「本件建物」という。）を建築し、使用していた。

　Ｙ₁は昭和33年頃よりＡから数回にわたり運転資金を借り受けていたところ、昭和34年7月頃更に借金したいと申し入れたが、Ａからは、これ以上は、担保がなければ貸すことはできないとされた。そこでＹ₁は本件建物を担保とすることにした。他方、Ａは個人として取引するよりも会社組織にした方がよいということになり、Ｙ₂を設立した。

　Ｙ₁は、Ｙ₂に対し、昭和34年7月21日、Ｘに無断で、本件建物を金235万円で譲渡した。その後、移転登記をしたが、Ｙ₁とＹ₂の売買契約は、Ｙ₁が昭和37年8月31日までに同額にて買い戻すことができるとの買戻特約付きの売買契約であった。

　Xは、本件建物が譲渡されたことにより、賃借権も無断で譲渡されたとして、昭和35年3月11日、本件借地契約を解除するとの意思表示をした上で、本件建物の収去と借地の明渡しを求めて本件訴訟を提起した。

　なお、本件建物譲渡後もY_1が本件建物を使用し続けており、昭和36年6月1日には、Y_1はY_2に対し、債務の全額を支払い、これによりY_2は本件建物の所有権がY_1に復帰したものであることを認めている。

　第一審は、本件建物の譲渡は、売買契約の形式を採っているが、実質上は、Y_2のY_1に対する貸付金を担保するためのものであり、その後、貸付金全額が弁済され、また、Y_2は一度も本件建物及び借地を使用していないことから、民法612条にいう賃借権の譲渡又は転貸とはいえないとして、Xの借地契約の解除を有効と認めず、Xの請求を棄却した。

　控訴審も同様に判断し、Xの控訴を棄却したことから、Xが上告した。

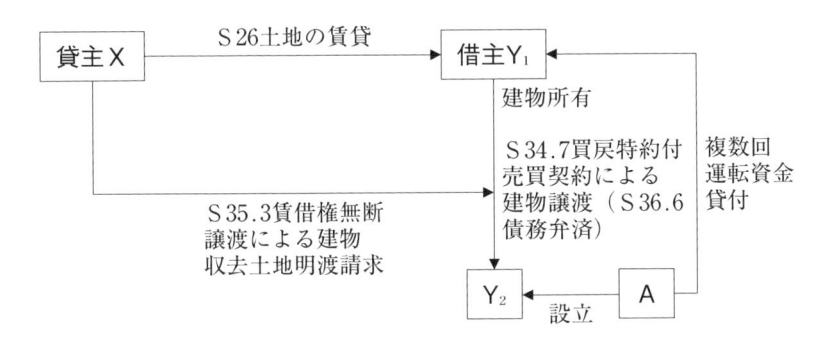

裁判所の判断

　裁判所は、以下のように判示し、Xの上告を棄却した。

　本件建物の譲渡は、担保の目的でなされたものであり、Xの借地契

約解除の意思表示がY₁に到達した昭和35年3月11日当時においては、Y₁はなお本件建物の買戻権を有しており、Y₂に対して代金を提供して当該権利を行使すれば、本件建物の所有権を回復できる地位にあったこと、その後、昭和36年6月1日、Y₁はY₂に対し債務の全額を支払い、これにより、Y₁・Y₂間では、本件建物の所有権はY₁に復帰したものとされたこと及びY₁は、本件建物の譲渡後も引き続きその使用を許されており、本件建物の敷地である借地の使用状況には変化がなかったこと等、控訴審の認定した諸事情を総合すれば、本件建物の譲渡は、債権担保の趣旨でなされたもので、いわば終局的確定的に権利を移転したものではない。

　したがって、本件建物の譲渡に伴い、その敷地である借地について、民法612条2項所定の解除の原因たる賃借権の譲渡又は転貸がなされたものとは解せられず、Xの契約解除の意思表示はその効力を生じない。

　この結論は、本件建物の譲渡についてなされた登記が単純な権利移転登記であって、買戻特約が登記されていなかったとしても、左右されない。

コメント

　借地上の建物が譲渡された場合には、賃借権もそれに伴って譲渡されます。

　しかし、本件のようにその譲渡が実質的に見て債権の担保を目的としたものであり、その後も借主（建物の譲渡人）が建物を使用することが予定され、将来的に債務が完済した場合には、建物所有権を借主（建物の譲渡人）が取得する約定の場合もあります。

　そのような場合でも、貸主の承諾がないとして、借地契約が解除されるとすれば、建物の所有者であるにもかかわらず、建物の経済的価

値を有効利用することができません。

　本件のような事案においては、解除を認めない理由として、そもそ
も建物譲渡によっては、賃借権につき民法612条にいう譲渡又は転貸
がされたものとはいえないとするか、譲渡又は転貸がされたとはいえ
るとしながらも信頼関係が破壊されていないとすることが考えられま
す。

　本判決は、前者の見解を採り、そもそも担保目的の建物譲渡におい
ては、賃借権につき、民法612条にいう譲渡又は転貸がされたとはいえ
ないとしました。

　担保目的での借地上の建物譲渡について先例的な判断であり、参考
になります。

≪参考判例≫

○借地上の建物について譲渡担保がなされた事案で、賃借権が、譲渡担保
　権者に譲渡又は転貸されていないとされた事例（東京高判昭35・5・21判時
　238・20）

【事例50】　借地上の建物に譲渡担保の設定がされ、譲渡担保
　　　　　権が実行される前に譲渡担保権者が使用又は収益
　　　　　をした場合、賃借権の譲渡又は転貸があったとい
　　　　　えるか

（最判平9・7・17民集51・6・2882）

判　　旨
借地上の建物につき譲渡担保権が設定された場合であっても、譲渡担保権者が借地上の建物の引渡しを受けて使用又は収益をするときは、いまだ譲渡担保権が実行されておらず、譲渡担保権設定者による受戻権の行使が可能であるとしても、借地について民法612条にいう賃借権の譲渡又は転貸がされたものと解するのが相当であり、他に貸主に対する信頼関係を破壊すると認めるに足りない特段の事情のない限り、貸主は同条2項により借地契約を解除することができるものというべきである。

事案の概要

　Xは、所有する土地をAに賃貸し、Aは借地上にAの父B名義の建物（以下「本件建物」という。）を所有し、居住していた。

　Aは平成元年2月、Cから1,300万円を借りるのに際して、本件建物に譲渡担保を設定し、同月21日、Bに本件建物を譲渡担保としてCに譲渡する旨の譲渡担保権設定契約及び登記申請書類に署名押印させた。

　これらの書類を利用して、Cは、代物弁済予約を原因としてCを権利者とする所有権移転請求権仮登記を経由するとともに、売買を原因として、所有名義をCの妻であるDとする所有権移転登記を経由した。

　Aは、同月本件建物から退去して転居した。

　しかし、Aは、Xに何ら連絡することもなく、その後Cにも連絡がなく、行方不明となった。

　Yは、同年6月10日、本件建物をEの仲介により賃借したが、借家契約書には、貸主として、冒頭にA及びCの両名が併記され、末尾には、貸主A、権利者Cと記載され、賃料の振込先は、Cの銀行口座が記載されていた。また、この借家契約書に添付されていた重要事項説明書には、本件建物の貸主及び所有者はCと記載され、EはCの代理人と記載されていた。

　XとAとの借地契約においては、賃料をAがX宅に赴いて支払っていたが、Aが退去した後の平成元年3月は、CからXの銀行口座に振り込まれたところ、不審に思ったXが振込金を返金した。

　そこで、Cは、X名義の銀行口座に同年4月から12月までA名義で賃料を振り込んだ。

　その後、Xは、本件建物がD名義となっていることを知り、平成2年4月13日到達の内容証明郵便にて、Dに対し本件建物を収去して借地を明け渡すように求めた。

　これを受けて、Cは、同年5月14日、D名義への所有権移転登記を錯誤を原因として抹消した。

　XはAに対し、平成4年7月16日、公示による意思表示によって、賃借権の無断譲渡を理由に借地契約を解除するとの意思表示をした。

　そこで、Xは、Yに対し、本件建物から退去し、借地を明け渡すよう求めて、訴訟を提起した。

　これに対し、YはAから建物を賃借していると反論し、争った。

　第一審は、Cが使用収益権を行使していることから、本件所有権は、Cに確定的に移転しているとして、賃借権の譲渡を認め、Xの解除を有効として、請求を認容した。

　Yが控訴したところ、控訴審では、担保権を実行したと認めるに足りる証拠はない等から、確定的に本件建物の所有権は譲渡されているとはいえないとして、賃借権の譲渡を認めず、Xの請求を棄却した。これに対して、Xが上告した。

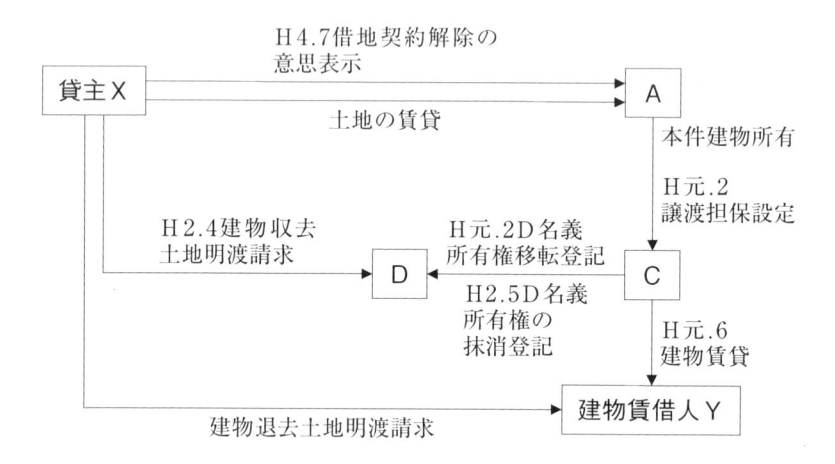

裁判所の判断

　裁判所は、以下のように判示し、控訴審判決を破棄し、Xの請求を認容した。

　借主が借地上に所有する建物につき譲渡担保権を設定した場合、建物所有権の移転は債権担保の趣旨でされたものであって、譲渡担保権者によって担保権が実行されるまでの間は、譲渡担保権設定者は受戻権を行使して建物所有権を回復することができるのであり、譲渡担保権設定者が引き続き建物を使用している限り、右建物の敷地について民法612条にいう賃借権の譲渡又は転貸がされたと解することはできない（最判昭40・12・17判時434・35【事例49】）。

　しかし、借地上の建物につき譲渡担保権が設定された場合であって

も、譲渡担保権者が建物の引渡しを受けて使用又は収益をするときは、いまだ譲渡担保権が実行されておらず、譲渡担保権設定者による受戻権の行使が可能であるとしても、建物の敷地について民法612条にいう賃借権の譲渡又は転貸がされたものと解するのが相当であり、他に貸主に対する信頼関係を破壊すると認めるに足りない特段の事情のない限り、貸主は民法612条2項により借地契約を解除することができるものというべきである。

　なぜなら、民法612条は、賃貸借契約における当事者間の信頼関係を重視して、借主が第三者に賃借物の使用又は収益をさせるためには貸主の承諾を要するものとしているのであって、借主が賃借物を無断で第三者に現実に使用又は収益させることが、契約当事者間の信頼関係を破壊する行為となるものと解するのが相当であり、譲渡担保権設定者が従前どおり建物を使用している場合には、借地の現実の使用方法、占有状態に変更はないから、当事者間の信頼関係が破壊されるということはできないが、譲渡担保権者が建物の使用収益をする場合には、敷地の使用主体が替わることによって、その使用方法、占有状態に変更を来し、当事者間の信頼関係が破壊されるものといわざるを得ないからである。

　本件では、控訴審の認定事実によれば、Cは、Aから譲渡担保として譲渡を受けた本件建物をYに賃貸することによりこれの使用収益をしているものと解されるから、AのCに対する同建物の譲渡に伴い、その敷地である本件土地について民法612条にいう賃借権の譲渡又は転貸がされたものと認めるのが相当である。

　これらの判断は、Cがいまだ譲渡担保権を実行しておらず、Aが本件建物につき受戻権を行使することが可能であるとしても、左右されない。

　コメント

　本判決でも指摘されている昭和40年の最高裁判決（最判昭40・12・17判時434・35【事例49】）は、譲渡担保権設定者が設定後も使用を続け、譲渡担保権者は一度も借地上の建物を使用収益したことはなく、また、担保権が実行される前であって、かつその後に被担保債権は完済され、所有権が譲渡担保権設定者に戻っていた事案でした。

　しかし、本件は、実質的な譲渡担保権設定者が行方不明となり、譲渡担保権者が貸主として第三者に借地上の建物を賃貸していた事案です。この場合、担保権が実行されていない以上、いまだ譲渡担保権設定者に建物所有権が復帰する可能性はあり、所有権が確定的に移転していないとも考えられます。本件の控訴審は、この点を重視し、Xの請求を棄却しました。

　本判決は、民法612条の趣旨を明示した上で、借地契約当事者間の信頼関係の点から、使用収益を譲渡担保権者が行っていることを重視して、譲渡担保であり、受戻権を行使する可能性があるとしても、民法612条にいう賃借権の譲渡又は転貸に当たるとしました。

　このように本判決は、民法612条の趣旨及び譲渡担保について、賃借権の譲渡又は転貸に該当する場合を明示した点について、非常に意義のあるものです。

≪参考判例≫
○借地上の建物について譲渡担保がなされた事案で、賃借権が、譲渡担保権者に譲渡又は転貸されたと判断された事例（東京地判平4・7・20判タ825・185）

第 5 章

建物の買取請求

272

第1　Q&A

Q20　建物買取請求権とは

 借地上の建物を土地の貸主に買い取ってもらえる場合があると聞きましたが、どのような場合ですか。

 ①借地権の存続期間が満了した場合に、借地契約が更新されないときや、②第三者が借地上の建物を取得した場合に、土地の貸主が賃借権の譲渡又は転貸を承諾しないときは、一定の要件を満たせば、借地上の建物を土地の貸主に買い取ってもらえます。

解　説

1　建物買取請求権の意義・類型

借地借家法及び旧借地法は、①借地権の存続期間が満了した場合に借地契約が更新されないときは、借地権者が（借地借家13①、旧借地4②）、②第三者が借地上の建物を取得した場合に土地の貸主が賃借権の譲渡又は転貸を承諾しないときは、その第三者が（借地借家14、旧借地10）、それぞれ土地の貸主に対し、建物を時価で買い取るよう請求できると定めています。

なお、これらの規定に反する特約で、借地権者又は転借地権者に不利なものは無効となります（借地借家16、旧借地11）。

2　建物買取請求権の成否

(1)　一時使用目的の借地の場合

上記①の類型については、条文上、建物買取請求権が否定されています（借地借家25、旧借地9）。

これに対し、上記②の類型については、明確に否定した条文はなく、

学説上は肯定、否定両説ありますが、旧借地法10条に関する判例は建物買取請求権を否定しています（大判昭7・6・21民集11・1198、最判昭29・7・20判タ45・26【事例51】、最判昭33・11・27民集12・15・3300）。

　(2)　借地契約が解除された場合

　　ア　賃借権の無断譲渡・転貸を理由に解除された場合

買取請求が認められます（大判昭14・8・24民集18・877）。

　　イ　賃料不払を理由に解除された場合

　上記①の類型については、建物買取請求権の規定は誠実な借地人を保護する規定であり、借地人の債務不履行により借地契約が解除された場合には建物買取請求権を有しません（最判昭35・2・9民集14・1・108）。

　また、上記②の類型についても、貸主が賃借権の譲渡・転貸を承諾しない間に賃料不払のため借地契約が解除されたときは、第三者の建物買取請求権はこれによって消滅します（最判昭33・4・8民集12・5・689）。

　(3)　建物が老朽化ないし朽廃した場合

　借地上建物の朽廃により借地権が消滅する場合（旧借地2①但書・5①）には、そもそも条文上、建物買取請求権は認められていません。

　他方、上記①又は上記②の場合には、建物が老朽化しただけでは買取請求が認められないことにはなりませんが、朽廃の状態まで至った場合には、買取りの対象たる建物が実質的に存在せず、認められないと解されます。

3　建物買取請求権行使の効果

　建物買取請求権は形成権と解されており、その行使と同時に買取請求者と土地の貸主との間に建物の売買契約が成立し、建物の所有権が土地の貸主に移転します（大判昭7・1・26民集11・169、最判昭30・4・5判時53・11）。一方、買取請求者は代金債権を取得し、代金の支払と建物引渡・所有権移転登記とは同時履行（民533）の関係に立ちます。

Q 21　建物買取請求権の行使時期

　私は借地上に建物を所有していますが、土地の貸主から建物収去土地明渡請求訴訟を提起され、貸主の請求を全て認容する判決が言い渡されました。この判決が確定した後でも、建物買取請求権を行使することができますか。

A　土地の貸主が提起した建物収去土地明渡請求訴訟において、貸主の請求を全て認容する判決が言い渡され、その判決が確定した後でも、借主は建物買取請求権を行使した上で、その確定判決に基づく強制執行を許さないように求める訴訟（請求異議の訴え）を提起し、判決の執行力を争うことができます。

　ただし、請求異議の訴えが認められたとしても、判決の執行力のうち建物収去に関する部分が失効するだけで、土地及び建物の引渡しに関する部分は失効せず、有効のままです。

　なお、建物収去土地明渡しの強制執行が終了した後は、建物買取請求権を行使できなくなります。

解　　説

1　建物買取請求権の行使時期

　建物買取請求権は私法上の形成権と解されており、その意思表示には特別の方式等は要求されていませんので、裁判上でも裁判外でも行使できます。実際には、土地の貸主から建物収去土地明渡請求訴訟を提起された場合に、第一次的には土地の明渡義務を争いつつ、それが認められない場合の予備的な抗弁として主張されることが多いと思われます。そこで、建物収去土地明渡請求訴訟及びその後の強制執行の場面において、いつまで建物買取請求権を行使できるかが問題となります。

2　事実審の口頭弁論終結前

　第一審で建物買取請求権の行使が可能であったにもかかわらず、控訴審で初めて行使した事案について、「訴訟の完結を遅延」（旧民事訴訟法139（民事訴訟法157①））させることにはならないとして主張を却下しなかった判例（最判昭30・4・5判時53・11）がありますが、他方で、提出済みの証拠では建物の「時価」を認定できず、「時価」に関する証拠調べになお相当な期間を必要とする等の理由から、「訴訟の完結を遅延」させるものとして主張を却下した判例（最判昭46・4・23判時631・55）があります。

3　事実審の口頭弁論終結後

　土地の借主が、貸主から提起された建物収去土地明渡請求訴訟の事実審口頭弁論終結時までに建物買取請求権を行使せず、貸主の請求を認容する判決が言い渡され確定した後でも、借主は建物買取請求権を行使した上、前訴確定判決による強制執行の不許を求める請求異議の訴えを提起し、建物買取請求権行使の効果を異議の事由として主張できます。そして、これにより、前訴確定判決によって確定された借主の建物収去義務は消滅し、前訴確定判決はその限度で執行力を失います（最判昭52・6・20裁判集民121・63、最判平7・12・15判時1553・86【事例54】）。

4　建物収去土地明渡しの強制執行終了後

　前訴確定判決に基づく強制執行が終了した後は、建物買取請求権の行使により確定判決の執行力の排除を求める目的を欠くので、訴えの利益がなく、請求異議の訴えは却下されます（東京地判平28・8・30（平28（ワ）8945））。

Q22　買取請求の対象

　　　土地の貸主の承諾を得ずに土地の借主から借地上の建物を
譲り受けましたが、老朽化していたので、土地の貸主の承諾
を得ないまま大規模な修繕を行い、改築もしました。しかし、最終
的に土地の貸主が賃借権の譲渡を承諾してくれなかったので、買取
請求権を行使しようと思いますが、大規模な修繕や改築をした建物
でも買取請求が認められますか。

　　　建物を譲受当時の原状に回復しなければ、買取請求は認め
られませんが、例外的に、譲受当時の現状に回復しなくても
認められる場合があります。
　　ただし、個別具体的な事情によっては、信義則違反又は権利濫用
として認められないこともあります。

1　買取請求の対象

　買取請求の対象は、「建物その他借地権者が権原によって土地に附
属させた物」（借地借家13①・14。旧借地4②・10にも同趣旨の規定あり。）と定
められています。そのため、「借地権者」でない者が土地に附属させた
物や、借地権（「権原」）の消滅後に土地に附属させた物などは、買取
請求の対象となりません。

　また、買取請求により当該物の所有権が貸主に移転するとの効果が
生じるので、買取請求の対象は独立の所有権の客体となり得る物でな
ければなりません。

2　賃借権の無断譲受人が建物を増築、改築、修繕した場合

　上記のとおり、買取請求の対象は「建物その他借地権者が権原によ

って土地に附属させた物」ですので、賃借権の無断譲受人が、賃借権
譲渡につき貸主の承諾を得ないまま建物を増築、改築、修繕した場合
には、原則として、建物を譲受当時の原状に回復しなければ買取請求
権の行使が認められません。実質的に見ても、賃借権の譲渡を承諾し
ない貸主には、譲渡当時の建物を買い取る義務はあっても、その後の
予想しない価格の増加まで負担させるのは、不合理と考えられるから
です。

　しかし、譲受当時の原状に回復しなくても、その工事が建物の維持・
保存に必要であるとき、若しくは些細なものであって建物の価値を著
しく増大せしめることなく土地の貸主に予想外の出捐を余儀なくさせ
るものでないとき、又は、買取請求者が工事による増加価格を放棄し
て譲受当時の状態での価格による買取請求をした場合には、買取請求
権の行使が認められます（最判昭42・9・29判時496・14【事例56】）。

　ただし、それらの場合でも、個別具体的な事情によっては、信義則
違反又は権利濫用として認められない場合もあります（買取請求者が工
事による増加価格を放棄して譲受当時の状態での価格による買取請求をした場合
につき、最判昭58・3・24判時1095・102【事例57】）。

3　所有者の異なる数筆の土地にまたがって存在する建物について

　買取請求により当該物の所有権が貸主に移転するとの効果が生じる
ので、買取請求の対象は独立の所有権の客体となり得る物でなければ
なりません。

　そのため、必ずしも1棟の建物であることは必要ありませんが、建物
の一部である場合には区分所有権の対象となり得るものでなければな
らず、買取請求者は、貸主所有地上の部分を区分所有権の客体となる
のに適する状態にして初めて、買取請求権を行使できます（最判昭42・
9・29判時496・14【事例58】）。

Q23　買取価格の算定基準

　建物買取請求権を行使した場合の買取価格は、どのように決まりますか。

　建物買取請求権を行使した場合の買取価格は、建物等の「時価」（借地借家13①・14、旧借地4②・10）です。

　この「時価」は、建物買取請求権の行使時を基準時とし、当該建物を取り壊した場合の動産としての価格ではなく、建物が現存するままの状態における価格をいいます。その算定においては、敷地の借地権の価格は加算されませんが、建物の存在する場所的環境は参酌されます。

　建物に抵当権が設定されている場合でも、同様の基準で算定され、抵当権の負担は考量に入れないと解されています。

　また、建物に他人が居住している場合は、居住者が土地の貸主に居住の権利を対抗できるときは、その権利が付着していることを考慮して買取価格を算定し、居住の権利を対抗できないときは、空家価格として算定すべきと考えられます。

解　説

1　買取価格とされる「時価」の意義

　建物買取請求権を行使した場合の買取価格は、条文上、建物等の「時価」（借地借家13①・14、旧借地4②・10）とされています。

　この「時価」は、当該建物を取り壊した場合の動産としての価格ではなく、建物が現存するままの状態における価格をいい、その算定においては、敷地の借地権そのものの価格は加算されませんが、建物の存在する場所的環境は参酌されます。なぜなら、特定の建物が特定の

場所に存在するということは、建物の存在自体から建物所有者が享受
する事実上の利益であり、また、建物の存在する場所的環境を考慮に
入れて建物の取引を行うことは一般取引における通念と考えられるか
らです（最判昭35・12・20判時247・19）。

　そして、この場所的環境を参酌した建物の価格は、敷地の借地権の
価格に対する一定の割合をもって一律に示されるものではなく、建物
自体の価格のほか、建物及びその敷地、所在位置、周辺土地に関する
諸般の事情を総合考察することにより定めるべきとされています（最
判昭47・5・23判時673・42【事例59】）。

2　建物に抵当権が設定されている場合

　建物に抵当権が設定されている場合も、上記基準で算定され、抵当
権の負担は考量に入れないと解されています。

　すなわち、最高裁昭和39年2月4日判決（判時368・9【事例61】）は、建物
の「時価」は、買取請求権行使につき特別の意思表示のない限り、建
物上に抵当権の設定があるか否かにかかわらず定まっていると解され
るので、抵当権の負担を考量に入れずに「時価」を認定することは正
当である（この場合、買主は、民法577条により、滌除（現行法上の抵
当権消滅請求の手続に類似）が終わるまで代金の支払を拒むことがで
きる）と判示しています。

3　建物に居住者がいる場合

　建物の居住者が土地の貸主にその居住の権利を対抗できるときは、
その権利が付着していることを考慮して買取価格を算定すべきですが
（東京地判昭33・5・14判時154・12）、その居住の権利を対抗できないとき
は、その権利を考慮せずに空家価格として算定すべきと考えられます
（東京地判昭36・5・12判時263・14）。

Q24　建物所有権の移転時期・建物引渡前の危険負担

　　建物買取請求権を行使しましたが、建物の所有権はいつ相手方に移転しますか。また、建物を引き渡す前に、私の責任によらないで建物の一部が滅失してしまいましたが、買取代金全額を相手方に請求できますか。

A　　建物買取請求権を行使する意思表示が相手方に到達した時点で、建物の所有権が相手方に移転します。

　また、建物買取請求権行使後、建物引渡前に、買取請求者の責任によらずして建物が滅失した場合は、原則として、買取代金全額を相手方に請求できます。ただし、建物買取請求権が訴訟上予備的に行使された場合には、裁判確定までに買取請求者の責任によらずして建物が滅失したときは、買取代金を相手方に請求できません。

解　　説

1　建物買取請求権の法的性質

　建物買取請求権は形成権と解されており、その行使と同時に買取請求者と相手方との間に建物の売買契約が成立し、建物の所有権が相手方に移転します（大判昭7・1・26民集11・169、最判昭30・4・5判時53・11）。

2　建物買取請求権が行使された場合の危険負担

　特定物売買については、目的物が債務者の責めに帰することができない事由によって滅失又は損傷したときは、その危険は債権者の負担に帰すると定められています（民534①）。

　この規定が建物買取請求権を行使した場合にも適用されるかについては、売買契約が両当事者の意思の合致により成立するのに対し、建

物買取請求権は買取請求者の意思のみで効果が発生すること等から、否定する見解もありますが、大阪高裁昭和26年12月22日判決（下民2・12・1494【事例62】）はこれを肯定し、買取請求の相手方は代金支払債務を免れないとしました。

　これに対し、建物買取請求権が訴訟上予備的に行使された事案に関する大阪高裁昭和45年9月29日判決（判時621・39【事例63】）は、そのような場合には、建物買取請求権行使の効果が確定しておらず、権利関係が浮動的、不安定な状態にあること等を理由に、裁判が確定するまでの間は、民法536条を準用し、買取請求者が危険を負担する（債務者主義）としました。

3　平成29年法律44号による改正後の民法（平成32年4月1日施行。以下「改正民法」という。）における危険負担について

　改正民法では、現行法534条1項が削除され、改正民法567条1項において、売主が買主に目的物（売買の目的として特定したものに限ります。）を引き渡した場合は、その後に目的物が当事者双方の責めに帰することができない事由により滅失・損傷したときは、買主は代金の支払を拒むことができないと定められました。すなわち、改正民法では、「引渡し」により、建物の滅失・損傷の危険が売主から買主に移転することになります。

　そのため、建物買取請求権が行使された場合についても、「引渡し」により建物の滅失・損傷の危険が移転し、「引渡し」前は買取請求者が、「引渡し」後は相手方がその危険を負担することになると考えられます。なお、同条項の「引渡し」については、「買主に危険を負担させることが合理的だと評価できる現実的な支配の移転を意味すると考えるべき」とされています（大村敦志＝道垣内弘人編『解説　民法（債権法）改正のポイント』164頁（有斐閣、平29））。

Q25　建物買取請求権行使後の敷地占有の適法性と不当利得の成否

Q　土地の貸主が借地権の更新に応じてくれなかったので、建物買取請求権を行使しましたが、買取代金を支払ってくれません。支払うまで建物に住み続けることはできますか。

また、建物に住み続けた場合、土地の使用料を支払わなければならないですか。

A　土地の貸主が買取代金を支払うまでは、建物の引渡しを拒み、住み続けることができます。ただし、地代相当額を支払わなければなりません。

解　説

1　買取代金支払債務と建物引渡債務の関係

建物買取請求権が行使されると、買取請求者と土地の貸主の間に建物の売買契約が成立し、買取請求者は建物引渡債務・所有権移転登記義務を負い、土地の貸主は代金支払債務を負います。

そして、建物引渡債務・所有権移転登記義務と代金支払債務は同時履行の関係に立ち（民533）、買取請求者は、買取代金が支払われるまで建物の引渡しを拒み、建物に住み続けることができます。これは、同時履行の抗弁権又は留置権の反射的作用によるものと考えられます（東京高判平17・6・29判タ1203・182）。

2　建物買取請求権行使前の敷地利用について

貸主が借地権の更新に応じない場合、借主が借地期間経過後も敷地の占有を続けると、無権原で敷地を占有する不法占拠者となり、地代

相当額の損害賠償義務を負います。その法的構成としては、借地契約終了に基づく明渡義務の不履行（民415）、不法行為（民709）又は不当利得（民703・704）が考えられます。

　なお、ご質問の場合とは異なり、借地上建物の無断譲渡を受けた第三者が敷地を占有していた場合には、第三者は不法行為（民709）又は不当利得（民703・704）に基づき、地代相当額の損害賠償義務を負うことになります。

3　建物買取請求権行使後の敷地利用について

　建物買取請求権の行使後は、前記のとおり、買取請求者は同時履行の抗弁権又は留置権の反射的作用により、買取代金が支払われるまで建物の引渡しを拒み建物に住み続けることができますが、これにより敷地の占有権原が認められるわけではありません。そのため、敷地占有に基づく不当利得として、土地の貸主に対し、その間の敷地の地代相当額の返還義務を負うことになります（大判昭11・5・26民集15・998、最判昭35・9・20民集14・11・2227【事例64】）。

　これに対し、土地の貸主が買取代金の支払や供託をした後は、買取請求者は建物引渡しについて同時履行の抗弁権又は留置権を主張できず、その反射的作用も享受できませんので、買取請求者には建物（土地ではない）の占有に基づき建物（土地ではない）の賃料相当額の不当利得が発生し、土地の貸主に対し不当利得返還義務を負うことになります（東京高判平17・6・29判タ1203・182）。

　すなわち、土地の貸主が買取代金の支払や供託をする前と後で、買取請求者が負う不当利得返還義務の内容・金額が異なることになります。

第2　事　例
1　建物買取請求権の成否

【事例51】　一時使用目的の借地について建物買取請求権を行
　　　　　　使できるか

（最判昭29・7・20判タ45・26）

判　旨

　旧借地法9条の一時使用目的の借地に同法10条の適用がないこ
とは大審院の判例のとおりであり、今尚変更の必要がない。

事案の概要

　Yは、Aに対し、掘立式の粗末な杉皮葺急造バラックのマーケット
を建設する目的で、賃貸期間を3年位（バラック耐用期間）と定めて土
地を賃貸した。Aは土地上に建物を建てて所有していたが、Yの承諾
を得ずに、Xに建物を譲渡し、土地賃借権の譲渡又は転貸を行った。

　その後、Xは、Yに対し、借地権の確認を求める訴訟を提起したが、
併せて建物買取請求権を行使した。

　第一審は、Xの借地権を否定するとともに、本件借地は一時使用目
的と認定した上で、一時使用目的の借地には旧借地法10条の適用はな
く、建物買取請求権は認められないとして、Xの請求を棄却した。

　Xはこれを不服として控訴したが、控訴審も第一審の判決を相当と
して控訴を棄却したため、Xが上告した。

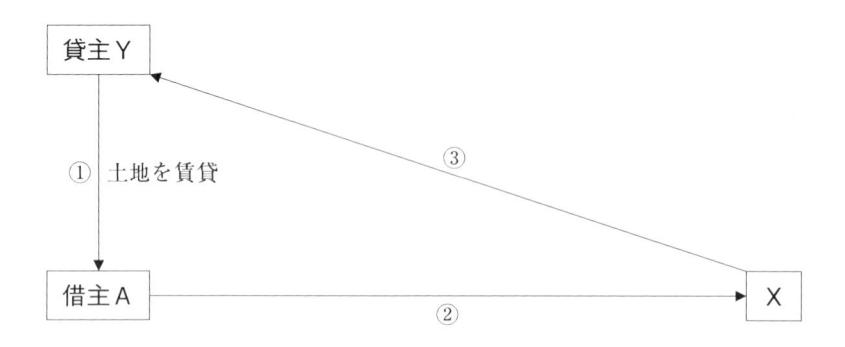

①	Y→A	土地を賃貸
	A	土地上に建物を立てて所有
②	A→X	Yの承諾を得ずに、建物を譲渡し、土地賃借権を譲渡又は転貸
③	X→Y	借地権の確認訴訟を提起し、建物買取請求権を行使

裁判所の判断

　本判決は、おおむね次のとおり判示し、上告を棄却した。

　旧借地法9条の一時使用目的の借地（以下「一時的借地」という。）に同法10条の適用がないことは大審院の判例のとおりであり、今尚変更の必要がない。

　一時的借地は、本来貸主が貸地とする意思のない場合でも借主の一時的目的のため好意的に貸す場合が多いのであり、全く借主個人の一時的目的に着眼しての貸借であって、もともと他人への譲渡（融通性）は念頭にないものである。貸主から見れば、元来貸地とする意思のないものであるから多くは特に短期間を定めて貸すものであり、その時期が来れば是非とも明け渡してもらうことを予期しているのであって、この点において普通の貸借と異なり特に強く個人間の信頼関係に重きを置くものである。それゆえ、もし賃借権が貸主の信頼できない者に譲渡され、期間が満了しても明け渡されず、居座られるようなこ

とになっては非常に迷惑を被るから、賃借権を譲り受けようとする者が貸主から見て信頼できず、期間満了後の順当な明渡しを期待できないようなときは自由に、無条件に賃借権の譲渡を拒絶できなければならない。この際、貸主が建物を買い取らなければならないとすると、全く不当な負担を負わされることになる。

　また、一時的借地は、恒久的住宅を建てることを目的とするものではないから、旧借地法の大眼目である居住の安定、住宅の保存ということも通常当てはまらない。

　条文の字句及び配列の順序から見ると、一応10条は一時的借地についても適用があるように見えないではないが、大審院の判例は上記のような一時的借地と普通の借地との本質的差異からくる実際上の必要性に着目したもので、相当の見解であり、今尚変更の要を見ない。

┌──────────┐　コメント　└──────────┐

　借地借家法及び旧借地法は、①借地権の存続期間が満了した場合に借地契約が更新されないときは、借地権者が（借地借家13①、旧借地4②）、②第三者が借地上の建物を取得した場合に土地の貸主が賃借権の譲渡又は転貸を承諾しないときは、その第三者が（借地借家14、旧借地10）、土地の貸主に対し、建物を時価で買い取るよう請求できると定めています。

　そうであるところ、一時使用目的の場合に建物買取請求権が認められるかについては、上記①と②とで議論の状況が異なります。

　上記①については、旧借地法でも借地借家法でも、明文で建物買取請求権が否定されています（借地借家25、旧借地9）。

　これに対し、上記②については、旧借地法上、一時的借地の場合の適用除外を定めた9条の文言に10条が含まれておらず、かつ、9条の後に10条が配置されていることから、争いがありました。

　本判決は旧借地法10条に関するものですが、条文の字句や配列の順

序にかかわらず、一時的借地と普通の借地との本質的差異からくる実際上の必要性に着目し、建物買取請求権を否定した大審院判決（大判昭7・6・21民集11・1198）を相当とし、これを維持しました。

　また、本判決後に言い渡された最高裁昭和33年11月27日判決（民集12・15・3300）も、仮建築を建てて使用する目的で、借地期間は1年であるが当事者協議の上更新し得ると定めて土地を貸したところ、借主が無断で本建築をしたため、貸主が家屋収去土地返還調停を申し立て、借地期間を約8年、期間満了時には建物を貸主に無償で贈与する等の条項を含む調停が成立した事案について、かかる借地は一時使用のため賃借権を設定したことが明らかであるとした上で、一時使用のための借地には旧借地法10条の建物買取請求権は認められないと判示し、本判決を踏襲しました。

　このように、判例は、一貫して旧借地法10条は一時的借地の場合に適用されないと判示してきたところ、その後、借地借家法が制定される際、一時的借地の場合の適用除外を定めた25条の文言に14条が含まれず、旧借地法10条と同様の条文が維持されました。

　かかる借地借家法制定の経緯については、旧借地法10条の条文を形式的に維持しただけであり、同条の解釈に何らかの影響を与える趣旨は含まれておらず、旧借地法10条に関する判例の見解も維持されると考え得る一方で、旧借地法において、一時的借地の場合の適用除外を定めた9条の文言に10条が含まれていないことが争いの原因であったにもかかわらず、借地借家法の制定に際して再び25条の文言に14条を含めなかったのであるから、14条の建物買取請求権については一時的借地の場合を除外しないとの立法趣旨があると考えることも可能と思われます。学説上も、肯定、否定両説に分かれています。

　この点、借地借家法14条について判示した最高裁判所の判例は今のところ見当たらず、判例の見解は不明です。最高裁判所の判断が待たれるところです。

【事例52】　賃借権の無断譲渡を理由に借地契約が解除された
　　　　　　後に、賃料相当損害金の不払があった場合、建物
　　　　　　買取請求権は消滅するか

（最判昭53・9・7判時911・112）

判　旨

　賃借権の無断譲渡を理由に借地契約が解除されたときは、貸主
はそれ以後の賃料を請求できず、その後に賃料相当損害金の不払
があっても、これを賃料の不払と同視して借地契約を解除する余
地はないから、その不払を理由に解除の意思表示がなされても、
建物買取請求権が消滅することはない。

事案の概要

　Xは、昭和48年3月5日、AにXら共有の土地を賃貸し、Aは土地上
に建物を所有していたが、同年10月22日、Xの承諾を得ずに、Yに土
地賃借権と建物を譲渡した。

　そこで、Xは、昭和49年2月26日、Aに対し、賃借権の無断譲渡を理
由に、到達後1週間以内に原状を回復しない場合には借地契約を解除
する旨の意思表示をし、その結果、同年3月6日、借地契約は解除によ
り終了した。また、Xは、昭和50年12月4日、Aの代理人に対し、同年
1月分以降の賃料不払を理由に、重ねて本件借地契約解除の意思表示
をした。

　その後、Yが、昭和51年6月24日に旧借地法10条による建物買取請求
権を行使したところ、Xは、Yの建物買取請求権行使は前記賃料不払
を理由とする借地契約の解除後になされており、無効であると主張し
た。

　控訴審（大阪高判昭52・8・31判時877・61）は、本件借地契約は賃借権の

無断譲渡を理由とする解除により昭和49年3月6日に終了したが、他方、昭和50年1月分以降の賃料不払を理由に、建物買取請求権行使前の同年12月4日に賃料不払を理由とする解除により消滅すべき関係にあったといえるから、このような場合には、現実には賃借権の無断譲渡を理由に解除されたものであっても、賃料不払による解除の場合と同視し、買取請求権の行使は許されないとして、Xの主張を認めた。

　そこで、Yが、判決に影響を及ぼすことが明らかな法令の違背があり、かつ、判決に理由不備・理由齟齬があるとして、上告した。

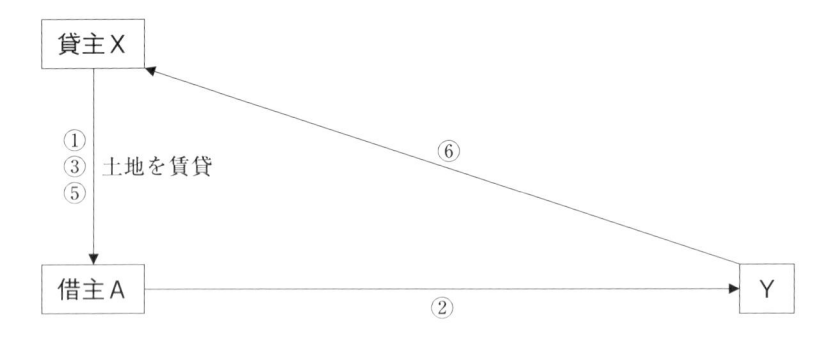

①S48.3.5	X→A A	土地を賃貸 土地上に建物を所有
②S48.10.22	A→Y	Xの承諾を得ずに、建物と土地賃借権を譲渡
③S49.2.26	X→A	土地賃借権の無断譲渡を理由に借地契約を解除
④S49.3.6		解除により借地契約終了
⑤S50.12.4	X→A	賃料不払を理由に借地契約を解除
⑥S51.6.24	Y→X	建物買取請求権を行使

裁判所の判断

　本判決は、おおむね次のとおり判示し、控訴審判決のうちＸらの請求を認容した部分を破棄し、その部分につき控訴審に差し戻した。

　第三者が借地上の建物の所有権を取得した場合に、貸主が賃借権の譲渡を承諾しない間に借地契約が賃料不払を理由に解除されたときは、旧借地法10条に基づく第三者の建物買取請求権は、これによって消滅するが（最判昭33・4・8民集12・5・689参照）、賃料の不払はなく、借地契約が賃借権の無断譲渡を理由として解除されたときは、貸主はそれ以後の賃料を請求することができず、その後に賃料相当損害金の不払が生じても、もはやこれを賃料の不払と同視して借地契約を解除する余地はないから、たとえその不払を理由とする解除の意思表示がなされても、これによって建物買取請求権が消滅することはない。

コメント

　判例は、貸主が賃借権の譲渡・転貸を承諾しない間に賃料不払を理由に借地契約が解除された場合は、第三者の建物買取請求権はこれによって消滅するが（大判昭11・2・14民集15・193、最判昭33・4・8民集12・5・689）、賃借権の無断譲渡・転貸を理由に借地契約が解除された場合は、第三者の建物買取請求権は消滅しないとしています（大判昭14・8・24民集18・877）。

　本件では、賃料の不払はなく、賃借権の無断譲渡を理由に借地契約が解除されましたが、その後も借主が土地を明け渡さないため賃料相当損害金が発生し、不払となった事案です。

　控訴審が、実質面に着目し、賃料不払による解除の場合と同視して建物買取請求権を否定したのに対し、本判決は、借地契約が賃借権の

　無断譲渡を理由に解除されたときは、貸主はそれ以後の賃料を請求することができず、その後に賃料相当損害金の不払があってもこれを賃料の不払と同視して借地契約を解除する余地はなく、建物買取請求権が消滅することはないとしており、法理論的な面を重視したものと考えられます。

　なお、本件とは異なりますが、解除事由として賃料不払と賃借権の無断譲渡・転貸の双方が存在する場合、法理論的な面を重視すれば、解除されて消滅した契約をさらに解除することはできないと考え得ることから、どちらの事由で解除するかにより第三者の建物買取請求権の肯否が異なってくる可能性がありますので、注意を要します。

≪参考判例≫
○貸主が賃借権の譲渡・転貸を承諾しない間に賃料不払のため借地契約が解除されたときは、第三者の建物買取請求権はこれによって消滅する。（大判昭11・2・14民集15・193、最判昭33・4・8民集12・5・689）
○賃借権の無断譲渡・転貸を理由に借地契約が解除されても、第三者の建物買取請求権は消滅しない。（大判昭14・8・24民集18・877）
○建物買取請求権の規定は誠実な借地人を保護する規定であり、借地人の賃料不払の債務不履行により借地契約が解除された場合には、借地人は建物買取請求権を有しない。（最判昭35・2・9民集14・1・108）
○賃借権の譲渡につき貸主の承諾のない間に、貸主と従前の借主である譲渡人との間で借地契約を合意解除しても、特段の事情がない限り、譲受人の建物買取請求権は消滅しない。（最判昭48・9・7判時718・49）

【事例53】　借地上の数棟の建物のうち一部が譲渡され、それ
　　　　　　に伴い借地の一部が無断転貸されたため借地契約
　　　　　　全体が解除された場合、譲渡されなかった建物に
　　　　　　ついて建物買取請求権が認められるか

（最判昭54・5・29判時930・68）

判　旨

　借地上の数棟の建物のうち一部が譲渡され、それに伴い借地の
一部が無断転貸されたことを理由に借地契約全体が解除された場
合、譲渡されなかった他の建物について、土地の借主（建物所有
者）は建物買取請求権を有しない。

事案の概要

　XはAに数筆の土地を賃貸し、Aは土地上に数棟の建物を建てて所
有していたが、Xの承諾を得ずに、本件建物以外の建物を第三者に譲
渡し、それらの敷地を転貸した。

　そこで、Xは無断転貸を理由に借地契約全体を解除し、解除後にA
の死亡により本件建物を相続したYに対し、建物収去土地明渡請求訴
訟を提起したところ、Yは本件建物について買取請求権を行使した。

　第一審及び控訴審は、旧借地法10条の建物買取請求権の請求権者は、
借地契約当事者並びにその包括承継人以外の第三者、すなわち借地権
の譲受又は転借につき貸主の承諾を受けられなかった建物譲受人のみ
をいう等として、Yは本件建物について買取請求権を取得しないと判
示した。

　Yはこれを不服とし、上告した。

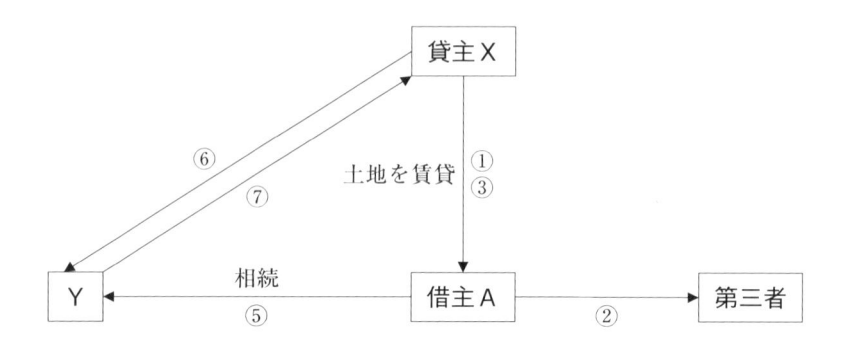

①	X→A	数筆の土地を賃貸
	A	土地上に数棟の建物を建てて所有
②	A	Xの承諾を得ずに、本件建物以外の建物を第三者に譲渡し、敷地を転貸
③	X→A	無断転貸を理由に、借地契約全体を解除
④		解除により借地契約終了
⑤	A→Y	Aが死亡し、Yが本件建物を相続
⑥	X→Y	建物収去土地明渡請求訴訟を提起
⑦	Y→X	建物買取請求権を行使

裁判所の判断

本判決は、おおむね次のとおり判示し、上告を棄却した。

控訴審が適法に確定した事実関係のもとにおいて、YはXに対し建物買取請求権を取得しないとした控訴審の判断は正当である。

コメント

本件と同様に、土地の借主が借地上に所有する数棟の建物のうち一

部を第三者に譲渡したが、貸主がその敷地部分の賃借権の譲渡を承諾
せず借地契約全体が解除された場合に、譲渡されなかった他の建物に
つき借主が建物買取請求権を有するかが争われた事案において、東京
高裁昭和35年11月29日判決（判タ114・39）は、おおむね次のとおり判示
し、借主の建物買取請求権を否定しました。

　「すなわち、旧借地法10条は、借地上の建物を第三者が取得したも
のの、土地の貸主が賃借権の譲渡又は転貸を承諾しない場合に、建物
を取得した第三者の利益を保護するとともに当該建物の収去による社
会経済上の損失を避けるために、当該第三者に建物買取請求権を与え
たのであって、土地の借主がかかる買取請求権を有しないことは同法
条の明文に徴し明らかである。上告人は、本件のような場合に、譲渡
されなかった建物につき土地の借主に買取請求権がないとするのは同
法条の法意に反するのであって、このことは土地の借主が残余の建物
をも第三者に譲渡した場合にその譲受人が買取請求権を有することか
ら見ても明らかであると主張するが、建物の譲渡があった場合とない
場合とでは当事者間の法律関係を異にし、同法条の適用について同一
に論ずることができないと考えられる。」

　これに対し、学説上は、建物全部を第三者に譲渡した場合との均衡
から、旧借地法4条2項の類推適用を認める必要があるとの見解もあり
ますが、本判決は、上記東京高裁判決と同様に、土地の借主の建物買
取請求権を否定しました。

　この点、上記東京高裁判決及び本判決が是認した控訴審判決が指摘
するとおり、本件のような場合に土地の借主に建物買取請求権を認め
ることは、旧借地法10条及び借地借家法14条が建物を取得した「第三
者」を買取請求権者と定めていることと合致しません。

　加えて、判例上、借主の賃料不払の債務不履行により借地契約が解
除された場合には、借主は建物買取請求権を有しないとされ、その根

拠として、建物買取請求権の規定は誠実な借主を保護する規定であることが挙げられています（最判昭35・2・9民集14・1・108）。かかる判例の実質的根拠に鑑みれば、賃借権の無断譲渡又は土地の無断転貸を理由に借地契約が解除された場合についても、当該借主は「誠実な借主」とはいえないので、当該借主自身が建物買取請求権の規定による保護を受けられないのはやむを得ないとの実質的判断があるものと考えられます。

　このような本判決や上記最高裁判決の論旨からすると、他の事案においても、借主が「誠実な借主」といえない場合には建物買取請求権が否定されることになるとも考えられるため、当該借主が「誠実な借主」といえるのか、個別具体的な判断が求められる場合も出てくると思われます。

≪参考判例≫
○貸主が賃借権の譲渡・転貸を承諾しない間に賃料不払のため借地契約が解除されたときは、第三者の建物買取請求権はこれによって消滅する。
　（大判昭11・2・14民集15・193、最判昭33・4・8民集12・5・689）
○建物買取請求権の規定は誠実な借地人を保護する規定であり、借地人の賃料不払の債務不履行により借地契約が解除された場合には、借地人は建物買取請求権を有しない。（最判昭35・2・9民集14・1・108）

2　建物買取請求権の行使時期

【事例54】　建物収去土地明渡請求訴訟の事実審の口頭弁論終
　　　　　　結後に建物買取請求権を行使できるか

（最判平7・12・15判時1553・86）

> ### 判　旨
>
> 　土地の借主が、貸主から提起された建物収去土地明渡請求訴訟
> の事実審の口頭弁論終結時までに建物買取請求権を行使せず、貸
> 主の請求を認容する判決が確定した後でも、借主は建物買取請求
> 権を行使した上で、前訴確定判決による強制執行の不許を求める
> 請求異議の訴えを提起し、建物買取請求権行使の効果を異議の事
> 由として主張できる。
> 　これにより、前訴確定判決によって確定された借主の建物収去
> 義務は消滅し、前訴確定判決はその限度で執行力を失う。

事案の概要

　XがYに土地を賃貸したところ、Yは土地上に建物を所有し、第三
者に賃貸していた。借地期間が満了したため、XがYに対し建物収去
土地明渡請求訴訟（以下「前訴」という。）を提起したところ、Yは事
実審の口頭弁論終結時までに建物買取請求権を行使せず、判決でXの
請求が全部認容され、確定した。

　その後、Yは、前訴確定判決による強制執行の不許を求める請求異
議の訴えを提起し、建物買取請求権行使の効果を異議の事由として主
張した。これに対し、Xは、Yは前訴において建物買取請求権を行使
することが可能であったから、前訴判決に対する請求異議の事由には
ならない等と主張した。

　第一審（大阪地判平3・7・26民集49・10・3059）は、①建物買取請求権は、借主保護の観点から投下資本回収方法として特別に認められたものであり、その行使は借主の自由な決定に委ねられていること、②建物買取請求権の行使は執行方法上問題となる建物所有権について変動を生じさせるが、本来の土地明渡義務自体について変動を生じさせる性質のものではないこと等を理由に、前訴で建物買取請求権の行使が可能であったとしても、請求異議の事由となることは否定できず、その結果、前訴確定判決のうちYの建物収去義務に関する部分は執行力を失うとして、その部分につきYの請求を認めた。

　Xがこれを不服として控訴したところ、控訴審（大阪高判平4・2・26民集49・10・3079）も請求異議の事由となることを認め、建物収去土地明渡請求訴訟中に建物買取請求権が行使された場合には、右明渡請求は建物引渡請求を含むものと解され、建物に貸借人があるときは現実の引渡しができないため指図による占有の移転を求める趣旨と解されるから、右趣旨による判決をなすべきところ（最判昭36・2・28民集15・2・324）、このことは、建物収去土地明渡請求訴訟につき確定判決を得た後に建物買取請求権が行使され、建物に貸借人がある場合も同様であるとして、前訴判決の債務名義は、建物につき指図による占有移転を求める限度で有効に存続すると判示し、控訴を棄却した。

　Xは、これを不服として上告した。

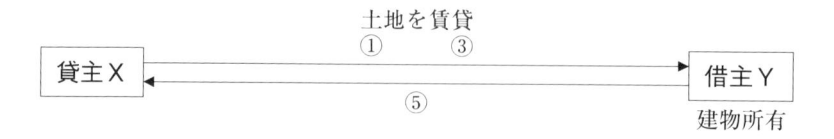

①	X→Y	土地を賃貸
	Y	土地上に建物を所有し、第三者に賃貸
②		借地期間満了

③	X→Y	建物収去土地明渡請求訴訟を提起
④		請求認容判決が確定
⑤	Y→X	強制執行の不許を求める請求異議の訴えを提起し、建物買取請求権行使の効果を異議の事由として主張

裁判所の判断

　本判決は、おおむね次のとおり判示し、上告を棄却した。

　土地の借主が、貸主から提起された建物収去土地明渡請求訴訟の事実審の口頭弁論終結時までに建物買取請求権を行使せず、貸主の請求を認容する判決が言い渡されて確定した後でも、借主は建物買取請求権を行使した上で、同確定判決による強制執行の不許を求める請求異議の訴えを提起し、建物買取請求権行使の効果を異議の事由として主張できる。

　けだし、建物買取請求権は、確定判決により確定された貸主の建物収去土地明渡請求権の発生原因に内在する瑕疵に基づく権利とは異なり、これとは別個の制度目的及び原因に基づいて発生する権利であって、借主がこれを行使することにより建物所有権が法律上当然に貸主に移転し、借主の建物収去義務が消滅するのであるから、借主が事実審の口頭弁論終結時までに行使しなくても、実体法上、同権利の消滅事由に当たるものではなく（最判昭52・6・20裁判集民121・63）、訴訟法上も、既判力によって同権利の主張が遮断されることはない。

　そうすると、借主が事実審の口頭弁論終結後に建物買取請求権を行使したときは、これにより確定判決で確定された借主の建物収去義務は消滅し、確定判決はその限度で執行力を失うから、建物買取請求権行使の効果は、民事執行法35条2項の口頭弁論終結後に生じた異議の事由に該当する。

　コメント

　建物買取請求権は、土地の借主が貸主から建物収去土地明渡請求を
受けた際に、建物収去義務を免れつつ投下資本を回収するために行使
されることが多いですが、いつまでそれを行使できるかは必ずしも明
確ではありません。

　建物買取請求権の行使が認められないと、借主は建物収去義務を負
うことになり不利益が大きく、逆に、建物買取請求権の行使が認めら
れると、貸主は建物買取義務を負うことになり不利益が大きくなりま
す。そのため、建物買取請求権をいつまで行使できるかは重要な問題
であり、本件のように、建物収去土地明渡請求訴訟において、土地の
借主が建物買取請求権を行使しないまま貸主の請求を全部認容する判
決が言い渡され確定したケースについて、裁判上しばしば争われてい
ます。

　本判決は、建物収去土地明渡請求訴訟で建物買取請求権を行使しな
くとも、実体法上、権利の消滅事由に当たらず、訴訟法上も、既判力
によって権利の主張が遮断されることはないとし、建物買取請求権の
行使により借主の建物収去義務は消滅し、確定判決はその限度で執行
力を失うので、請求異議の事由に該当するとしました。

　また、東京高裁平成2年10月30日判決（判時1379・83）も、土地賃借権
の無断譲渡が行われた場合の建物収去土地明渡請求訴訟について、お
おむね次のとおり判示し、同様の立場を採っています。

　「土地の借主が建物買取請求権を行使しないまま判決で請求が認容
され、その判決が確定した後に同請求権を行使できるかについては、
紛争の一回的な解決を重視して消極に解する見解もあり得るが、建物
買取請求権が建物の社会的効用を保護する目的の下に設けられたもの
であることからすると、その行使を許容するのが制度の趣旨に沿うも
のである。

　そして、判決の建物収去による土地明渡しを命じた部分のうちには、建物から退去することによる土地明渡しを命じる趣旨が包含されていると解するのが相当であるから（収去明渡しの執行過程において建物占有者の退去が当然に実現されるから、退去による明渡義務が顕在的に表現されていないだけである。）、判決の執行力は、建物退去土地明渡しの限度を超える部分についてのみ失われる。」

　この点、民事訴訟法上の既判力に関する議論も絡み、学説上は異論もありますが、裁判例は上記のような立場を採っていますので、同種事案を処理する上で、押さえておく必要があります。

【事例55】　貸主が借地契約の更新を拒絶して提起した建物収去土地明渡請求訴訟において、立退料の支払と引換えに建物収去土地明渡しを命じる判決が言い渡された後でも、建物買取請求権を行使できるか

（東京地判平13・11・26判タ1123・165）

判　旨

　①本件建物は老朽化の傾向にあり、取壊しによって社会経済的損失が著しく大きなものになるわけではないこと、②貸主が本件建物を買い取ったとしても公衆浴場として利用することは難しく、早晩自己の費用で収去せざるを得ない状況にあるから、建物の取壊しを回避するという社会経済的要請を実現できないこと、③借主は、貸主のこのような事情を知った上で、前訴判決確定後、時を移さず建物買取請求権を行使していること、④借主が本件建物に投下した費用についても、借主は貸主から1億5,435万円の支払を受けており、借主の損失は実質的に填補されていることから、本件において、借主が建物買取請求権を行使することは、借地借家法13条1項の建物買取請求権が認められた制度趣旨に照らし、権利濫用に当たる。

事案の概要

　Xは、Yから土地を賃借し、土地上に公衆浴場を兼ねた建物を建て、所有していた。その後、本件借地契約は一度法定更新されたが、その期間満了時にYは更新を拒絶し、Xに対し、建物収去土地明渡請求訴訟を提起した。

　第一審がYの請求を棄却したため、Yが控訴し、更新拒絶の正当事由を補完する金員（立退料）として、Xに対し1億5,435万円の提供を

　申し出て、その旨請求の趣旨を変更したところ、控訴審はYの請求を認め、Xは上記金員の支払を受けるのと引換えに建物を収去して土地を明け渡すよう命じる判決を言い渡した。

　Xは、これを不服として上告したが、平成12年6月8日、上告を棄却する決定がなされ、上記控訴審判決は確定した。

　しかるに、Xは、平成12年6月14日、Yに対し、建物買取請求権を行使した。

　その後、XがYに対し、建物買取請求権行使に基づく売買代金請求訴訟を提起したところ、Yは、借地借家法13条1項の建物買取請求権は、十分に使用可能な建物が借地契約の更新拒絶により取り壊されることを防ぐため、貸主に買い取らせることにより建物の社会的効用を保持するという政策的見地から認められた制度であるが、本件建物は公衆浴場を兼ねた特殊な建物であり、Yに買い取らせても公衆浴場の経営ができず、取り壊すしかないし、Xの不利益はYが1億5,435万円もの立退料を支払うことで十分填補されているから、Xの建物買取請求権の行使は権利濫用に当たると主張した。

　これに対し、Xは、Yから支払を受ける1億5,435万円は、更新拒絶の正当事由を補完するものであり、これによって建物買取請求権が影響を受ける理由はないと反論した。

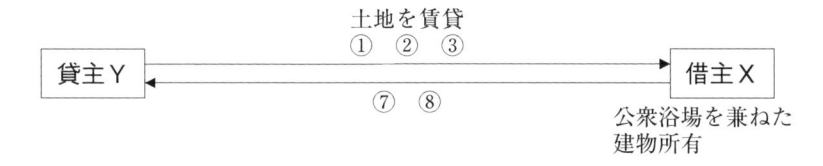

①	Y→X	土地を賃貸
	X	土地上に公衆浴場を兼ねた建物を建てて所有
②	Y→X	期間満了時に更新拒絶

③	Y→X	建物収去土地明渡請求訴訟を提起
④		第一審判決（請求棄却）
⑤		控訴審判決（引換給付）
⑥		上告審判決（上告棄却）、確定
⑦	X→Y	⑥の6日後、建物買取請求権を行使
⑧	X→Y	売買代金請求訴訟を提起

裁判所の判断

　本判決は、おおむね下記のとおり判示し、Xの請求を棄却した。

　Yから提供された金員は借地契約の更新拒絶の正当事由を補完するためのものであり、借地上建物を収去することによる社会経済上の損失を防ぐために設けられた建物買取請求権とは形式上別個のものであり、借主が貸主から正当事由を補完する金員の提供を受けたからといって直ちに建物買取請求権を行使できなくなるわけではない。

　しかし、借地借家法13条1項の趣旨は、いまだ経済的効用を持つ建物が取り壊されることを回避するという社会経済的要請や借主が借地上の建物等に投下した費用を回収するなどのために認められた制度である。そうすると、本件においては、本件建物は老朽化の傾向にあり、公衆浴場という用途、その建築に高額の費用を要することを考慮しても、取壊しにより社会経済的損失が著しく大きくなるわけではない。また、本件建物は公衆浴場という特殊な用途にしか使用できないものである上、老朽化傾向のある本件建物を今後継続して公衆浴場として使用するにはかなり困難が伴うから、仮にYが本件建物を買い取ったとしても、公衆浴場として利用することは難しく、早晩自己の費用で

収去せざるを得ない状況にある。したがって、建物の取壊しを回避するという社会経済的な要請を実現することもできないことが予想される。しかも、Xは、Yのこのような事情を知った上で、前訴控訴審判決確定後、時を移さず建物買取請求権を行使している。また、Xが本件建物に投下した費用についても、本件建物は更新拒絶時に築後40年近くが経過している上、前訴控訴審判決によってXはYから1億5,435万円の支払を受けていることを考えると、Xの本件建物の収去に伴う損失も実質的に填補されていると認められる。

　以上によれば、本件において、Xが建物買取請求権を行使することは、借地借家法13条1項の建物買取請求権が認められた制度趣旨に照らし、権利濫用に当たる。

コメント

　建物買取請求権をいつまで行使できるかは必ずしも明確ではありませんが、判例は、建物買取請求権は確定判決により確定された貸主の建物収去土地明渡請求権の発生原因に内在する瑕疵に基づく権利とは異なり、これとは別個の制度目的及び原因に基づいて発生する権利であって、借主がこれを行使することにより建物所有権が法律上当然に貸主に移転し、借主の建物収去義務が消滅するのですから、借主が事実審の口頭弁論終結時までに行使しなくても、実体法上、同権利の消滅事由に当たるものではなく（最判昭52・6・20裁判集民121・63）、訴訟法上も、既判力によって同権利の主張が遮断されることはないとされています（最判平7・12・15判時1553・86【事例54】）。

　とすれば、本件において、Xの建物買取請求権の行使が認められそうですが、①建物が老朽化していること、②建物の買取者が建物をそのまま利用することが困難な特殊な建物であること、③建物買取請求

権を行使した経緯、タイミング、④建物収去に伴う損失が実質的に填補されたといえるほどの金員（立退料）が支払われていること等の事情に鑑み、建物買取請求権の行使が権利濫用とされました。立退料の支払があっただけで直ちに権利濫用とされているわけではありませんが、権利濫用に当たるかどうかの判断の一要素として斟酌されています。

　このような本判決の判旨からすれば、建物収去土地明渡請求訴訟で立退料の支払と引換えに建物収去土地明渡しを命じる判決が言い渡された場合であっても、その後に建物買取請求権を行使される可能性があるという点で土地の貸主側は注意を要しますし、他方、個別具体的な事情によっては建物買取請求権の行使が権利濫用に当たるという点で買取請求者側も注意を要する判決です。

3　建物買取請求の対象

【事例56】　土地賃借権の無断譲受人が、賃借権譲渡につき貸
　　　　　　主の承諾を得ないまま建物を増築・改築・修繕し
　　　　　　た場合、建物買取請求権を行使できるか

（最判昭42・9・29判時496・14）

判　旨

　原則として、建物を譲受当時の原状に回復した上でなければ建
物買取請求権の行使が認められないが、例外的に、その工事が建
物の維持・保存に必要であるとき、若しくは些細なものであって
建物の価値を著しく増大せしめることなく土地の貸主に予想外の
出捐を余儀なくさせるものでないとき、又は、買取請求者が工事
による増加価格を放棄して譲受当時の状態での価格による買取請
求をした場合には、認められる。

事案の概要

　XはAに土地を賃貸し、Aは土地上に建物を建てて所有していた。
その後、Aは、Xの承諾を得ずに、Yに建物と土地賃借権を譲渡した
が、Yは、賃借権譲渡につきXの承諾を得ないまま、建物を増築した。

　XがYに対し建物収去土地明渡請求訴訟を提起したところ、Yは、
第一審において、建物及び賃借権の譲渡についてXの承諾があったと
主張し、これを争ったが、第一審はXの承諾を否定し、Xの請求を全
部認容する判決を言い渡した。

　これに対し、Yは控訴し、控訴審においては、Xの請求を争いつつ、
予備的に建物買取請求権を行使する旨の意思表示をした。

　控訴審は、建物及び賃借権の譲渡についてのXの承諾を否定しつつ、

Yの建物買取請求を認め、Yは買取代金の支払と引換えに建物を明け渡し、土地を引き渡すよう命じる判決を言い渡した。

これに対し、Xが上告した。

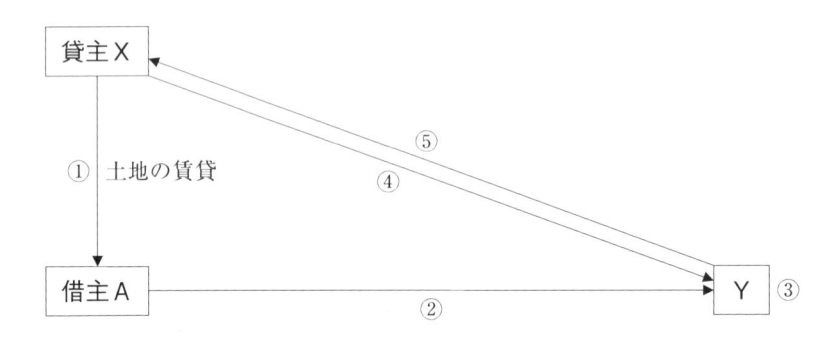

①	X→A	土地を賃貸
	A	土地上に建物を建てて所有
②	A→Y	Xの承諾を得ずに、建物と土地賃借権を譲渡
③	Y	賃借権譲渡につきXの承諾を得ないまま、建物を増築
④	X→Y	建物収去土地明渡請求訴訟を提起
⑤	Y→X	控訴審において、Xの請求を争いつつ、予備的に建物買取請求権を行使

裁判所の判断

本判決は、おおむね次のとおり判示して原判決を破棄し、本件を控訴審に差し戻した。

建物買取請求権は、土地の借主が権原によって土地に附属させた建物その他の物について認められるから、建物とともに賃借権を譲り受けた第三者が、賃借権譲渡につき貸主の承諾を得ないまま、建物に増築・改築・修繕等の工事を施したときは、建物を譲受当時の原状に回

復した上でなければ建物買取請求権を行使できない。けだし、賃借権譲渡について貸主の承諾を得ず、敷地使用の権限がないにもかかわらず地上建物の増改築等をする者はその危険を自ら負担することを覚悟しているはずであり、反面、貸主は賃借権の譲渡を承諾しない以上、譲渡当時の建物を買い取る義務はあるが、その後予想しない価格の増加を負担させるのは不合理だからである。

　もっとも、その工事が建物等の維持・保存に必要であるとき、又は些細なものであって建物等の価格を著しく増大させることなく貸主をして予想外の出捐を余儀なくさせるものでないときは、制度趣旨に鑑み、建物の現状における買取請求を否定すべきではない。また、第三者が工事による増加価格を放棄し、譲受当時の状態における価格による買取請求をした場合も、認容されるべきである。

　原審は、本件の増築が前記の例外的場合に該当するかどうかについて何ら審理判断をせずに、増築建物の現状における価格での買取請求を認容しており、この点で審理不尽・理由不備の違法があり、破棄を免れない。

コメント

　建物買取請求の対象は、「建物その他借地権者が権原によって土地に附属させた物」（借地借家13①・14、旧借地4②・10）と定められており、「借地権者」でない者が土地に附属させた物や、借地権（「権原」）消滅後に土地に附属させた物は、対象となりません。

　そこで、賃借権の無断譲受人が賃借権譲渡につき貸主の承諾を得ないまま建物を増築・改築・修繕した場合に建物買取請求が認められるかが問題となりますが、本判決は、当事者の利益状況、特に貸主に不測の不利益を被らせないとの見地から、原則としてこれを否定しつつ、

　その工事が建物の維持・保存に必要であったり、貸主に不測の不利益を被らせないような例外的場合には、認められるとしました。

　貸主の承諾がないまま借地上の建物が譲渡され、譲受人が建物を増築・改築・修繕してしまうケースも往々にしてあり得ますが、かかるケースの処理の判断において指針となる判例です。

≪参考判例≫

○土地賃借権の無断譲受人が、本件建物の譲受後、押し入れの一部のトイレへの変更、土間の板間への変更、サッシの一部変更、壁紙の貼り付け、外回りの一部のサイディングへの変更等の工事を施し、これらの変更が現在も維持されているから、本件建物につき、譲受当時の原状に回復しておらず、工事による増加価格（鑑定の結果によれば、199万円から620万円になったことが認められる。）の放棄もしていないと認められるから、建物買取請求をすることができない。（東京地判平18・7・18判時1961・68）

【事例57】　土地の転借権の無断譲受人が、転借権譲渡につき
　　　　　　土地の借主（転貸人）の承諾を得ないまま建物を
　　　　　　大改造した後、改造工事による増加価格を放棄し
　　　　　　て譲受当時の価格で建物買取請求権を行使した場
　　　　　　合、常に認められるか

（最判昭58・3・24判時1095・102）

判　旨

　本件では、土地の転借権及び地上建物の譲受人が、転借権の譲渡につき借主（転貸人）の承諾を得ないまま、朽廃に近かった本件建物について、土間を落とし天井も取るなどの大改造の工事を始め、借主（転貸人）が異議を申し入れても聞き入れず、さらには裁判所から改築工事の続行を禁止する仮処分決定がなされたにもかかわらずこれを無視し、改造工事を完成させている。

　かかる事実関係の下では、本件建物の改造工事は不信行為の著しいものであり、たとえ改造工事による建物の増加価格を放棄し、譲受当時の価格による買取りを求めたとしても、その買取請求権の行使は信義則に反するものとして効力を生じない。

事案の概要

　X₁は、土地の所有者Aから土地を賃借し、Bに転貸した。Bは、転貸につきAの承諾を得て、土地上に建物を建て所有していたところ、X₁が死亡し、その妻X₂が相続により土地の借主兼転貸人の地位を承継した。

　その後、建物は土地の転借権と共にBから転々譲渡され、Yが所有権を取得した。

　Yは、土地の転借権譲渡につきX₂の承諾を得ないまま、建物に入居

し、その後、X₂の承諾を得ずに朽廃に近かった建物について、土間を
落とし天井も取るなどの大改造の工事を始めた。

　これに対しX₂は異議を申し入れたが、Yが聞き入れないため、X₂は
裁判所から改築工事の続行を禁止する仮処分決定を得て、Yに送達し
たが、Yはこれを無視し、改造工事を完成させた。

　その後、YはX₂及びAに対し、旧借地法10条に基づき改造後の建物
を時価相当額で買い取ることを請求したが、X₂がYに対し提起した建
物収去土地明渡請求訴訟の控訴審の口頭弁論期日において、上記買取
請求権の行使が否定されるとすれば、改造工事による増加価格を放棄
し建物の譲受当時の価格により買取請求権を行使する旨の意思表示を
予備的に行った。

　控訴審は、上記の事実関係を認定した上で、Yが建物の改造工事に
よる増加価格を放棄したとしても、本件におけるYの改造工事は不信
行為の著しいものであり、建物買取請求権の行使は信義則に違反する
ものとして許されないと判示した。

　これに対し、Yは、改造工事による増加価格を放棄している以上、
改造工事がX₂の意思に反して行われたとしても買取価格に影響を及
ぼさないのであり、改造工事の不信性をもって買取請求を信義則違反
とすることは信義則理論の濫用である等と主張して、上告した。

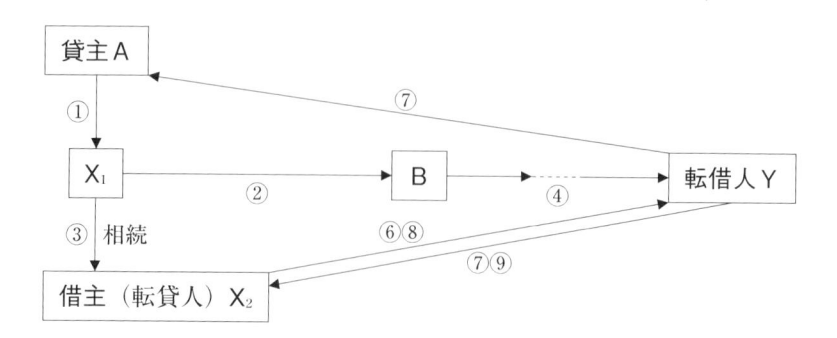

①	A→X₁	土地を賃貸
②	X₁→B B	土地を転貸 土地上に建物を建てて所有
③	X₁→X₂	X₁が死亡し、X₂が土地の借主兼転貸人の地位を相続
④	B→…→Y	建物及び土地転借権がBから転々譲渡され、Yが取得
⑤	Y	X₂の承諾を得ずに、建物に入居し、大改造の工事を開始
⑥	X₂→Y Y	異議申入れ。改築工事続行禁止の仮処分 これらを無視して改造工事を完成
⑦	Y→X₂・A	時価相当額での建物買取りを請求
⑧	X₂→Y	建物収去土地明渡請求訴訟を提起
⑨	Y→X₂	控訴審において、予備的に、改造工事による増加価格を放棄して譲受当時の価格による建物買取りを請求

裁判所の判断

　本判決は、おおむね次のとおり判示し、上告を棄却した。

　控訴審の事実認定は、控訴審判決挙示の証拠関係に照らし、肯認することができる。かかる事実関係の下では、Yがした建物の改造工事は不信行為の著しいものであって、たとえ改造工事による建物の増加価格を放棄し、譲受当時の価格による買取りを求めたとしても、その買取請求権の行使は信義則に反するものとして効力を生じない。

コメント

　最高裁昭和42年9月29日判決（判時496・14【事例56】）は、建物と共に土地賃借権を譲り受けた第三者が、賃借権譲渡につき貸主の承諾を得ないまま建物に増築・改築・修繕等の工事を施した場合の建物買取請求権行使の可否について、原則として、建物を譲受当時の原状に回復しなければ認められないが、例外的に、その工事が建物の維持・保存に必要であるとき、若しくは些細なものであって建物の価値を著しく増大せしめることなく土地の貸主に予想外の出捐を余儀なくさせるものでないとき、又は、買取請求者が工事による増加価格を放棄し、譲受当時の状態での価格による買取請求をした場合には、認められるとしました。

　これに従えば、本件において、Ｙは改造工事による建物の増加価格を放棄し、譲受当時の価格による買取りを求めていますので、上記例外に当たり、買取請求が認められそうです。

　しかし、本判決は、Ｙが行った工事が土間を落とし天井も取るなどの大改造の工事であり、Ｘ₂の異議申入れも聞き入れず、さらには裁判所から改築工事の続行を禁止する仮処分決定がなされたにもかかわらず、これを無視して工事を完成させたことから、Ｙが行った改造工事は不信行為の著しいものであり、たとえ改造工事による増加価格を放棄し、その譲受当時の価格による買取りを求めたとしても、信義則に反するものとして効力を生じないとしました。

　この点、最高裁昭和35年2月9日判決（民集14・1・108）も、建物買取請求権の規定は誠実な借主を保護する規定であり、借主の賃料不払の債務不履行により借地契約が解除された場合には借主は建物買取請求権を有しないとして、建物買取請求者の不信性を理由に建物買取請求権を否定する判断をしており、本判決とともに、建物買取請求権行使の限界を検討する上で参考となります。

【事例58】　所有者の異なる数筆の土地にまたがって存在する建物について、建物買取請求権が認められるか

（差戻前上告審：最判昭42・9・29判時496・14、差戻後上告審：最判昭50・3・25金判465・2）

> ## 判　旨
>
> 　所有者の異なる数筆の土地にまたがって存在する建物についての建物買取請求権は、当該貸主の所有地に存する建物部分が区分所有権の対象となる場合に限り、その部分についてのみ認められるものと解すべきであり、買取請求をする部分が区分所有権の対象とならない限り、その余の建物部分の所有権を貸主のために放棄する旨の意思表示をしても、結論に影響を及ぼさない。

事案の概要

　XはAに土地を賃貸し、Aは土地上に建物を建てて所有していたが、Xの承諾を得ずに、Yに建物と土地賃借権を譲渡した。その後、Yは、土地賃借権譲渡につきXの承諾を得ないまま建物を増築したが、その一部分はBの所有地上に存在した（なお、増築の際、YはBから土地を賃借した。）。

　XがYに対し建物収去土地明渡請求訴訟を提起したところ、Yは、第一審において、建物及び土地賃借権の譲渡についてXの承諾があったと主張し、これを争ったが、第一審はXの承諾を否定し、Xの請求を全部認容する判決を言い渡した。

　これに対し、Yは控訴し、控訴審においては、Xの請求を争いつつ、予備的に建物買取請求権を行使する旨の意思表示をした。

　控訴審は、建物及び土地賃借権の譲渡についてのXの承諾を否定しつつ、Yの建物買取請求を認め、建物買取請求の範囲となる建物の範囲を詳細に認定した上で、Yは買取代金の支払と引換えに建物を明け

渡し、土地を引き渡すよう命じる判決を言い渡した。

　これに対し、Xが上告した。

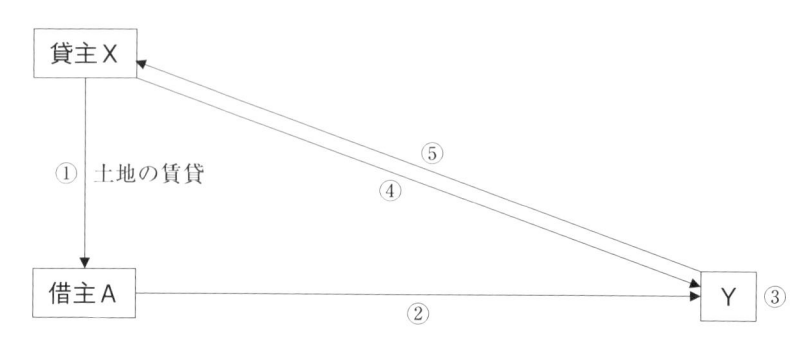

①	X→A A	土地を賃貸 土地上に建物を建てて所有
②	A→Y	Xの承諾を得ずに、建物と土地賃借権を譲渡
③	Y	土地賃借権譲渡につきXの承諾を得ないまま、建物を増築。その一部分はBの所有地上に存在（増築の際、Bから土地を賃借）
④	X→Y	建物収去土地明渡請求訴訟を提起
⑤	Y→X	控訴審において、Xの請求を争いつつ、予備的に建物買取請求権を行使

裁判所の判断

　差戻前上告審である最高裁昭和42年9月29日判決（判時496・14）は、おおむね次のとおり判示し、原判決を破棄して本件を控訴審に差し戻した（ただし、本件は他にも争点があり、他の争点に関する判断も破棄差戻しの理由となっている（【事例56】参照）。）。

　「買取請求によって建物の所有権が土地の貸主に移転するのである

から、買取請求の対象となる建物は独立の所有権の客体となるに適するものであることを要する。それは、必ずしも一棟の建物であることを要しないが、その一部であるときは、区分所有権の対象となるものでなければならない。したがって、建物の取得者は、当該建物のうち貸主所有地上の部分を区分所有権の客体たるに適する状態にした後、初めて買取請求ができる。

原判決が、X所有地上に存する本件建物部分が独立の所有権の客体たるに適するかどうかにつき判示することなく、漫然建物の一部分につき買取請求を認容したのは、旧借地法10条の解釈を誤ったか、又は理由不備の違法があるというべきである。」

差戻後控訴審の詳細は不明であるが、差戻後上告審である最高裁昭和50年3月25日判決（金判465・2）は、おおむね次のとおり判示し、上告を棄却した。

「所有者の異なる数筆の土地に跨って存在する建物についての旧借地法10条の建物買取請求権は、当該貸主の所有地に存する建物部分が区分所有権の対象となる場合に限り、その部分についてのみ認められるものと解すべきであり、買取請求をする部分が区分所有権の対象とならない限り、その余の建物部分の所有権を貸主のために放棄する旨の意思表示をしても、結論に影響を及ぼさない。

したがって、控訴審の適法に確定した事実関係のもとにおいて、Yが原判決添付目録（四）の建物部分を除く本件建物の所有権をXのために放棄する旨の意思表示をした点について判断することなく、Yの買取請求権を認めなかった控訴審の判断は正当である。」

コメント

建物買取請求権は形成権と解されており、その行使と同時に買取請

求者と貸主との間に建物の売買契約が成立し、建物の所有権が貸主に移転します（大判昭7・1・26民集11・169、最判昭30・4・5判時53・11）。

　このことを前提に、本判決は、買取請求の対象となる建物は独立の所有権の客体となるに適するものであることを要し、建物の一部分については、区分所有権の対象となり得るものでなければ買取請求の対象とならないと判示しました。

　これに対し、学説上は、建物の一部分が区分所有権の対象となり得ない場合には収去せざるを得なくなり、建物維持という社会経済上の要請や建物所有者の投下資本回収が図れなくなることから、区分所有権の対象とならない場合でも建物全体について買取請求を認めるべきとする見解が有力です（ただし、建物の所有関係、敷地の利用関係がどうなるかについては、様々な見解があります。）。

　本判決によれば、所有者の異なる数筆の土地にまたがって存在する建物については、あらかじめ区分所有権の対象となり得る状態にしてからでなければ買取請求が認められず、そうでない場合には、たとえその余の建物部分の所有権を貸主のために放棄しても買取請求は認められず、建物を収去しなければならなくなります。

　そのため、所有者の異なる数筆の土地にまたがって建物を建てる場合や、増築により所有者の異なる数筆の土地にまたがって建物が存在することになるような場合には、将来の買取請求権行使の可能性も見据え、注意しておくべき内容の判決といえます。

4　買取価格の算定

【事例59】　建物買取請求権が行使された場合の買取価格は、
　　　　　　どのような基準で算定されるか

（最判昭47・5・23判時673・42）

> ### 判　旨
>
> 　建物買取請求権が行使された場合の買取価格は、建物が現存す
> るままの状態における価格であり、その算定には、敷地の借地権
> そのものの価格は加算すべきではないが、建物の存在する場所的
> 環境を参酌すべきである。
> 　そして、この場所的環境を参酌した建物の価格については、敷
> 地の借地権の価格に対する一定の割合をもって一律に示されるも
> のではなく、また、収益還元法に依拠してのみ定めるべきもので
> もなく、建物自体の価格のほか、建物及びその敷地、所在位置、
> 周辺土地に関する諸般の事情を総合考察することにより定めるべ
> きである。

事案の概要

　土地の貸主Ｘが、Ｘの承諾を得ることなく土地上の建物を譲り受け
たＹに対し建物収去土地明渡請求訴訟を提起したところ、Ｙが建物買
取請求権を行使し、その買取価格が争点となった事案について、控訴
審は、おおむね次のような理由から、Ｙの主張よりも低額の130万円を
買取価格として認定した。
①　買取請求の目的となった建物の時価は、建物を取り壊した場合の
　動産としての価格ではなく、建物を壊さず、建物が現存する状態で
　その所有権を取得するために要する売買の価格と解するのが相当で

ある。そして、この価格算定に当たっては、借地権の価格は加算すべきではないが、建物所有者が享受する事実上の利益、別言すれば建物の利用価値を念頭に置くことが必要であって、交通の便宜、環境の良否等の地理的環境、営業用建物か居住用建物か等の使用目的、使用状況、建坪、敷地面積等の建物及び敷地の状況その他当該建物を取り巻く一切の場所的環境を参酌しなければならない。

②　鑑定人Aの鑑定の結果によれば、本件の買取価格は355万1,000円を相当としているが、この金額は、建物自体の物理的価格40万5,000円に場所的利益として借地権価格の25％の金額を加算して得られたものであるところ、場所的利益算出に際して借地権の価格を加算すべきでないことは前述のとおりであり、また、その割合を25％とする根拠が必ずしも明らかではないから、直ちに採用できないというべきである。

③　鑑定人Bの鑑定の結果によれば、収益還元法によって算出した255万5,000円を買取価格とするが、その鑑定理由を見ると、かくして算出された価値は借地権のあることを前提にしているか、ないしはその価値の相当部分は借地権の価値に包含されるべきものと思われるから、買取価格に借地権の価格を算入しているといわざるを得ず、従い得ない。

　これに対し、Yは、控訴審の認定した買取価格を不服として、上告した。

裁判所の判断

本判決は、おおむね次のとおり判示し、上告を棄却した。

建物買取請求権が行使された場合の買取価格は、建物が現存するままの状態における価格であり、その算定には、敷地の借地権そのもの

の価格は加算すべきではないが、建物の存在する場所的環境を参酌すべきである（最判昭35・12・20判時247・19）。

　そして、この場所的環境を参酌した建物の価格は、敷地の借地権の価格に対する一定の割合をもって一律に示されるものではなく、また、所論の収益還元法に依拠してのみ定めるべきものでもなく、建物自体の価格のほか、建物及びその敷地、所在位置、周辺土地に関する諸般の事情を総合考察することにより定めるべきである。

　控訴審判決は、建物買取請求権が行使された当時の物理的な本件建物自体の価格が40万5,000円ないし45万9,000円であることに加え、その所在場所の交通の便、周辺土地の利用状況、本件建物及び敷地の使用目的、面積、過去における取引価格等の諸般の事情を総合して、本件建物の価格を130万円と判断したのであり、この価格は、場所的環境を参酌した本件建物の価格として相当である。

コメント

　建物買取請求権が行使された場合の買取価格については、条文上、建物等の「時価」（借地借家13①・14、旧借地4②・10）と定められていますが、その意義は必ずしも明確ではありません。

　本判決は、「時価」の意義を明らかにした最高裁昭和35年12月20日判決（判時247・19）を踏まえて、「時価」の算定に当たり場所的環境を参酌する基準を具体的に示しており、実務上、重要です。

　また、場所的環境の参酌については、建物が朽廃したとまでは認められないものの、老朽化が相当程度進み耐用年数を超えるに至っている事案において、建物自体の市場価格は0円としながらも、これに加算すべき場所的利益が認められるため、これに基づき算定した買取価格で買取請求が認められるとした東京地裁平成28年2月25日判決（平27（ワ）6165【事例60】）が参考になります。

≪参考判例≫

○建物買取請求権が行使された場合の買取価格は、建物が現存するままの状態における価格であり、その算定には、敷地の借地権そのものの価格は加算すべきではないが、建物の存在する場所的環境を参酌すべきである。（最判昭35・12・20判時247・19）

○建物買取請求権行使によって成立する売買の代価は、その行使当時の建物の時価により客観的に定まるものであって、買主が主観的に算定して定めるものではない。建物等の「時価」は、買取請求権行使につき特別の意思表示のない限り、建物上に抵当権の設定があるか否かにかかわらず定まっていると解されるので、抵当権の負担を考量に入れずに「時価」を認定することは正当である。（最判昭39・2・4判時368・9【事例61】）

【事例60】　老朽化し耐用年数を超えたため市場価格が認められない建物について、建物買取請求が認められるか

（東京地判平28・2・25（平27（ワ）6165））

判　　旨

　建物買取請求権が行使された場合の買取価格は、建物が現存するままの状態における価格であり、建物そのものの価値に加えて建物の存在する場所的利益を加算して決定すべきである。

　本件建物は、朽廃したとまでは認められないものの、老朽化が相当程度進み耐用年数を超えるに至っているから、建物自体の市場価格は0円であるが、これに加算すべき場所的利益が認められるから、これに基づき算定した買取価格において買取請求が認められる。

事案の概要

　AはBに土地を貸し、Bは土地上に建物を建てて所有していた。その後、A、Bが共に死亡し、土地の所有権及び貸主たる地位はAの相続人Xが、建物の所有権及び借地権はBの相続人Yが、それぞれ相続により承継した。

　XY間においては借地契約が2回更新されたが、3度目の期間満了に際し、XはYに更新拒絶の意思表示をした。しかし、Yがその有効性を争い、土地明渡しに応じなかったため、XはYに対し、建物収去土地明渡請求訴訟を提起した。

　Yは、本件訴訟において、更新拒絶には正当事由がないとしてXの請求を争いつつ、予備的に建物買取請求権を行使する旨の意思表示をした。そして、買取価格については、借地権価格の5割の金額が場所的

利益と考えられるから、この金額を買取価格とすべきと主張した。

　これに対し、Xは、①本件建物は既に使用に耐えるものではなく、朽廃に至っており、場所的要素を除いた建物自体の残存価格が認められないから、建物買取請求は否定されるべきである、また、②建物買取請求が認められるとしても、本件建物は賃貸等により得られる利益が本件土地の賃料を下回ることが見込まれるから、経済的に見て無価値であり、買取価格は0円とすべきである、と反論した。

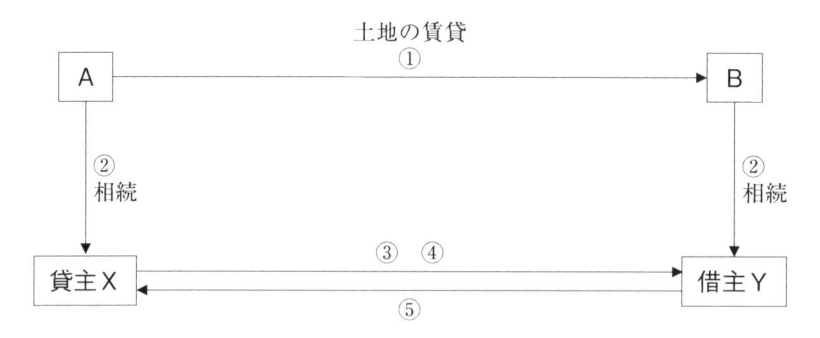

①	A→B B	土地を賃貸 土地上に建物を建てて所有
②	A→X B→Y	A、B死亡。Aの土地所有権及び貸主たる地位はXが相続、Bの建物所有権及び借地権はYが相続
③	X→Y	借地契約の更新拒絶の意思表示
④	X→Y	建物収去土地明渡請求訴訟を提起
⑤	Y→X	Xの請求を争いつつ、予備的に建物買取請求権を行使

裁判所の判断

　本判決は、おおむね次のとおり判示し、Yは土地の買取代金の支払を受けるのと引換えに、Xに本件建物を引き渡して本件土地を明け渡

すよう命じた。

　Xの借地契約の更新拒絶には正当事由があり、借地契約は期間満了により終了したと認められるところ、Yが建物買取請求権を行使したことから、XはYに本件建物の収去を求めることはできず、買取価格の支払と引換えに本件建物の引渡しと本件土地の明渡しを請求できるにとどまるというべきである。

　そこで、本件建物の買取価格を検討するに、本件建物の時価は、建物が現存するままの状態における価格であり、建物そのものの価値に加えて建物の存在する場所的利益を加算して決定すべきである。

　本件建物は、朽廃したとまでは認められないものの、老朽化が相当程度進み耐用年数を超えるに至っているから、建物自体の市場価格は0円と認めるのが相当であるとともに、これに加算すべき場所的利益は、本件土地の更地価格の12％程度に当たる800万円が相当というべきである。

コメント

　建物買取請求権が行使された場合の買取価格は、建物が現存するままの状態における価格であり、その算定には、敷地の借地権そのものの価格は加算すべきではないが、建物の存在する場所的環境を参酌すべきであり（最判昭35・12・20判時247・19）、建物自体の価格のほか、建物及びその敷地、所在位置、周辺土地に関する諸般の事情を総合考察することにより定めるべき（最判昭47・5・23判時673・42【事例59】）とされています。

　本判決は、本件建物が朽廃したとまでは認められないものの、建物の老朽化が相当程度進み耐用年数を超えるに至り、建物自体の市場価格は0円と認めるのが相当としながらも、加算すべき場所的利益が存

在することから、これに基づいて買取価格を算定し（本件土地の更地価格の12％程度の金額が相当としました。）、買取価格を0円とはせずに、買取請求を認めました。

　近時、老朽化した建物の取扱いが問題となるケースが多くなっていますが、朽廃には至っていないものの老朽化して市場価格が認められない建物についても、場所的利益が認められれば、買取価格を0円とはせずに買取請求が認められるとした点で、そのような建物の収去請求や買取請求をめぐる事案において、参考となる裁判例です。

≪参考判例≫
○建物買取請求権が行使された場合の買取価格は、建物が現存するままの状態における価格であり、その算定には、敷地の借地権そのものの価格は加算すべきではないが、建物の存在する場所的環境を参酌すべきである。（最判昭35・12・20判時247・19）
○場所的環境を参酌した建物の価格は、敷地の借地権の価格に対する一定の割合をもって一律に示されるものではなく、また、所論の収益還元法に依拠してのみ定めるべきものでもなく、建物自体の価格のほか、建物及びその敷地、所在位置、周辺土地に関する諸般の事情を総合考察することにより定めるべきである。（最判昭47・5・23判時673・42【事例59】）

【事例61】　建物買取請求権行使により成立した売買契約に民法577条の適用があるか。また、建物に抵当権が設定されている場合の買取価格はどうなるか

(最判昭39・2・4判時368・9)

判　旨

　建物買取請求の相手方は、買取請求権者の買取請求の意思表示によって建物所有権を取得した以上、いまだその取得につき登記を経ていなくても、買取請求者に対し滌除権を有する。

　買取請求の対象となる建物の時価は、特別の意思表示のない限り、建物に抵当権の設定があると否とにかかわらず定まっており、抵当権の負担を考量に入れずに時価を認定することは正当である。

事案の概要

　AがBに土地を賃貸したところ、BはAに無断でCに土地を転貸した。やがて、Cが土地上に建物を建てて所有し始めたことからAB間に紛争が起き、その解決として、Bの弟Xが、Aの了解のもと、Bの借地権とCに対する転貸人としての地位を承継した。その後、Cは建物をYに譲渡したが、A、Xともに承諾を拒否した。

　Xは、自己の借地権を保全するため、AのYに対する所有権に基づく妨害排除請求権を代位行使し、Yに対し、建物収去土地明渡請求訴訟を提起した。なお、本件建物には、D銀行に対する根抵当権が設定され、その旨の登記がなされていた。

　Yは、第一審の口頭弁論期日において、Aに対し建物買取請求権を行使したが、第一審はおおむね次のように述べてこれを認めず、Yに建物を収去して土地を明け渡すよう命じる判決を言い渡した。

　「すなわち、転借権の譲渡又は再転貸をするに当たっては、原則として、賃貸人及び転貸人双方の承諾を必要とし、この場合に誰が買取請求の相手方になるかも、賃貸人、転貸人のいずれが承諾を拒否したかによって決せられるべきである。賃貸人が承諾したにもかかわらず転貸人が承諾を拒否した場合、買取請求の相手方が転借人に対し直接契約の当事者である転貸人であることは疑いがない。転貸人が承諾したにもかかわらず賃貸人が承諾を拒否した場合、買取請求の相手方は直接契約の当事者ではないが賃貸人と解すべきであろう。賃貸人及び転貸人の双方が承諾を拒絶した場合は、直接契約の当事者であり賃貸人に優先して土地を利用する権限を有する転貸人に買取請求をなすべきである。」

　Ｙはこれを不服として控訴し、控訴審の口頭弁論において、Ｘに対し建物買取請求権を行使し、買取代金の支払があるまで留置権を行使して建物の明渡し等を拒絶する旨、主張した。

　これに対し、Ｘは、本件建物には根抵当権設定登記があるから、民法577条の滌除（現行法上の抵当権消滅請求の手続に類似）の手続が終わるまでは代金の支払を拒むことができるので、Ｙは留置権を主張して建物の明渡し等を拒絶することはできないと反論した。

　控訴審（東京高判昭36・8・25民集18・2・247）は、Ｙの建物買取請求権行使の効果を認め、本件建物の所有権はＸに移転し、Ｘは時価相当額（なお、この時価相当額は、根抵当権の負担を考量に入れない鑑定価格に基づき算定された。）の代金支払義務を負うものの、本件建物には根抵当権設定登記があるから、滌除の手続が終わるまでＸは代金の支払を拒むことができ、Ｙは留置権を主張して建物の明渡し等を拒絶できないと判示した。

　Ｙは、これを不服として上告した。

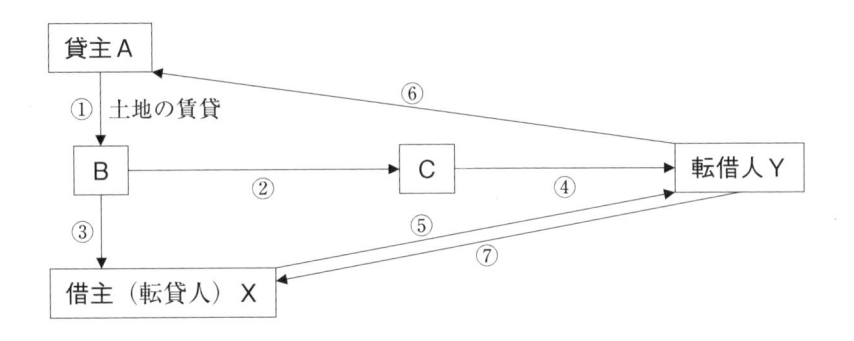

①	A→B	土地を賃貸
②	B→C C	Aに無断で土地を転貸 土地上に建物を建てて所有
③	B→X	借地権と転貸人としての地位を承継
④	C→Y	建物を譲渡（A、Xとも承諾を拒否）
⑤	X→Y	Aの所有権に基づく妨害排除請求権を代位行使し、建物収去土地明渡請求訴訟を提起
⑥	Y→A	第一審で、建物買取請求権を行使
⑦	Y→X	控訴審で、建物買取請求権を行使

裁判所の判断

　本判決は、①YがXに対し行使した建物買取請求権の効果を認めつつ、②建物買取請求権の行使により成立した売買契約に民法577条の適用があることを認め、その上で、③買取価格についておおむね次のとおり判示し、Yの上告を棄却した。

　買取請求の対象となる建物の時価は、その請求権行使につき特別の意思表示のない限り、建物の上に抵当権の設定があると否とにかかわ

らず定まっており、根抵当権の負担を考量に入れない鑑定価格に基づき時価を認定することは正当である。

コメント

　建物買取請求権が行使された場合の買取価格は、建物が現存するままの状態における価格であり、その算定には、敷地の借地権そのものの価格は加算すべきではないが、建物の存在する場所的環境を参酌すべきであるとされています（最判昭35・12・20判時247・19）。

　本件では、建物に抵当権が設定されている場合の買取価格が問題となりましたが、本判決は、建物買取請求権を行使した場合にも民法577条の適用があることを前提に、抵当権の負担を考量に入れない鑑定価格に基づき買取価格を認定することは正当であるとしました。

　民法577条の適用が認められるのであれば、買取請求の相手方は、滌除（現行法上の抵当権消滅請求の手続に類似）の手続が終わるまで代金支払を拒むことができますので、抵当権の負担を考量に入れずに買取価格を決定しても不利益はないと考えられます。他方、抵当権付建物の買取請求を行おうとする者は、相手方から滌除（現行法上の抵当権消滅請求の手続に類似）の手続が終わるまでは代金支払を拒まれる可能性がありますので、注意を要します。

≪参考判例≫
○建物に居住者がいる場合、居住者がその居住の権利を買取請求の相手方に対抗できるときは、その権利が付着していることを考慮して買取価格を算定すべきである。（東京地判昭33・5・14判時154・12）
○建物に居住者がいても、居住者がその居住の権利を買取請求の相手方に対抗できず、建物を明け渡すべきときは、その権利を考慮せず空家価格として買取価格を算定すべきである。（東京地判昭36・5・12判時263・14）

5　建物買取請求における危険負担

【事例62】　建物買取請求権行使後の建物の滅失・損傷の危険は誰が負担するか

（大阪高判昭26・12・22下民2・12・1494）

> **判　旨**
>
> 　建物買取請求権がいわゆる形成権であることは明らかであるけれども、その行使の結果、建物につき売買契約（双務契約）が成立したのと同様の効果があるのであるから、双務契約について定められた民法534条1項の適用がある。

事案の概要

　Xは自己所有地にYのために地上権を設定し、Yはその土地上に建物を建てて所有していたが、期間満了時にXが設定契約の更新を拒絶したため、地上権は期間満了により消滅した。

　XがYに対し、建物収去土地明渡請求訴訟を提起したところ、Yは第一審の口頭弁論期日に建物買取請求権を行使し、同時履行の抗弁権に基づき、買取代金が支払われるまで建物の引渡しを拒む旨主張した。第一審判決の詳細は不明であるが、Xに対し一定額の買取代金の支払を命じる判決、又は、Yに対し一定額の買取代金の支払を受けるのと引換えに建物を引き渡すよう命じる判決がなされたようである。

　その後、控訴審係属後、口頭弁論終結までの間に、建物が戦災により焼失した。

　そこで、かかる場合にもXは買取代金支払義務を負うのかが争点となり、Xは、旧借地法による建物買取請求は形成権の行使であって、契約によるのではないから、民法534条1項を適用すべきではなく、殊

に本件においては、Yは建物の消失によってXに反対給付をなすことなく代金のみを一方的に請求しており、同条を適用するのは衡平の原則に反すると主張した。

①	X→Y	地上権を設定
	Y	土地上に建物を建てて所有
②	X→Y	期間満了時に更新拒絶
③	X→Y	建物収去土地明渡請求訴訟を提起
④	Y→X	建物買取請求権を行使
⑤		控訴審係属後、口頭弁論終結までの間に、建物が戦災により焼失

裁判所の判断

　本判決は、おおむね次のとおり判示し、Xが買取代金の支払義務を負うことを認めた。

　建物買取請求権がいわゆる形成権であることは明らかであるけれども、その行使の結果、建物につき売買契約（双務契約）が成立したのと同様の効果があるのであるから、双務契約について定められた民法534条1項の適用があるのはもちろんである。

　本件では、Yが買取請求権を行使し、XY間に売買契約が成立したものと見るべき時より後、戦災という債務者であるYの責めに帰すべからざる理由によって建物が焼失したのであるから、XがYより建物

の引渡しを受けることなくその時価の支払を免れ得ないのは、同条に基づく当然の帰結である。

| コメント |

建物買取請求権は形成権であり、その行使と同時に買取請求者と貸主との間に当該建物の売買契約が成立するところ（大判昭7・1・26民集11・169、最判昭30・4・5判時53・11）、特定物売買については、目的物が債務者の責めに帰することができない事由により滅失・損傷した場合の危険は債権者が負担すると定められており（債権者主義（民534①））、この規定が建物買取請求権を行使した場合にも適用されるかが問題となりました。

この点、売買契約が両当事者の意思の合致により成立するのに対し、建物買取請求権は買取請求者の意思のみで効果が発生すること等を理由にこれを否定する考えもありますが、本判決はこれを肯定し、貸主は代金支払義務を免れないとしました。また、本判決に先立つ東京控訴院昭和10年11月8日判決（新聞3944・9）も同様に解しています。

ただし、本件の事例とは異なり、建物買取請求権が訴訟上予備的に行使された場合については、別の考察が必要となります。この場合、買取請求者としては、第一次的には建物収去土地明渡義務を争いながら、それが認容されてしまう場合にやむなく建物買取りを請求するのであって、建物買取請求権を行使した時点ではいまだその効果が確定しておらず、建物所有権の移転も不確定な状態にあります。かかる場合にまで民法534条1項を適用して貸主に建物の滅失・損傷の危険を負担させるのは、公平の理念に反するとも考えられるからです。

この点、大阪高裁昭和45年9月29日判決（判時621・39【事例63】）は、かかる場合には、裁判が確定するまでの間は民法536条を準用して買取

請求者が危険を負担するとしています。

　なお、平成29年法律44号による改正後の民法（平成32年4月1日施行。以下「改正民法」といいます。）における危険負担について、現行法534条1項が削除されました。また、改正民法536条1項において、当事者双方の責めに帰することができない事由により債務が履行不能となった場合には、債権者は反対給付の履行を拒絶できると定めつつ（債務者主義）、改正民法567条1項において、売主が買主に目的物を引き渡した場合には、引渡後に目的物が当事者双方の責めに帰することができない事由により滅失・損傷しても、買主はそれを理由として履行の追完請求、代金の減額請求、損害賠償請求及び契約の解除をすることができず、代金の支払も拒めないと定められました。

　そのため、改正民法においては、売買の目的物の「引渡し」前はその滅失・損傷の危険を売主が負担し、「引渡し」後は買主が負担することになります。

　そこで、建物買取請求権が行使された場合についても、建物の「引渡し」前はその滅失・損傷の危険を買取請求者が負担し、「引渡し」後は買取請求の相手方が負担することになると考えられます。

　なお、改正民法567条1項の「引渡し」については、「買主に危険を負担させることが合理的だと評価できる現実的な支配の移転を意味すると考えるべき」とされています（大村敦志＝道垣内弘人編『解説　民法（債権法）改正のポイント』164頁（有斐閣、平29））。

【事例63】　建物買取請求権が訴訟上予備的に行使された場
　　　　　　合、建物の滅失・損傷の危険は誰が負担するか

（大阪高判昭45・9・29判時621・39）

判　旨

　建物買取請求権が訴訟上予備的に行使された場合には、その裁
判が確定するまでの間は、民法536条を準用し、建物の滅失による
危険は買取請求者が負担する。

事案の概要

　XはAに土地を賃貸し、その後、YがA又はA以降の土地賃借権の
譲受人（詳細は不明。以下「前者」という。）から、借地上の建物を譲
り受けた。

　そこで、Xが、Yに対し建物収去土地明渡請求訴訟を提起したとこ
ろ、Yは第一次的にはXの承諾を得て前者から土地賃借権を譲り受け
た適法な借地権者であると主張し、仮にそれが認められないとしても
建物買取請求権を行使する旨主張した。第一審がXの請求を認容する
判決を言い渡したため、Yが控訴したところ、控訴審は、Yが行使し
た建物買取請求権の効果を認め、第一審判決を変更し、YはXから買
取代金の支払を受けるのと引換えに土地建物を明け渡すよう命じる判
決を言い渡した。

　Xは上告したが、上告審係属中に建物が第三者の過失による火災で
一部焼失し、その後、上告を棄却する判決が言い渡され確定した。

　その後、Xは、改めてYに対し土地明渡等請求訴訟を提起し、その
中で、火災により本件建物の一部が滅失したことに基づき、危険負担
による買取代金の減額等を主張した。

　第一審は、理由の詳細は不明だが、買取代金の減額を認め、YはX
から火災で焼失した部分以外の残存部分の価格に相当する金額の支払

を受けるのと引換えに本件土地建物を明け渡すよう命じる判決を言い渡した。

Yはこれを不服とし、控訴した。

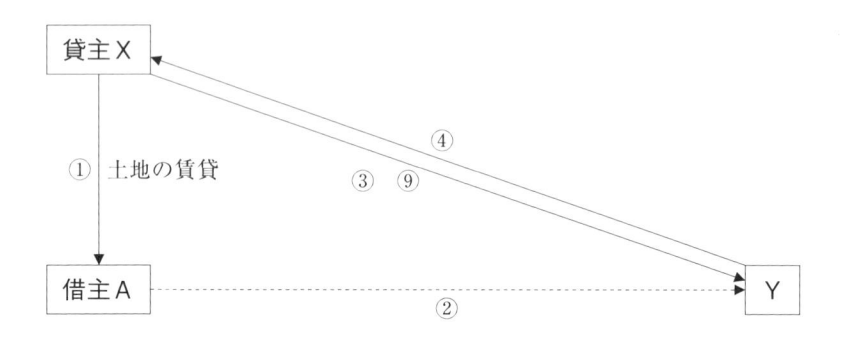

①	X→A	土地を賃貸
②	前者→Y	建物を譲渡
③	X→Y	建物収去土地明渡請求訴訟を提起
④	Y→X	建物買取請求権を行使
⑤		第一審判決（Xの請求認容）
⑥		控訴審判決（引換給付）
⑦		上告審係属中に、建物が第三者の過失による火災で一部焼失
⑧		上告審判決（上告棄却）、確定
⑨	X→Y	改めて土地明渡等請求訴訟を提起し、危険負担による買取代金の減額等を主張

裁判所の判断

本判決は、おおむね次のとおり判示し、控訴を棄却した。

買取請求権行使の段階では、建物の時価による代金も当事者間に不

明又は一致をみないことがむしろ常態であり、裁判の確定を待って初めて具体的に定まる。土地の貸主は買取りを余儀なくされながら、裁判確定までは、代金支払義務を履行しようにもその術がないし、土地建物の占有移転を期待することもできない。

　しかも、建物取得者は、まず第一次的には貸主の承諾を得て土地賃借権を譲り受けた適法な借地権者であると抗弁し、仮にその抗弁に理由がないとしても買取請求権を行使するというのであり、買取請求権の行使は訴訟上、無条件、確定的になされているのではなく、借地権の抗弁が排斥されることを条件に、予備的に主張されているのである。借地権の抗弁の立証責任は建物取得者にあるところ、この抗弁の排斥につき貸主に責めを負わせることはできない。また、建物取得者が借地権の抗弁を主張する限りにおいては、建物滅失による損失を建物取得者が負うことは当然の事理に属し、危険負担の問題が生じる余地はないし、借地権の抗弁が認容される場合は買取請求権の行使は訴訟上主張されないことに帰し、その行使の効果も危険負担も不問にされる。

　したがって、買取請求権の効果が生じるか否かは、建物取得者が立証責任を負う借地権の抗弁の採否につながっており、これらは全て裁判の確定を待って明確にされるから、買取請求権が訴訟上予備的に行使された場合、裁判が確定するまでは、貸主の建物買主としての地位は極めて浮動的、不安定な状態にあり、貸主が危険を負担するとすることは、当事者間の公平を欠き、貸主に酷に過ぎる。

　よって、その裁判が確定するまでの間は、民法536条を準用し、建物の滅失による危険は建物取得者（買取請求者）が負担すると解するのが相当である。

コメント

　建物買取請求権は形成権であり、その行使と同時に買取請求者と貸主との間に当該建物の売買契約が成立するところ（大判昭7・1・26民集11・

169、最判昭30・4・5判時53・11）、特定物売買については、目的物が債務者の責めに帰することができない事由により滅失・損傷した場合の危険は債権者が負担すると定められています（債権者主義（民534①））。

　この規定が建物買取請求権を行使した場合にも適用されるかについては、売買契約が両当事者の意思の合致により成立するのに対し、建物買取請求権は買取請求者の意思のみで効果が発生すること等を理由に、これを否定する考えもありますが、東京控訴院昭和10年11月8日判決（新聞3944・9）、大阪高裁昭和26年12月22日判決（下民2・12・1494【事例62】）はこれを肯定しています。

　しかし、本件のように、建物買取請求権が訴訟上予備的に行使された場合には、別の考察が必要となります。この場合、買取請求者としては、第一次的には建物収去土地明渡義務を争いながら、それが認容される場合にやむなく建物買取りを請求するのであって、建物買取請求権を行使した時点ではいまだその効果が確定しておらず、建物所有権の移転も不確定な状態にあります。本判決が指摘するとおり、買取請求権行使の効果が生じるか否かは、買取請求者が立証責任を負う借地権の抗弁の採否につながっており、裁判の確定を待って初めて明確となるのですから、裁判確定までは、貸主の建物買主としての地位は極めて浮動的、不安定な状態にあります。かかる場合にまで民法534条1項により貸主が建物の滅失・損傷の危険を負担するというのでは、「利益の帰するところに損失も帰する」という同条の趣旨にそぐわず、公平の理念に反する結果を招くおそれがあります。

　そこで、裁判が確定するまでは買取請求者が危険を負担すると解するのが公平の見地より妥当と考えられますが、本判決は民法536条を準用して、そのような結論を導いています。

　なお、民法534条や536条の改正民法（平成29年法律44号）による影響については、【事例62】を参照してください。

6　権利行使後の敷地占有

【事例64】　①　建物買取請求権行使までの敷地占有により、賃料相当額の損害が発生するか
　　　　　　②　建物買取請求権行使後の敷地占有は適法か。また賃料相当額の不当利得返還義務を負うか

（最判昭35・9・20民集14・11・2227）

判　旨

　旧借地法10条による建物買取請求権の行使により、初めて敷地の賃貸借は目的を失って消滅すると解すべきであるから、それ以前の期間について土地の貸主は特段の事情のない限り賃料請求権を失うものではないが、単に賃料請求権を有するというだけで、その間、賃料相当の損害を生じないとは言い難く、現に賃料の支払を受けていなければ、無断転借人（無断譲受人）に対し、賃料相当損害金を請求できる。

　建物買取請求権を行使した後は、買取代金が支払われるまで建物の引渡しを拒めるが、建物の占有によりその敷地をも占有する限り、敷地占有に基づく不当利得として敷地の賃料相当額を返還すべき義務を負う。

事案の概要

　XはAに土地を賃貸し、Aは土地上に建物を所有していたが、Xの承諾を得ずに、Yに建物と土地賃借権を譲渡した。

　そこで、XがYに対し、建物収去土地明渡しを求めて提訴したところ、Yは、第一審の口頭弁論期日において建物買取請求権を行使したが、その後も建物を引き渡すことなく、建物の占有を続けた。

　第一審は、①YはXに対し、建物買取代金の支払を受けるのと引換えに建物及び土地を明け渡すこと、②YはXに対し、建物買取請求権行使日までの賃料相当額の損害を賠償すること、③YはXに対し、建物買取請求権行使日以後、明渡日までの賃料相当額の不当利得を返還すること等を命じる判決を言い渡した。

　また、控訴審も、買取代金の金額を変更したほかは、第一審の判断を維持した。

　そこで、Yは、これを不服として上告した。

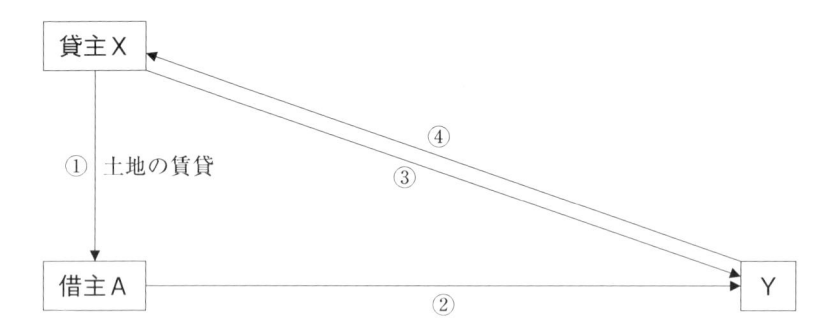

①	X→A	土地を賃貸
	A	土地上に建物を所有
②	A→Y	Xの承諾を得ずに、建物と土地賃借権を譲渡
③	X→Y	建物収去土地明渡請求訴訟を提起
④	Y→X	建物買取請求権を行使。建物の占有を継続

裁判所の判断

　本判決は、おおむね次のとおり判示し、上告を棄却した。

　旧借地法10条による建物買取請求権の行使により、初めて敷地の賃貸借は目的を失って消滅すると解すべきであるから（大判昭9・10・18民

集13・1932）、それ以前の期間について土地の貸主は特段の事情のない限り賃料請求権を失うものではないが、単に賃料請求権を有するというだけで、その間、賃料相当の損害を生じないとはいい難い。貸主が現に賃料の支払を受けた場合は格別、然らざる限り、無断転借人（無断譲受人）に対し賃料相当損害金を請求するを妨げないと解すべきである。

　建物買取請求権を行使した後は、買取代金の支払があるまで建物の引渡しを拒むことができるが、建物の占有によりその敷地をも占有する限り、敷地占有に基づく不当利得として敷地の賃料相当額を返還すべき義務があることは、大審院の判例とするところである（大判昭11・5・26民集15・998）。

コメント

1　買取代金支払債務と建物引渡債務の関係

　建物買取請求権が行使されると、買取請求者と土地の貸主の間に建物の売買契約が成立し、買取請求者は建物引渡債務・所有権移転登記義務を、土地の貸主は代金支払債務を負います。

　そして、建物引渡債務・所有権移転登記義務と代金支払債務は同時履行の関係に立ち（民533）、買取請求者は買取代金が支払われるまで建物の引渡しを拒み、建物に住み続けることができますが、これは同時履行の抗弁権又は留置権の反射的作用によるものと考えられます（東京高判平17・6・29判タ1203・182）。

2　建物買取請求権行使前の敷地利用について

　借地権の存続期間満了時に契約が更新されない場合（借地借家13①、旧借地4②）、期間満了後も敷地の占有を続けると、無権原で敷地を占有する不法占拠者となり、借地契約終了に基づく明渡義務の不履行（民

415）又は不法行為（民709）に基づき地代相当額の損害賠償義務を負います（地代相当額の不当利得返還義務（民703・704）を負うと構成することも可能と考えます。）。

　他方、本件のように、借地上建物の無断譲渡を受けた第三者が敷地を占有していた場合（借地借家14、旧借地10）、この者は借地契約の当事者ではないので債務不履行責任は発生せず、不法行為（民709）に基づき地代相当額の損害賠償義務を負います（この場合も、地代相当額の不当利得返還義務（民703・704）を負うと構成することも可能と考えます。）。そして、このことは、土地の貸主が借主（建物の無断譲渡人）に対し賃料債権を有していても異ならないと考えられ、本判決はそれを明確に示しました。

3　建物買取請求権行使後の敷地利用について

　建物買取請求権の行使後は、買取請求者は同時履行の抗弁権又は留置権の反射的作用により、買取代金が支払われるまで建物の引渡しを拒めますが、これにより敷地の占有権原が認められるわけではありませんので、敷地占有に基づく不当利得として、土地の貸主に対し、敷地の地代相当額の返還義務を負うことになります。

　このように、買取請求者は買取代金が支払われるまで建物の引渡しを拒めますが、対価を支払わなくてよいわけではなく、敷地の地代相当額を負担することになりますので、注意が必要です。

≪参考判例≫
○土地の貸主が買取代金の支払や供託をした後は、買取請求者はもはや同時履行の抗弁権又は留置権の反射的作用を享受できず、建物（土地ではない）の占有に基づき建物（土地ではない）の賃料相当額の不当利得が発生し、土地の貸主に対し不当利得返還義務を負う。（東京高判平17・6・29判タ1203・182）

7　その他

【事例65】　建物の貸主（土地賃借権の無断譲受人）の建物買取請求権を建物の借主が代位行使できるか

（最判昭38・4・23民集17・3・536）

判　旨

　債権者が民法423条により債務者の権利を代位行使するには、その権利の行使により債務者が利益を享受し、その利益によって債権者の権利が保全されるという関係が存在することを要する。

　建物の借主が建物の貸主の建物買取請求権を代位行使することにより保全しようとする債権は、建物賃借権であるところ、代位行使により建物の貸主が受ける利益は代金債権、すなわち金銭債権にすぎないのであり、これにより建物の借主の賃借権が保全されるものでないことは明らかであるから、建物買取請求権を代位行使することはできない。

事案の概要

　XはAに土地を賃貸し、Aは土地上に建物を所有していたが、AはXの承諾を得ずに、Bに建物と土地賃借権を譲渡した。その後、Bは、Yに建物を賃貸した。

　XがYに対し、建物を退去して土地を明け渡すよう求めて提訴したところ、第一審は、理由の詳細は不明であるが、Xの請求を認容する判決を言い渡した。

　Yは控訴し、控訴審において、BのXに対する建物買取請求権を債権者として代位行使する旨の意思表示をし、これにより建物所有権が

BからXに移転し、これに伴い建物の貸主たる地位もXに移転したから、Xに対し建物賃借権を対抗できると主張した。

　これに対し、控訴審は、賃借権者はその債権の保全のためであるにしても債務者に代わってその賃借物を処分することは許されず、Bの建物買取請求権の行使は建物の譲渡すなわちBにおいて建物所有権を喪失する結果を招くから、YがBに代位して建物買取請求権を行使することは建物の借主の権利保全の限界を超えた処分行為として許されないとして、控訴を棄却した。

　Yは、これを不服として上告した。

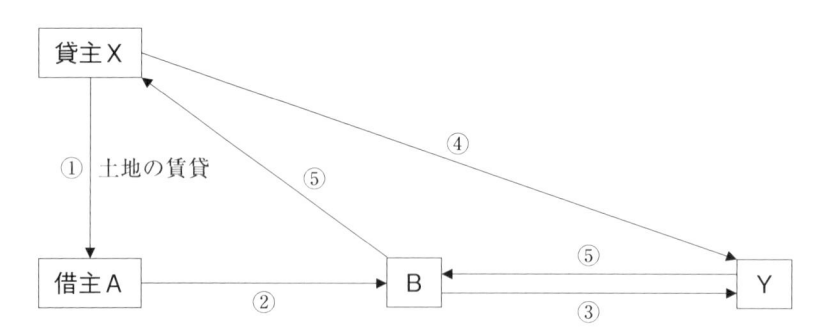

①	X→A	土地を賃貸
	A	土地上に建物を所有
②	A→B	Xの承諾を得ずに、建物と土地賃借権を譲渡
③	B→Y	建物を賃貸
④	X→Y	建物退去土地明渡請求訴訟を提起
⑤	Y→X	控訴審において、BのXに対する建物買取請求権を債権者として代位行使

裁判所の判断

本判決は、おおむね次のとおり判示し、上告を棄却した。

債権者が民法423条により債務者の権利を代位行使するには、その権利の行使により債務者が利益を享受し、その利益によって債権者の権利が保全されるという関係が存在することを要する。

しかるに、本件において、YがBの建物買取請求権を代位行使することにより保全しようとする債権は、建物の賃借権であるところ、代位行使によりBが受ける利益は代金債権、すなわち金銭債権にすぎないのであり、これによりYの建物の賃借権が保全されるものでないことは明らかである。されば、Yは建物買取請求権を代位行使することができないとした控訴審の判断は正当である。

コメント

建物買取請求権は形成権であり、その行使と同時に買取請求者と土地貸主との間に建物の売買契約が成立し、建物所有権が移転します（大判昭7・1・26民集11・169、最判昭30・4・5判時53・11）。そして、建物買取請求権行使による建物所有権移転の場合にも旧借家法1条1項（借地借家法31条1項）の適用があり、建物所有権の移転に先立ち建物を賃借し引渡しを受けていた建物の借主は、建物の新所有者に賃借権を対抗できます（最判昭43・10・29判時541・37）。

そこで、建物の借主が建物の貸主（土地賃借権の無断譲受人）の建物買取請求権を代位行使できれば、建物の新所有者である土地の貸主に自己の建物賃借権を対抗できることになるのに対し、代位行使できなければ建物を退去して土地を明け渡す義務を負うことになります。

この点、建物の借主が、①本件のように、土地賃借権の無断譲渡後

に土地賃借権の無断譲受人から建物を賃借し引渡しを受けたケース
と、②本件とは異なり、土地賃借権の無断譲渡前に土地の借主から建
物を賃借し引渡しを受け、その後に土地賃借権の無断譲渡がなされた
ケースとでは、利益状況が異なるとも考えられます。

　実際、学説上、②の場合には、建物の借主に建物を明け渡させるた
め、土地の貸主、土地の借主（建物の貸主）、第三者（土地賃借権の無
断譲受人）が共謀することが可能となるから代位行使を認めるべきで
あるが、①の場合には、代位行使を認めると、建物譲受人は自分は建
物を明け渡さなければならないのに、土地の貸主を困らせるため建物
を賃貸すればよいことになり妥当でないとして、代位行使を認めない
見解もあります（星野英一『借地・借家法』361頁（有斐閣、昭44））。

　一方、判例は、①のケースについては本判決が、②のケースについ
ては最高裁昭和55年10月28日判決（判時986・36）が、建物の借主による
代位行使を否定しました。そして、いずれにおいても論拠とされたの
は、「債権者が民法423条により債務者の権利を代位行使するには、そ
の権利の行使により債務者が利益を享受し、その利益によって債権者
の権利が保全されるという関係が存在することを要する」ということ
でした。これについては批判もありますが、判例が債権者代位権の行
使を認める基準として、重要です。

≪参考判例≫
○建物買取請求権行使による建物所有権の移転に先立ち、建物を賃借し引
　渡しを受けていた建物の借主は、旧借家法1条1項により、新所有者に賃
　借権を対抗できる。（最判昭43・10・29判時541・37）
○土地賃借権の無断譲渡前に建物を賃借し引渡しを受けた建物の借主が、
　土地賃借権の無断譲受人の建物買取請求権を代位行使しようとした事案
　において、本判決を引用して代位行使を否定した事例（最判昭55・10・28判
　時986・36）

索 引

判例年次索引

○事例として掲げてある判例は、ページ数を太字（ゴシック体）で表記しました。

借地上の建物をめぐる実務と事例
―朽廃・滅失、変更、譲渡―

平成30年 9 月11日　初版一刷発行
平成30年11月27日　　　二刷発行

共　著　樅木　良一
　　　　夏目　久　樹
　　　　安達　友　徹
　　　　林　　　　梨

発行者　新日本法規出版株式会社
　　　　代表者　服　部　昭　三

発行所　新日本法規出版株式会社
本　　社　（460-8455）　名古屋市中区栄 1 － 23 － 20
総轄本部　　　　　　　　電話　代表　052(211)1525
東京本社　（162-8407）　東京都新宿区市谷砂土原町2－6
　　　　　　　　　　　　電話　代表　03(3269)2220
支　　社　札幌・仙台・東京・関東・名古屋・大阪・広島
　　　　　高松・福岡
ホームページ　http://www.sn-hoki.co.jp/